# 노년기,
# 자기결정권

KB070477

나남
nanam

나남신서 2133

# 노년기, 자기결정권

2023년 7월 20일 발행
2023년 7월 20일  1쇄

| | |
|---|---|
| 기획 | 국가인권위원회 |
| 지은이 | 제철웅·김현철·박승호·이정은 |
| | 이민홍·박은혜·연석정 |
| 발행자 | 趙相浩 |
| 발행처 | (주) 나남 |
| 주소 | 10881 경기도 파주시 회동길 193 |
| 전화 | (031) 955-4601 (代) |
| FAX | (031) 955-4555 |
| 등록 | 제 1-71호 (1979.5.12) |
| 홈페이지 | http://www.nanam.net |
| 전자우편 | post@nanam.net |

ISBN 978-89-300-4133-1
ISBN 978-89-300-8001-9 (세트)

책값은 뒤표지에 있습니다.

# 노년기,
# 자기결정권

제철웅·김현철·박승호·이정은
이민홍·박은혜·연석정 지음

**국가인권위원회 기획**

나남
nanam

# Autonomy in the Elderly

by

Je Cheol-Ung, Kim Hyeon-Cheol, Park Seung-Ho, Lee Jung-Eun,
Lee Min-Hong, Park Eun-Hye, Yeon Seok-Jeong

nanam

서 문


인류는 정주(定住)하여 자연을 개척하면서 개인 및 집단의 역량을 축적했으며, 그로 인해 생산력이 증대하면서 발전을 거듭했다. '정주'와 '안정적 삶'은 특정 분야의 경험의 누적을 가능하게 하였기에 노인은 경험 많은 현자(賢者)로서 사회적으로 존경받는 위치에 설 수 있었다. 인간의 영성에 기초한 종교적 믿음이 중요한 구성요소인 사회에서는 노인은 더더욱 존경받고 나아가 추앙받는 존재가 되었다. 많은 사회에서 '원로'(Senates)로 구성된 '원로원'(Senator)이 최종적 의사결정의 중핵이 되는 것은 이런 인류 역사의 경험과 무관하지 않다.

　그러나 현대사회에서 노인은 가장 취약한 집단 중 하나로 전락했다. 기든스(Anthony Giddens)의 '성찰적 근대화'(reflexive modernization)의 논의를 언급하지 않더라도 현대사회는 인간이 축적하는 경험이 아니라 '스스로 학습하는 기계'가 새로운 가치를 창출하는 사회이기 때문에, 한 분야에서 꾸준히 경험을 축적하는 것을 미덕으로 삼는 '정주'의 삶은 사회적으로 도태될 운명에 처하게 되었다. 끊임없이 변화하는 사회환경,

5

제도변화, 새롭게 유입되는 정보에 스스로 적응하고, 유연한 자기 설계를 하지 않으면 도태될 수밖에 없다.

그 점에서 현대사회는 더 이상 안정된 사회가 아니라 모든 사람이 불확실성에 노출되는 위험사회이다. 누구든 불확실한 미래라는 위험을 잘 관리하지 않으면 언제든지 도태될 수 있고, 그 위험을 잘 관리하면 급격한 부의 축적과 신분상승을 거둘 수 있는 사회가 되었다. 이런 위험사회에서 어떤 한 직장에 오랜 기간 동안 근무하는 것은 더 이상 미덕이 아니다. 각 개인의 '안전'과 '미래'가 전적으로 개인의 손에 맡겨지는 사회로 변하고 있다. 이런 사회에서 노인은 새로운 변화에 적응하지 못하는 존재, 즉 위험사회의 낙오자로 전락할 위험성이 그만큼 더 높아졌다.

다른 한편 인간사회에서 영성에 기반한 종교적 믿음은 점차 희박해지고, 인간은 진화의 트랙에 맡겨진 '동물'이자 물질로서 분석될 수 있는 대상으로 이해되고 있다. 천재화가 피카소의 1897년 작품 〈과학과 자비〉《Science and Charity》는 이런 변화를 일찍이 간파하였다. 인간성 회복의 추구가 미덕이었던 성직자는 이제 개인의 기복(祈福)이나 정치활동의 전사로 활동하는 것에서 자신의 존재가치를 찾고 있다. '동물'의 한 종이자 '물질'로서의 인간이라는 인식이 사회 저변에 확대되면 될수록 욕구와 공격성이 사회의 주류문화로 바뀌게 되었다. 먼 옛날 존경받던 존재였던 노인은 이제 '무가치', '무기력'한 존재로 전락하고, 노년기는 죽음과 쇠락이 기다리는 시기로 여겨지게 되었다.

이런 변화는 분명 현대사회를 살아가는 우리가 직면한 새로운 도전이다. 이런 도전에 대해 인간성에 내재한 창의적 목적의식적인 개입의 역량을 발휘해야 할 필요성이 그 어느 때보다 높아지고 있다. 기술의 발달은 결국 개인의 복리 증진을 통한 인류의 번영에 이바지하여야 하는데, 자기학습을 하는 단계에 이른 현대사회의 기술 발전에 목적의식적 개입이 없다면, 다수의 몰락과 극소수의 번영으로 귀결되는 위기가 도래할 수 있다. 이때 우리에게 요구되는 목적의식적 개입은 어떤 순간에도 인간의 존엄성이 효율이라는 미명하에 희생되어서는 안 된다는 인식, 즉 인류로서의 연대의식에 기초한 것이어야 한다.

연대를 통해 인간성의 회복을 추구하는 데 있어 무엇보다 중요한 것은 개개인을 한 사람의 인간으로 존중하는 것이다. 한 사람의 인간이 가지는 존엄성의 핵심은 개인의 자율성과 자기결정권의 존중이다. 자율성과 자기결정권은 중세의 봉건사회에서 근대 시민사회로의 변화를 이끈 철학의 핵심이지만, 지금 요구되는 것은 독립적인 개인을 이상형으로 삼는 근대적 자율성, 자기결정권이 아니다. 서로 연결되어 있는 사회적 관계망 속에서 자기 정체성을 상실하지 않으면서 상호 의존하는 개인들을 이상형으로 삼는 현대적 자율성, 자기결정권이라고 할 수 있다.

현대적 자율성과 자기결정권은 자기결정권을 행사하는 데 어려움을 겪는 노인에 대해서도 그의 존엄성을 존중하면서 자기결정권 행사를 지원하는 의사결정 지원과 불가분적으로 결합되어 있다. 위험사회에서 위축되고 고립되어 가는 노인이 자신의 삶을 자신의 권리, 의사, 선호도에 맞게 살아갈 수 있도록 보장하고 지원하는 것이 오늘날 그 어느 때보다 중요하게 부각되고 있다.

이 책은 이런 관점에서 '자율성', '자기결정권'의 개념이 근대사회에서 어떻게 형성되었고, 위험사회에서 가장 취약한 계층 중 하나인 노인의 자율성과 자기결정권은 어떻게 이해되어야 하는지 설명하는 데서 출발할 것이다. 이어서 서구 선진국과는 다른 문화와 역사적 맥락을 가진 한국사회에서는 현대적 '자율성', '자기결정권'은 어떻게 이해되고 있고, 이해되어야 하는지, 사회적 약자인 노인이 의사결정을 할 때 자기결정권을 행사할 수 있도록 지원하기 위해 우리는 무엇을 해야 하는지 조명한다. 이 책은 한국의 노인들이 자기결정권을 기반으로 노년기 삶을 장엄하게 꽃피우기 위해 우리에게 어떤 시대적 과제가 있는지 설명하기 위해 기획되었다.

　이 책은 크게 3부로 나누어 구성하였다. 먼저 1부는 근대적 '자율성', '자기결정권'은 어떻게 이해되어 왔고, 또 우리나라의 법에서는 어떻게 이해되고 있는지를 설명한다(1장, 2장).

　2부에서는 21세기 〈장애인권리협약〉을 필두로 한 국제인권법에서는 의사결정을 하는 데 취약성을 가진 집단의 자율성과 자기결정권이 어떻게 이해되고 적용되는지(3장), 우리나라에서 자기결정권 행사를 지원하기 위한 의사결정 지원은 어떻게 전개되어야 하는지를 설명한다(4장).

　3부에서는 특히 노인에게 중요한 요양과 의료 현장에서 자기결정권과 의사결정 지원이 어떻게 진행되는지(5장), 치료될 수 없는 질환을 앓는 노인이 치료와 죽음의 선택에 관한 자기결정권을 어떻게 행사할 수 있는지를 설명하고(6장), 사회복지현장에서 노인의 의사결정 지원을 위해 무엇이 필요한지(7장), 언어적 의사소통에 어려움을 겪는 노인의 의사소통지원을 위해 어떤 수단이 필요한지(8장) 설명할 것이다.

이 책의 집필에 참여한 연구진은 서로 의견 교환을 하면서 큰 방향에 관하여 공통의 인식을 갖게 되었지만, 연구진이 맡은 부분은 각자의 학문적 견해에 따라 작성된 것이다.

이 책에서 소개하는 여러 논의가 우리나라에서 '노인의 자기결정권'과 관련한 논의를 더욱 발전시킬 수 있는 계기이자 소재가 되기를 바란다.

2023년 7월
저자를 대표하여 제철웅

# 차
# 례

## 2부 의사결정 지원제도

## 3부  노인돌봄현장과 자기결정권

# 자기결정과 인권

# 1장

# 자기결정권에 대한 법철학적 고찰

김현철

(이화여대 법학전문대학원 교수)

## 들어가며

자율성은 현대사회가 인간에게 부여하는 중요한 규범적 속성 중 하나
이다. 서구의 근대화 과정에서 인간이 집단 속의 한 부분이 아니라 그
개체 자체가 주체로서 의의를 가진다는 사상은 큰 힘을 발휘하였다. 특
히 칸트 철학은 자율성을 인간이 가지는 지성적 능력으로 고양하는 데
큰 역할을 하였고, 자율성을 가진 인간은 동물과 다르게 인격체로서 존
엄한 대상이라는 생각이 널리 퍼지는 계기가 되었다.[1] 우리나라 헌법도
전문에서 "자율과 조화를 바탕으로 자유민주적 기본질서를 더욱 확고

---

[1] 근대 도덕철학에서 자율성의 개념이 형성되는 과정에 대해서는 Schneewind, J.
B. (1998). *The Invention of Autonomy*. Cambridge Univ. Press. 김성호 역 (2018).
《근대 도덕철학의 역사: 자율의 발명》. 나남. 참조.

히 하여"라고 하여 자율성을 우리 헌법이 추구해야 할 가치의 하나로 언급한다.

그동안 인간이 자율성을 가진 존재라는 생각은 다양한 사회이론과 철학 사상에 투영되어 왔다. 인간의 존엄을 설명하기 위한 근거로서 그리고 권리 특히 인권의 근거로서 자율성 개념은 큰 역할을 수행하였다. 이 자율성 개념은 구체적으로 자기결정권의 형식으로 정치철학, 법학, 생명 윤리 분야에서 중요한 원리이자 가치로 취급되고 있다.[2]

우리 헌법재판소는 대체로 자기결정권이 인간의 존엄과 가치 그리고 행복추구권 보장에 관한 헌법 제10조에서 도출된다는 입장을 가지고 있다. 헌법재판소는 "개인의 인격권·행복추구권에는 개인의 자기운명 결정권이 전제되는 것이고, 이 자기운명결정권에는 성행위 여부 및 그 상대방을 결정할 수 있는 성적 자기결정권이 또한 포함되어 있으며"[3]라 고 하여 자기운명결정권을 인정하며, 나아가 자기결정권의 내재적 한 계로서 자기책임의 원리까지 언급한다.

헌법 제10조가 정한 행복추구권에서 파생되는 자기결정권 내지 일반 적 행동자유권은 이성적이고 책임감 있는 사람의 자기의 운명에 대한

---

2  자율성과 자기결정권의 관계에 대해서 두 개념을 완전히 동치로 볼 수는 없다. 하지만 그 차이는 미미하다고 판단되므로 이 글에서는 두 개념이 동일한 의미를 가진다고 전제하고 논의를 전개할 것이다. 두 개념을 동치로 보는 입장으로 Jones, P. (1994). *Rights*. Macmillan Press. p. 124.

3  헌재 1990. 9. 10. 89헌마82.

결정·선택을 존중하되 그에 대한 책임은 스스로 부담함을 전제로 한다. 자기책임의 원리는 이와 같이 자기결정권의 한계논리로서 책임부담의 근거로 기능하는 동시에 자기가 결정하지 않은 것이나 결정할 수 없는 것에 대하여는 책임을 지지 않고 책임부담의 범위도 스스로 결정한 결과 내지 그와 상관관계가 있는 부분에 국한됨을 의미하는 책임의 한정원리로 기능한다. 이러한 자기책임의 원리는 인간의 자유와 유책성, 그리고 인간의 존엄성을 진지하게 반영한 원리로서 그것이 비단 민사법이나 형사법에 국한된 원리라기보다는 근대법의 기본이념으로서 법치주의에 당연히 내재하는 원리로 볼 것이고 ….[4]

생명윤리 분야에서도 자율성과 자기결정권은 중요한 부분으로 다루어진다.[5] 우리나라의 〈생명윤리 및 안전에 관한 법률〉 제 3조 제 2항의 "연구대상자 등의 자율성은 존중되어야 하며, 연구대상자 등의 자발적인 동의는 충분한 정보에 근거하여야 한다"라는 표현이 대표적이다. 그리고 〈보건의료기본법〉 제 12조의 표제는 '보건의료서비스에 관한 자기결정권'이며 그 내용은 "모든 국민은 보건의료인으로부터 자신의 질병에 대한 치료 방법, 의학적 연구 대상 여부, 장기이식 여부 등에 관하여 충분한 설명을 들은 후 이에 관한 동의 여부를 결정할 권리를 가진다"라고 하고 있다. 뿐만 아니라 유네스코가 2005년에 발표한 〈생명윤리와 인권에 관한 보편선언〉 제 5조의 표제는 '자율성과 개인의 책임'이

---

4  헌재 2004. 6. 24. 2002헌가27.
5  생명윤리 분야의 자율성에 대한 이론적 연구로 Dworkin, G. (1988). *The Theory and Practice of Autonomy*. Cambridge Univ. Press. 참조.

며, 그 내용으로 "자신의 결정에 책임을 지고 타인의 자율성을 존중하는 한, 결정을 하는 사람의 자율성은 존중되어야 한다. 자율성을 행사할 수 없는 사람들을 위해서 그들의 권익을 보호하기 위한 특별한 조치가 취해져야 한다"라고 규정한다.

그러나 자율성과 자기결정권이 중요한 개념으로 취급되어 왔음에도 불구하고, 아이러니하게도 그 본질과 구조에 대한 이론적인 탐구는 그리 활발하지 않았다. 헌법재판소도 자기결정권이 인격권, 행복추구권 등에서 도출된다고 하고 있을 뿐 그 관계를 상세하게 설명하지는 않으며, 자기책임의 원리가 자기결정권의 한계논리라고 전제하고는 있으나 왜 그렇게 되어야 하는지에 대해 해명하지는 않는다.

이 글은 이런 문제의식에서 출발하여 자기결정권에 관한 중요한 쟁점을 다루는 것을 목적으로 한다. 그러나 자율성과 자기결정권의 모든 쟁점을 다루는 것을 목표로 하지는 않는다. 그것은 하나의 장이 담을 수 있는 내용 이상의 것이기 때문이다. 이 글에서는 자기결정과 자기결정권의 구별, 자기결정권의 권리로서의 속성, 그리고 그 권리로서의 속성에 근거한 자기결정권 이해 등 3가지 차원에 대해 논하고자 한다.

## 자기결정과 자기결정권

자기결정권은 다르게 표현하면 자기결정에 대한 권리이다. 따라서 자기결정권은 표현상 2가지 요소로 구성되어 있다. 하나는 '자기결정'이며, 또 하나는 '권리'이다.

먼저 '자기결정'에 대해 살펴보자. 자기결정 역시 두 부분으로 나누어 해석할 수 있다.

첫째, 자기결정은 '자기가 하는' 결정이다. 이것은 자기결정의 근원적인 부분에 해당한다. 자기결정은 결정의 주체가 '자기'임을 뜻하는 말이며, 따라서 다른 사람이 결정하는 것은 논리적으로 자기결정이 될 수 없다. 그런데 '다른 사람이 결정하는 것'이라는 말도 아주 명확하지는 않다. 이는 결정의 주체가 다른 사람이라는 것이 명목상 다른 사람이 결정하는 것을 의미하는지 아니면 실질적으로 다른 사람이 결정하는 것을 의미하는지 애매하다는 뜻이다.

예를 들어, 학원에 가기 싫은 아이가 부모의 강압에 못 이겨 학원에 가겠다고 결심하였다고 하자. 그 아이는 명목상 '자기'가 결정한 것으로 보인다. 그러나 실제로 아이의 행동은 부모의 결정이었다고 평가할 수 있고, 그렇게 평가한다고 해서 부당한 것은 아니다. 이런 차원을 고려하면 자기결정은 '자기'가 하는 결정일 뿐만 아니라 '실질적'으로 자기가 하는 결정이어야 한다. [6]

---

6   그렇다면 실질적으로 자기가 하는 결정이 뜻하는 바, 특히 '실질적'이 의미하는 것이 무엇

둘째, 자기결정은 '자기에 대한' 결정이다. 물론 자기가 하는 모든 결정이 반드시 자기에 관한 것에 한정되지는 않는다. 예를 들어 교사가 시험 일자를 결정하는 것은 본인에게도 영향을 미치겠지만, 기본적으로 학생들에 관한 결정이 된다. 그러나 교사가 퇴직을 결심한다면 그것은 학생들에게도 영향을 미치겠지만 기본적으로 교사 자신에 관한 결정이 될 것이다. 자기결정이 '자기에 대한' 결정이라는 것은 '자기에 대한 사안'은 기본적으로 자기 스스로 결정해야 한다는 것을 의미한다.

이런 의미에서 자기결정을 엄격한 의미로 한정한다면 '자기가 자기에 대한 사안을 결정'하는 것이라고 할 수 있다.[7] 자기결정권 개념이 형성된 서구의 역사를 살펴보면, '자기에 대한 사안'이란 전통적으로 생명, 자유, 재산 등을 의미한다.[8]

자기결정은 위와 같은 2가지 차원을 가지고 있다. 그러나 자기결정이 곧 자기결정권을 의미하지는 않는다. 앞서 언급한 대로 자기결정권은 자기결정에 대한 권리를 의미하기 때문에, 자기결정은 권리의 내용은 되겠지만 자기결정 그 자체가 바로 권리를 의미하지는 않는다.

---

인지는 자기결정의 범위와 한계를 결정하는 데 중요한 쟁점이 될 것이다.

7 　반대로 이는 넓은 의미로 이해하면, 첫 번째 요건인 자기의 결정(주체)이 본질적임을 뜻하고 두 번째 요건인 자기에 대한 결정(대상)은 그에 비해 상대적으로 비본질적일 수 있다는 것이다.

8 　서구의 역사에서 근대 이후 가장 강력한 규범으로 등장하는 자연권은 인간의 본성에서 유래하는 것에 대한 권리주장이다. 이 자연권이 주장하는 권리의 범위는 일차적으로 자기 관련적인 것인데, 이것이 본성에서 직접 도출할 수 있는 권리의 대상이기 때문이다. 그런 의미에서 생명과 자유는 당연히 자연권의 내용이 된다. 그러나 재산이 자기와 관련된 사안이 되는지에 대해서는 일치된 의견이 존재하지 않는다. 다만 적어도 로크 등 노동가치설을 주장하는 학자들은 노동으로 획득한 재산도 자기와 관련된 사안이라고 생각할 것이다.

이렇게 자기결정과 자기결정권을 구분하면 자기결정이 가진 속성이 드러난다. 그것은 자기결정은 '스스로 결정한다'는 어떤 행태나 행위 자체를 의미하는 것으로 현상적인 사실 혹은 심리학적 사실을 의미한다는 점이다. 윤리학적 차원에서 인간이 '스스로 결정한다'라는 것은 인간 존엄의 논거 중 하나이기 때문에 인간은 권리의 주체가 될 수 있다는 논변도 성립할 수 있다. 그러나 그럼에도 불구하고, 자기결정이 그 자체로서 권리인 것은 아니다. 즉, 자기결정이 규범적 정당화의 1차적 근거가 될 수 있지만, 자기결정권처럼 그 자체로 규범적 정당화의 차원을 직접 가지는 것은 아니다.

자기결정권이 규범적 정당화의 차원을 직접 가지는 것은 그것이 권리의 형식으로 개념화되었기 때문이다. 권리는 서구 사회에서 형성된 규범적 정당화의 한 형식이다. 제르송(Gerson)은 "권리는 누군가에게 고유하게 속하고 정당한 이성의 지시에 합치하는 권능, 즉 권한이다. 자유(*libertas*)는 이성의 권능(*facultas*)이다"라고 주장하면서 권리의 개념을 형성하는 데 큰 기여를 한 바 있다.[9] 근대 자연법의 아버지라고 할 수 있는 그로티우스(Grotius)도 "권리는 무엇인가를 정당하게 보유하거나 행하는 도덕적 성질이며 도덕적 권능으로서 인간이 본질적으로 보유하는 것이다"라고 주장한다.[10] 다시 말하면 권리는 '정당한 이성'에 합치하며 '정당하게 보유하거나 행하는' 권능이다. 이처럼 권리는 근대 이후 서구의 역사에서 규범적 정당화의 한 형식으로 제시되고 형성되었다.

---

9   Tuck, R. (1979). *Natural Rights Theories*. Cambridge Univ. Press. p. 26 참조.

10  Grotius, H. (1925). *De Jure Belli ac Pacis Libri Tres*, F. W. Kelsey (Trans.). Clarendon Press. p. 35 참조.

그런데 권리가 규범적 정당화의 한 형식이라면 어떠한 내용이라도 권리의 내용이 되기만 하면 정당화되는가라는 의문이 들 수 있다. 무고한 타인을 살해할 권리를 누군가가 주장한다고 해서 무고한 타인을 살해하는 것이 정당화되는 것은 아니다. 권리는 규범적 정당화의 한 형식이기 때문에, 오히려 권리의 내용이 되고자 하는 후보들이 실제로 정당화될 수 있는지 규범적 심사가 행해져야 한다. 즉, 권리의 내용은 규범적 정당화의 다른 형식으로 먼저 정당화되어야 하는 것이다.[11]

　그렇다면 권리라는 규범적 정당화의 형식을 갖추기 전에 다른 정당화가 필요하다면 왜 권리라는 규범적 정당화가 또다시 필요한가? 그것은 권리는 다른 규범들과 다른 규범개념의 효과를 가지고 있기 때문이다. 예를 들어 물건을 사고 대금을 지불하면 물건을 양도받을 권리를 가지게 된다. 이때 물건을 양도받을 권리를 가진다는 것은 물건을 양도받는 것이 정당함을 전제하는 것이다. 그런데 물건을 양도받을 권리를 가진다는 것은 단순한 정당화 이상의 의미를 가진다. 그것은 물건을 양도받지 못했을 경우 물건을 양도받을 권리를 가진 사람은 양도할 의무를 가진 사람에게 사회적 압력을 행사하여 권리의 내용을 실현할 수 있다는 점이다. 이때 사회적 압력은 법적 권리로 승인된 경우라면 공권력의 지원을 받을 수 있을 것이다. 이처럼 권리를 갖는다는 것은 정당화 주장을 하여 상대방을 설득시키는 번거로운 과정을 축약하여 바로 상대방에게 권리의 내용을 실현시킬 수 있는 인지적 효율성의 차원을 갖는다.[12]

11　김현철(2002). "형식적 권리론". 〈법철학연구〉, 5권 1호, 115~140; 양천수(2013). "권리의 형성 메커니즘". 〈법철학연구〉, 16권 1호, 208~209 등 참조.
12　이는 복잡성의 축약으로 법을 이해하는 니클라스 루만의 생각과 이어진다고 할 수 있다.

## 자기결정권의 구조

자기결정권의 경우도 단순한 자기결정과 이런 권리의 차원에서 차이가 있다. 즉, 자기결정권은 자기결정의 차원에서 행해져야 하는 다양한 정당화 주장의 과정을 축약시켜 바로 권리를 실현할 수 있는 것이다.

그런데 자기결정권이 하나의 권리라면 권리가 가지는 기본적 구조 역시 가지게 된다. 권리가 가지는 기본적 구조는 여러 가지 차원에서 논의될 수 있겠지만 가장 일반적인 것은 다음과 같은 3요소로 구성된 구조이다. 즉, '권리의 주체-권리의 내용-권리의 상대방'이 그것이다.[13] 권리의 주체를 S라 하고 권리의 내용을 C라 하며 권리의 상대방[14]을 O라 하자. 그렇다면 권리R은 'R(SC)-O'라는 형태로 표현할 수 있다.[15] 이는 권리는 주체와 내용의 함수이며 그 상대방은 권리의 주체와 내용에 연동되어 정해진다는 의미를 가진다.

그렇다면 자기결정권은 자기결정을 내용C로 하는 주체S의 권리이다. 그런데 자기결정권은 다른 권리와는 다소 다른 특이한 차원에 놓이

---

[13] 이 권리의 관계에 대한 설명으로 김도균(2008). 《권리의 문법》. 박영사. 4~6면 참조.

[14] 의무자 대신 권리의 상대방이라는 표현을 쓰는 이유는 권리의 상대방이 반드시 의무자가 아닐 수도 있기 때문이다. 예를 들어 대세적 효력을 가진 권리의 경우 특정한 의무자가 있는 것은 아니고 세상 사람 모두가 '일종의' 의무자가 된다. 하지만 이 경우 세상 사람 모두 의무자라고 표현하는 것은 어색하다. 이런 차원에서 권리의 상대방이라는 표현이 보다 적절할 수 있다.

[15] 알렉시는 권리의 이런 관계를 R ab G라는 형식으로 표현한다. 로베르트 알렉시(2007). 《기본권 이론》. 이준일 역. 한길사. 230~233면.

게 된다. 그것은 내용C가 주체S와 관련된 내용으로 구성되어 있다는 점이다. 즉, 자기결정을 권리의 내용으로 하는 동시에, 자기결정의 자기(self)가 권리의 주체가 된다는 점에서 내용C는 주체S를 부분적으로 함축하고 있다. 그렇기 때문에, 자기결정권의 본질을 탐구하기 위해서는 자기결정이라는 내용의 정당성 외에 자기결정권의 주체라는 형식의 정당성도 고려해야 한다. 그리고 이 2가지 정당성은 본질상 서로 분리되지 않는다.

자기결정이 자기결정권으로 쉽게 정당화될 수 있는 것은 자기결정이 그 자체로 가지는 정당화 과정이 있기 때문이기도 하지만, 권리가 가지는 권리의 주체라는 차원의 정당화 과정이 자기결정의 핵심적 부분을 공유하고 있기 때문이기도 하다. 다시 말하면, 자기결정권의 내용C는 자기결정인데, 이 자기결정은 자기I와 결정D로 구성되어 있다고 간단하게 표기하자. 그러면 자기결정권은 다음과 같이 형식화할 수 있다.

$$R[S(I\text{-}D)]\text{-}O$$

그런데 자기결정권의 내용에 들어 있는 I와 권리의 주체S는 자기결정권의 경우 동일한 의미를 지니게 된다. 그러면 앞의 표시는 다시 이렇게 표시할 수 있다.

$$R[S(S\text{-}D)]\text{-}O$$

이렇게 자기결정권을 표시하면, 자기결정권의 권리 구조에서 주체가
차지하는 의미가 얼마나 중요한지 외관상 분명하게 드러난다. 뿐만 아
니라, 자기결정권에 관하여 구분해야 할 3가지 차원 또한 분명하게 드
러난다. 자기결정권의 주체, 행사, 상대방의 책무가 그것이다. 즉, 자
기결정이라는 권리의 내용C는 자기결정권의 주체를 탐구하면서 그 내
용이 더 분명해진다는 첫 번째 차원 외에 자기결정권을 행사하는 것과
그 상대방의 책무에 대한 또 다른 차원이 구분되어야 한다. 자기결정권
을 행사하는 것은 다음과 같은 형식으로 표현할 수 있다.

$$R[S(I-D)] \rightarrow O$$

이 표시가 보여 주는 것은 자기결정권을 행사할 때 상대방을 고려하
여야 한다는 점이다. 권리의 행사는 사회적 압력을 동반하기 때문에 그
상대방에게 영향을 미칠 수밖에 없다. 따라서 권리의 행사는 본질적으
로 상대방에 어떤 영향을 미치는지 고려할 것을 근본적인 제한조건으로
가진다.[16] 반대로 자기결정권의 상대방이 갖는 책무는 다음과 같은 형
식으로 표현할 수 있다.

$$R[S(I-D)] \leftarrow O$$

---

16  이는 노직(Nozick)의 도덕적 제약 사항(측면적 제약 사항, *side constraint*)에 해당한다.
로버트 노직(1983). 《아나키에서 유토피아로》. 남경희 역. 문학과 지성사. 51~60면
참조.

이 표시가 보여 주는 것은 권리의 상대방은 자기결정권을 보유한 사람 혹은 그 사람의 자기결정권 행사에 대해 어떤 태도를 취해야 한다는 점이다. 물론 그것은 일반적으로 권리 보유자가 권리를 행사한 것을 존중하여야 한다는 점일 것이다. 다만 권리를 존중한다는 것이 구체적으로 어떤 의미를 가지는지는 맥락에 따라 다를 수 있을 것이다.

이렇게 이해하면, 이는 자기결정권의 일반적 표시인 R〔S(I-D)〕-O를 권리 주체와 상대방과의 상호 교섭의 관계로 이해하는 것이 된다. 이렇게 이해된 상호 교섭의 관계는 다시 다음과 같이 표현할 수 있다.

$$R[S(I\text{-}D)] \leftrightarrow O$$

이렇게 자기결정권을 권리의 구조라는 관점에서 바라보면, 자기결정권이 가진 3가지 차원이 분명하게 드러난다. 자기결정권이 가진 권리 형식으로서의 3가지 차원을 이 글에서는 ① 자기결정권의 주체, ② 자기결정권의 행사, ③ 자기결정권에 대한 승인이라는 표현으로 제안하고자 한다. 이를 다르게 표현하면, 첫째, 누가 자기결정권을 보유하는가, 둘째, 어떻게 자기결정권을 행사하는가, 셋째, 타인의 자기결정권을 승인한다는 것은 무엇인가의 3가지 물음이 된다.

## 자기결정권의 3가지 차원

### 자기결정권의 주체

먼저 자기결정권의 주체에 대해 살펴보자. 자기결정권의 주체는 물론 자기(self)이다. 이 권리의 주체로서 '자기'는 인간이며, 특히 근대 이후 권리의 주체가 되는 것은 주로 개인으로서의 인간이다. 인간이 권리의 주체가 될 수 있는 것은 근대 자연법의 논리에 따르면 인간이 가지고 있는 특수한 속성 때문이다. 고대 그리스의 논리에 의하면 인간이 가지고 있는 특수한 속성은 이성(logos)이며, 그것 때문에 인간은 다른 생물체와 구별된다. 기독교의 관점에서도 인간은 신의 형상(Imago Dei)을 본떠 만들어진 존재로서 다른 생물체를 지배할 권능을 부여받은 존재이다. 그리고 자기결정권의 내용이자 주체가 되는 인간은 그 이성적 능력 덕분에 자기에 관한 사안(내용)을 자기 스스로(주체) 결정할 수 있는 자기결정권을 가지게 되는 것이다.

근대 자연법을 대표하는 이론가 중의 하나인 로크는 인간은 자기 자신을 본래적으로 소유한다는 자기소유(self-ownership) 명제를 전제로 논변을 전개한다.[17] 인간은 자기소유를 자연권으로 보유하고 있으며,

---

17  로크는 다음과 같이 표현한다. "비록 대지와 모든 열등한 피조물은 만인의 공유물이지만, 그러나 모든 사람은 자신의 인신(person)에 대해서는 소유권을 가지고 있다. 이것에 관해서는 그 사람 자신을 제외한 어느 누구도 권리를 가지고 있지 않다." 존 로크(1996). 《통치론》. 강정인 · 문지영 역. 까치. 34~35면 참조.

이에 근거하여 일반적인 행동의 자유를 누린다. 이 일반적인 행동의 자유에는 자기결정의 자유가 행동의 한 양태로서 포함되어 있음은 자명하다. 따라서 자기소유를 자연권으로 이해하는 논리에 따르면, 자기결정의 자유 역시 자기소유의 한 양태이므로 당연히 자연권으로 이해할 수 있을 것이다. 즉, 인간은 자연권으로서 자기결정권을 가지게 된다.

## 자기결정권의 행사

인간이 자기결정권을 가진다는 것은 민법의 권리능력과 행위능력의 개념을 동원하여 설명하면 권리능력의 차원에 해당할 것이다. 즉, 태어나 살아 있는 인간이라면 모두 권리능력을 가지게 되지만, 그렇다고 권리능력을 가진 모든 인간이 행위능력을 가지는 것은 아니다. 그렇다면 인간이 일종의 행위능력에 해당하는 자기결정권을 가진다는 것은 구체적으로 어떤 의미인가?

예를 들어, 6살 아이에게 "너는 자기결정권을 가지고 있으므로 큰 경제적 손실을 가져올 수도 있는 사안에 대해 알아서 결정하라"고 주문한다면 이는 과연 올바른 결정이 될 수 있을까? 이 물음에 대해 대부분의 사람들은 부정적으로 대답할 것이다. 그렇다면 이 물음에 대해 부정적인 대답이 나온다고 해서, 6살 아이는 자기결정권을 가지고 있지 않다고 평가한다면 이것은 올바른 판단이 될 수 있을까?

이 간단한 사례에서 알 수 있는 것은 자기결정권을 가지고 있다는 것은 그 자기결정권을 적절히 행사하는 것과는 다른 문제라는 점이다. 근대적 이상에 따르면, 인간은 노인이나 어린 아이나, 부자나 가난한 사람이나, 권력을 가진 사람이나 못 가진 사람이나 모두 자기결정권을 보유하고 있다. 인간은 인간으로 태어났다는 바로 그 점 때문에 자유를 누릴 권리를 가지고 있으며, 자기결정권은 그 양태 중 하나이다. 그러나 자기결정권을 보유했다고 해서, 자기결정권을 정말 자기에 대한 사안에 대해 적절하게 사용할 수 있는 능력이 바로 보장되지는 않는다. 자기결정권을 적절하게 사용하기 위해서는 일정한 이성적 능력이 갖춰질 필요가 있다. 인간이 이성적 존재로 태어났다고 해서 그 이성적 능력이 태어나자마자 충만해지는 것은 아니다.

자기결정권의 행사에 있어 또 하나의 쟁점이 있다. 바로 자기결정권의 행사가 타인에게 미칠 영향이다. 우리는 지하철에서 크게 전화 통화하는 사람들을 가끔 목격한다. 이를 자기결정권의 관점에서 바라보면, 전화하는 사람이 크게 소리를 낸다고 해서 문제 될 게 없다고 판단할 수도 있다. 그는 자기에 관한 사안에 대해 결정할 권리를 가지고 있으며 이는 자연권이기 때문이다.

그런데 그렇게 전화 통화하는 사람 옆에 고개를 숙이고 잠에 취해 있는 사람이 있다고 하자. 이 사람 역시 지하철에서 잠을 잘 수 있는 자기결정권의 보유자이다. 이렇게 두 사람의 자기결정권을 동시에 바라보면 자기결정권의 행사라는 측면에서 딜레마 상황이 펼쳐진다. 전화 통화를 큰 소리로 하는 자기결정권의 행사가 충족되면 잠을 자고자 하는 자기결정권의 행사가 좌절되는 것이다.[18]

---

[18]   물론 잠을 자고자 하는 자기결정권을 만족시키려면 큰 소리로 전화하는 행위는 제지되어야 한다. 이렇게 되면 자기결정권은 어느 누구도 실현하기 어려울 것이다. 밀(Mill)은 이런 이유에서 자유의 제한에 대해 말한다. "자기의 의견을 실행할 수 있는 자유라는 것은,

혹은 지하철 안에서 모든 사람이 큰 소리로 통화하는 상황을 가정해 보자. 아마 최초에 큰 소리로 통화하던 사람은 자신의 원활한 전화 통화를 위해 그렇게 처신했을 것이다. 그러나 모든 사람이 다 큰 소리로 통화하게 되면, 너무 큰 소음이 발생하여 통화하려는 원래의 목적을 전혀 달성하지 못하게 될 것이다. 이는 그 지하철 안에 있는 모든 사람에게 똑같은 결과를 가져다줄 것이다. [19]

이렇게 자기결정권의 행사와 관련해서는 최소한 2가지의 근본적인 쟁점이 존재한다. 첫째, 자기결정권을 행사할 수 있는 주체는 자기결정권의 보유와는 다르게 단순히 인간이면 되는 것이 아니고 이성적 능력을 갖춘 성숙한 인간이어야 한다는 점이다. 자기결정권을 행사할 때 권리의 주체가 의도하는 내용이 실현되기 위해서는 그에 관한 지식을 이해하고 어떤 행동을 할 것인가를 계산할 수 있는 능력이 필요하다. 둘째, 자기결정권의 행사는 자기결정권의 보유와는 다르게 다른 사람의 자기결정권 행사와 양립할 수 있어야 한다. 누군가의 자기결정권은 실현되고, 그 때문에 다른 사람의 자기결정권이 좌절된다면 이것은 자연권으로 이해되는 자기결정권의 의의에 반하는 일이 된다.

---

자기 자신의 책임과 위험부담 하에서 행해지는 한, 그 동포들에 의해 육체적으로나 정신적으로 아무런 방해도 받지 않고, 자기의 의견을 자기의 생활 속에서 실현해 가는 자유를 의미한다." 존 스튜어트 밀(1990). 《자유론》. 이극찬 역. 삼성출판사. 309면.

19  이는 홉스가 리바이어던에서 자연 상태에 대해 가정한 내용이기도 하다. "같은 것을 놓고 두 사람이 서로 가지려 한다면, 그 둘은 서로 적이 되고, 따라서 상대방을 파괴하거나 굴복시키려 하게 된다." 토마스 홉스(2008). 《리바이어던》. 진석용 역. 나남. 168~175면 참조.

## 자기결정권의 승인

그렇다면 자기결정권의 행사와 관련한 이 2가지 쟁점은 어떻게 해결될 수 있을까? 위의 2가지 쟁점이 난점으로 여겨지는 이유는 자기결정권을 자연권으로만 이해했기 때문이다. 자기결정권을 자연권으로 이해한다는 것은 자기결정권을 자연 상태에서도 성립하는 본래의 권리로 이해하는 측면도 가지고 있지만, 자기결정을 한 개인의 고독한 실존적 행위로 이해하는 실천적 측면도 가지고 있다. 즉, 자기결정을 하는 개인은 타인과 함께 살아가고 있으며 나아가 일정한 공동체에 속한 시민이다. 자기결정권은 자연권이기도 하지만, 동시에 자기결정을 하는 권리의 주체가 홀로 생활하는 존재가 아닌 한 어떤 공동체 속에서 실현되는 시민권이기도 하다.

만일 공동체가 자기결정권의 상대방이 된다면, 자기결정권 행사에 관한 이 쟁점들에 대해서 공동체가 해소 방안을 마련할 수도 있을 것이다. 즉, 공동체는 자기결정권 행사를 위한 이성적 능력이 부족한 시민을 도울 수 있는 방책을 마련하거나, 자기결정권의 행사가 다른 자기결정권을 침해하지 않도록 자기결정권의 양립을 위한 적절한 제한을 가할 수 있을 것이다.

서구의 사회계약설에 의하면, 시민공동체 구성의 가장 중요한 이유 중의 하나는 시민들의 권리를 보호하고 그 행사를 보장하는 것이다. 즉, 시민공동체는 시민들의 권리를 보호할 일종의 책무를 진다. 이 논리는 자기결정권에 대해서도 똑같이 적용될 수 있다. 즉, 시민공동체는 시민들의 자기결정권이 적절히 행사될 수 있도록 필요한 조치를 취할 일종의 책무를 진다. 이런 시민공동체의 책무라는 측면을 '자기결정권의 승인'이라는 표현으로 이해할 수도 있을 것이다.

그러나 시민공동체의 책무라는 관점에서만 자기결정권의 승인을 접근한다면 구조상 또 하나의 난점이 발생할 수 있다. 자기결정권을 행사하는 개인의 차원이 아니라 시민공동체의 차원에서만 자기결정권 승인 문제를 바라볼 경우, 자기결정권 행사에 대한 제한이 '자기', 즉 개인의 차원을 넘어서 이뤄진다고 파악할 수 있는데 그 경우 자칫 잘못하면 자기결정권의 주체인 개인이 경시될 수 있다. 다시 말하면, 자기결정권에 대한 시민공동체 차원의 승인은 개개인의 자기결정권에 대한 시민공동체의 제한을 전제로 하는데, 그 제한 때문에 자기결정권의 본질이 훼손되어서는 안 된다.

그렇기 때문에, 자기결정권에 대한 시민공동체의 승인은 자기결정권의 부분적 제한이라는 결과를 가져오더라도 자기결정권의 본질을 계속해서 보존해야 한다. 그러기 위해서는 시민공동체의 승인은 공동체 차원에서만 이루어져서는 안 되고 다시 개인적 차원의 도덕적 숙고와 성찰에 기반해야 할 것이다. 그리고 개인적 차원에서 이루어지는 자기결정권의 승인은 자기결정권의 행사가 오로지 자기에만 근거한 이기주의가 아니라 항상 타인을 고려하는 성찰적인 책임에 근거하여야 한다는 규범적 요구와 만나게 된다. 이것이 자기결정권 행사가 가지는 본질적인 한계에 해당한다. [20]

---

20 타인의 자기결정권을 승인할 개인적 책무는 어떤 능력을 필요로 하는가? 이 능력은 자기결정권을 행사할 능력과 동일한 정도의 것인가, 아니면 그것과 다른 것인가? 등의 문제 역시 앞으로 다루어야 할 근본적인 쟁점들이다. 일단 책임을 부담할 자격과 자기결정권

즉, 자기결정권의 승인은 시민공동체의 차원과 개인적 차원 모두에서 이루어져야 한다.[21] 자기결정권의 승인은 '자기의 자기결정권'에 대한 승인이 아니라 '타인의 자기결정권'에 대한 승인이 되고 이런 승인을 통해 자기의 자기결정권과 타인의 자기결정권이 양립할 수 있는 것이다. 이런 차원의 자기결정권의 승인은 앞서 언급한 헌법재판소의 논리, 즉 자기결정권의 한계 원리로 자기책임의 원리를 인정하는 것에 해당하는 부분이다. 거칠게 표현하면, 자기책임의 원리는 자기결정권 자체에 내재한 원리라기보다는 자기결정권 행사와 관련하여 자기결정권이 양립할 수 있도록 타인의 자기결정권을 승인해야 한다는 규범적 요구에서 도출되는 것이다.

---

을 행사할 능력은 깊은 관련이 있다는 정도만 언급하고 지나가기로 한다.

21 여기에서 시민공동체 차원과 개인적 차원의 관계에 대한 또 다른 어려운 문제가 발생한다. 이에 대해서는 다른 연구에서 자세히 다루기로 한다.

# 나오머

지금까지의 논의는 다음과 같은 3가지 내용으로 요약할 수 있다.

첫째, 자기결정과 자기결정권은 구별되어야 한다. 자기결정은 자기결정권의 대상이고 그 자체는 경험적·심리적 차원의 것이다. 이에 대해 자기결정권은 규범적 차원의 정당화 기능을 갖게 된다.

둘째, 자기결정권에 있어 자기결정이라는 내용에 못지않게 권리라는 형식에 대한 고찰이 필요하다. 특히 권리에 있어, 주체, 상대방, 내용의 3요소로 구성된 구조를 통해 자기결정권의 구조를 이해하는 것이 필요하다.

셋째, 이렇게 이해된 자기결정권은 3가지 차원을 가진다. 이 글에서는 그것을 ① 자기결정권의 주체, ② 자기결정권의 행사, ③ 자기결정권에 대한 승인이라는 표현으로 제시하고자 한다. 이를 다르게 표현하면, 첫째, 누가 자기결정권을 보유하는가, 둘째, 어떻게 자기결정권을 행사하는가, 셋째, 타인의 자기결정권을 승인한다는 것은 무엇인가 하는 3가지 물음이 된다.

이렇게 자기결정권을 3가지 차원으로 구분하는 것은 실천적으로도 의의를 가진다. 무엇보다 자기결정권을 둘러싼 이론적 혼란을 명확하게 이해할 수 있게 된다. 자기결정권의 주체에 대한 설명은 자기결정권을 보유한 인간이 가지는 보편적 존엄성과 인격성에 대한 좋은 근거가 된다.

그러나 자기결정권 행사에 관한 항목에서 자기결정권을 행사할 능력, 즉 행위능력의 문제는 자기결정권 보유의 문제와 구별해서 생각해야 한다. 모든 사람은 평등하게 자기결정권을 보유하고 있지만, 자기결정권을 행사할 능력은 모든 사람이 평등하게 갖고 있는 것은 아니다. 그렇기 때문에 자기결정권을 승인할 사회적 책무에는 자기결정권을 행사할 능력이 떨어지는 사람들을 도와줄 사회적 제도와 체계를 만들어야 한다는 규범적 요구가 포함될 수 있다. 근대 민법이 가지는 행위무능력자에 대한 보호제도는 이러한 관점에서 정당화된다.

따라서 예를 들어 자기결정권을 행사할 능력이 떨어지는 사람에 대한 논의를 하면서 '자기결정권이 부족하다'고 표현할 경우 생기는 혼란은 다음과 같이 정리할 수 있다. 이 표현은 맥락상 자기결정권을 '행사할 능력'이 부족하다고 이해해야 마땅하며, 자기결정권 보유의 근원적 평등성에 대한 부정으로 보일 수 있으므로 보다 명확하게 표현하는 것이 바람직하다. 나아가 자기결정권을 행사할 능력에 기울이는 주의를 넘어, 자기결정권 보호에 관한 사회적 책무와 개인적 책무에 대한 주의로 논의를 확대할 필요도 있다. [22]

---

22  특히 생명윤리 분야의 자율성(자기결정권) 논의는 '개인적 차원'의 자기결정권 행사 능력에 초점을 맞추고 있다. 앞으로 보다 사회적인 영역으로 초점을 확장하는 것이 바람직할 것이다. 개인적 차원의 자기결정권 행사 능력에 초점을 맞춘 대표적인 예로 Beauchamp, T. L., & Childress, J. F. (2009). *Principles of Biomedical Ethics*. Oxford Univ. Press. pp. 104~105.

# 2장

# 자기결정권과 인권
## 한국에서 자기결정권의 보호

김현철
(이화여대 법학전문대학원 교수)

## 들어가며

자기결정권은 자신에 관한 사안을 스스로 결정할 수 있는 권리를 말한다. 자신에 관한 사안을 스스로 결정한다는 것은 모든 사람에게 인정되는 기본적 자유이자 권리의 핵심적인 내용이다. 그런데 이런 기본적 자유와 권리는 법으로 명시하는 경우에만 인정되는 것이 아니다. 사람으로 태어났다면 법에 그 개념이 명시되어 있지 않더라도 누구나 인정받을 수 있다.

따라서 자기결정권 개념의 법적 도입이란 입법기관이나 사법기관이 그 개념을 만들었다는 의미는 아니다. 그보다는 헌법재판소나 법원에서 자기결정권이 기본적 자유와 권리의 내용임을 확인했다는 의미이거나, 국회에서 법률을 제정하면서 자기결정권 개념에 해당하는 표현을 사용했다는 의미로 이해해야 한다.

이렇게 모든 사람에게 당연히 인정되는 자기결정권 개념을 입법기관이나 사법기관이 확인하거나 사용한 것은 문제가 되는 사안에서 자기결정권의 중요성을 특별히 강조하기 위해서이다. 이는 그 사안에서 그동안 자기결정권이 소홀하게 다루어졌기 때문이기도 하다.

우리나라에서 '자기결정권'이라는 표현을 최초로 사용하고 그 의미를 본격적으로 밝힌 것은 헌법재판소 판례(결정례)이다. 헌법재판소는 1990년 형법의 간통죄1에 관한 헌법소원에서 '자기운명결정권', '성적 자기결정권' 등의 표현을 처음으로 사용했다.

헌법 제10조는 "모든 국민은 인간으로서의 존엄과 가치를 가지며, 행복을 추구할 권리를 가진다. 국가는 개인이 가지는 불가침의 기본적 인권을 확인하고 이를 보장할 의무를 진다"라고 규정하여 모든 기본권 보장의 종국적 목적(기본이념)이라 할 수 있는 인간의 본질이며 고유한 가치인 개인의 인격권과 행복추구권을 보장하고 있다. 그리고 개인의 인격권·행복추구권에는 개인의 자기운명결정권이 전제되는 것이고, 이 자기운명결정권에는 성행위 여부 및 그 상대방을 결정할 수 있는 성적 자기결정권이 또한 포함되어 있으며 ….2

이렇게 헌법재판소 판례에서 처음 사용된 자기결정권이라는 표현은 이후 대법원 판례에서도 헌법재판소와 거의 동일한 의미로 활용되었

---

1  2015년 헌법재판소 위헌 결정으로 2016년 1월 6일 간통죄는 폐지되어 형법에서 삭제되었다.
2  헌재 1990. 9. 10. 89헌마82.

고, 여러 법률에 도입되었다. 헌법재판소는 이후 다양한 사안에서 자기결정권을 인정하는 결정례를 냈다. 아래에서 살펴볼, 성적 자기결정권, 개인정보자기결정권, 소비자의 자기결정권, 임신과 출산에 대한 자기결정권, 연명치료중단에 관한 자기결정권, 국적 선택에 대한 자기결정권, 시체의 처분에 대한 자기결정권, 신체의 배출물에 대한 자기결정권 등이 그 예이다.

대법원도 환자의 자기결정권, 성적 자기결정권, 정보 자기결정권, 신체에 대한 자기결정권 등에 관한 판례를 제시했다. 그리고 법률에서도 보건의료서비스에 관한 자기결정권, 장애인의 자기결정권, 정신질환자의 자기결정권, 임종과정에 있는 환자의 자기결정권, 근로조건 결정에 관한 자기결정권, 청년의 자기결정권, 연구대상자의 자기결정권 등의 자기결정권을 명확하게 표현했다.

다만, 자기결정권이라는 표현이 직접적으로 사용되지 않더라도 인간으로서 존엄, 인격권, 행복추구권이 인정되는 한 위 사안 이외에도 자기결정권은 인정된다는 점을 기억해야 한다. 자기결정권은 법률이나 판례로 만들어진 것이 아니라, 사람이면 누구나 인정되는 기본적 자유이자 권리이기 때문이다. 이하에서는 헌법재판소 판례, 대법원 판례, 각종 법률에서 자기결정권이 어떻게 보호되는지 구체적인 내용을 살펴보도록 하겠다.

## 자기결정권의 헌법상 근거와 제한

우리나라 헌법에는 자기결정권이라는 직접적인 표현은 존재하지 않는다. 그러나 헌법재판소는 결정례를 통해 자기결정권이 국민의 기본적 자유와 권리라는 것을 확인하고 있다. 그렇다면 자기결정권이 국민의 기본적 자유와 권리라는 근거는 무엇일까? 이에 대해서는 우리나라 헌법의 여러 조항들이 근거로 제시되는데, 그중 주요한 것으로 아래 조항을 들 수 있다.

먼저, 우리나라 헌법 제 10조는 "모든 국민은 인간으로서의 존엄과 가치를 가지며, 행복을 추구할 권리를 가진다"라고 규정했다. 헌법재판소는 이 규정이 함의하는 개인의 인격권과 행복추구권에는 당연히 자기결정권이 전제된다고 본다. 이후 헌법재판소의 결정례에서도 헌법 제 10조, 특히 행복추구권으로부터 자기결정권이 파생된다고[3] 지속적으로 명시하고 있다.

그리고 비록 헌법에 명시적으로 열거된 기본적 자유와 권리는 아니라도 헌법에서 인정하는 권리가 될 수 있음을 인정하는 조항들이 있다. 헌법 제 37조 제 1항은 "국민의 자유와 권리는 헌법에 열거되지 아니한 이유로 경시되지 아니한다"라고 규정하여, 헌법에 열거되지 않은 자기

---

[3] 헌재 1996. 12. 26. 96헌가18 참조.

결정권이 헌법상 권리로 인정될 수 있는 근거가 된다. 그리고 헌법 제 10조 후단에서는 "국가는 개인이 가지는 불가침의 기본적 인권을 확인하고 이를 보장할 의무를 진다"라고 규정하는데, 헌법 제37조 제1항과 같이 살펴보면, 여기 "개인이 가지는 불가침의 기본적 인권"에 헌법에 열거되지 않은 기본적 인권도 포함된다는 것이 명확하다. 그러므로 헌법재판소에서 확인한 헌법상 권리인 자기결정권도 이 조항에 따라 국가가 확인하고 보장할 기본적 인권에 포함되는 것은 당연하다.

그러나 자기결정권이 인간의 기본적 자유와 권리에 해당한다는 것이 어떤 자기결정권도 인정된다는 의미는 아니다. 물론 자기결정권에 따른 자기결정이 마음속에서만 이루어진다면, 이에 대해서는 본질상 어떠한 제한이나 한계도 있을 수 없다. 그러나 자기결정권에 따라 행해진 행동이 있고 그 행동이 다른 사람을 침해하거나 공익에 영향을 미친다면, 그때는 그 행동의 근거가 자기결정권이라고 하더라도 그 행동이 제한될 수 있다. 즉, 내심의 자기결정은 제한할 수 없지만 외부로 드러난 행동은 제한 가능하다.

이런 제한의 근거는 "국민의 모든 자유와 권리는 국가안전보장 · 질서유지 또는 공공복리를 위하여 필요한 경우에 한하여 법률로써 제한할 수 있으며, 제한하는 경우에도 자유와 권리의 본질적인 내용을 침해할 수 없다"라고 규정하고 있는 헌법 제37조 제2항에서 찾아볼 수 있다. 이 조항은 '국민의 모든 자유와 권리'가 '법률로써' 제한될 수 있다고 하고 있으므로, 자기결정권도 '국가안전보장 · 질서유지 또는 공공복리를 위하여 필요한 경우에 한하여' 제한될 수 있다. 다만 위에서 언급한 것처럼 마음속에서 이루어진 자기결정은 그 성질상 제한이 불가능하며,

자기결정권에 근거한 행동을 제한하더라도 그로 인해 자기결정권의 '본질적인 내용'이 침해받는 것은 헌법상 용납되지 않는다.

헌법재판소는 자기결정권에 대해 헌법 제37조 제2항에 의한 제한 외에도, 자기책임의 원리에 의한 자기결정권에 대한 한계를 인정하고 있다.

> 헌법 제10조가 규정한 행복추구권에서 파생되는 자기결정권 내지 일반적 행동자유권은 이성적이고 책임감 있는 사람의 자기의 운명에 대한 결정·선택을 존중하되 그에 대한 책임은 스스로 부담함을 전제로 한다. 자기책임의 원리는 이와 같이 자기결정권의 한계 논리로서 책임부담의 근거로 기능하는 동시에 자기가 결정하지 않은 것이나 결정할 수 없는 것에 대하여는 책임을 지지 않고 책임부담의 범위도 스스로 결정한 결과 내지 그와 상관관계가 있는 부분에 국한됨을 의미하는 책임의 한정원리로 기능한다.[4]

이런 헌법재판소 판례에 따르면, 자기결정권을 행사하는 사람은 자기책임의 원리에 의해 그에 대한 책임도 스스로 부담해야 한다는 점에서 자기결정권 행사는 한계를 가지게 된다.

---

4  헌재 2004. 6. 24. 2002헌가27.

## 헌법재판소 결정례에서 인정하는 주요 자기결정권

성적 자기결정권

헌법재판소에서 최초로 자기결정권을 헌법상 권리로 확인한 사건은 위에서 인용한 형법상 간통죄에 관한 89헌마82 사건이다. 그 사건에서 헌법재판소는 '성행위 여부 및 그 상대방을 결정할 수 있는 성적 자기결정권'이라고 하여, 자기결정권의 하나로서 성적 자기결정권을 인정하였다. 다만 형법상 간통죄 자체에 대해서는 합헌으로 판단하였다.

간통죄의 규정이 개인의 성적 자기결정권을 제한하는 것임은 틀림없다. 그러나 개인의 성적 자기결정권도 국가적·사회적·공공복리 등의 존중에 의한 내재적 한계가 있는 것이며, 따라서 절대적으로 보장되는 것은 아닐 뿐만 아니라 헌법 제37조 제2항이 명시하고 있듯이 질서유지(사회적 안녕질서), 공공복리(국민공동의 행복과 이익) 등 공동체 목적을 위하여 그 제한이 불가피한 경우에는 성적 자기결정권의 본질적 내용을 침해하지 않는 한도에서 법률로써 제한할 수 있는 것이다.[5]

그런데 헌법재판소는 이후 2015년 형법상 간통죄를 위헌이라고 결정하였다. 특히 수단의 적절성과 침해의 최소성에 대한 판단에서 위헌이라고 판단했는데, 그 이유로는 간통행위에 대한 국민의 인식 변화, 형사처벌의 적정성 여부, 형벌의 실효성 여부, 형벌로 인한 부작용 등을 들었다.

---

5  헌재 1990. 9. 10. 89헌마82.

개인의 성행위와 같은 사생활의 내밀 영역에 속하는 부분에 대하여는 그 권리와 자유의 성질상 국가는 최대한 간섭과 규제를 자제하여 개인의 자기결정권에 맡겨야 한다. 국가형벌권의 행사는 중대한 법익에 대한 위험이 명백한 경우에 한하여 최후의 수단으로 필요 최소한의 범위에 그쳐야 한다. 성인이 서로 자발적으로 만나 성행위를 하는 것은 개인의 자유 영역에 속하고, 다만 그것이 외부에 표출되어 사회의 건전한 성풍속을 해칠 때 비로소 법률의 규제를 필요로 한다. 그런데 성도덕에 맡겨 사회 스스로 질서를 잡아야 할 내밀한 성생활의 영역에 국가가 개입하여 형벌의 대상으로 삼는 것은, 성적 자기결정권과 사생활의 비밀과 자유를 침해하는 것이다.[6]

즉, 형법상 간통죄에 관하여, 89헌마82 사건에서 헌법 제37조 제2항에 근거하여 성적 자기결정권이 제한될 수 있다고 보았던 입장이, 이 사건에서는 "국가는 최대한 간섭과 규제를 자제"해야 한다는 입장으로 변화하였다. 물론 이는 성적 자기결정권 자체에 변화가 있다는 의미는 아니다. 자기결정권은 그 자체로 인간의 인격권과 행복추구권에 근거하기 때문이다. 그보다는 성적 자기결정권의 법률상 제한에 대한 평가가 달라졌다고 이해하는 것이 적절할 것이다. 이는 성적 자기결정권에서 제한될 수 있는 영역을 최대한 축소해야 한다는 입장을 확립한 것이며, 이에 따라 제한받지 않는 성적 자기결정권의 영역이 과거보다 확대되었다는 것을 의미한다.

---

6  헌재 2015. 2. 26. 2009헌바17 등.

헌법재판소는 형법상 간통죄 사건 이외에 민법상 동성동본 금혼 조항에 대한 위헌 결정에서도 자기결정권을 근거로 사용하였다. 당시 시행되던 민법 제809조 제1항은 "동성동본인 혈족 사이에서는 혼인하지 못한다"라고 규정하고 있었다. 헌법재판소는 이 조항에 대해 사회적 타당성과 합리성을 상실하고 있으며, 인간으로서의 존엄과 가치 및 행복추구권(헌법 제10조), 평등권(헌법 제11조 제1항), 개인의 존엄과 양성의 평등에 기초한 혼인과 가족생활의 성립·유지(헌법 제36조 제1항) 등을 규정한 헌법에 위반된다고 판단하였다. 이런 판단에서 특히 성적 자기결정권은 중요한 역할을 수행하는데, 그 내용을 살펴보면 다음과 같다.

개인의 인격권·행복추구권은 개인의 자기운명결정권을 그 전제로 하고 있으며, 이 자기운명결정권에는 성적 자기결정권 특히 혼인의 자유와 혼인에 있어서 상대방을 결정할 수 있는 자유가 포함되어 있다. … 따라서 혼인에 있어서도 개인의 존엄과 양성의 본질적 평등의 바탕 위에서 모든 국민은 스스로 혼인을 할 것인가 하지 않을 것인가를 결정할 수 있고 혼인을 함에 있어서도 그 시기는 물론 상대방을 자유로이 선택할 수 있는 것이며, 이러한 결정에 따라 혼인과 가족생활을 유지할 수 있고, 국가는 이를 보장해야 하는 것이다.[7]

나아가 헌법재판소는 청소년도 성적 자기결정권이 있음을 확인하는

---

7 헌재 1997. 7. 16. 95헌가6.

판례를 냈다.[8] 당시 〈아동·청소년의 성보호에 관한 법률〉 제17조는 온라인서비스제공자에게 아동·청소년이용 음란물 발견 조치 의무, 발견된 아동·청소년이용 음란물을 즉시 삭제하고, 전송을 방지 또는 중단하는 기술적인 조치를 취할 의무 등을 부과했다. 이에 대해 헌법재판소는 이 법률 규정이 헌법에 위반되지 않는다고, 즉 합헌이라고 판단하였다. 헌법재판소는 합헌의 이유를 언급하면서 "아동음란물은 그 제작과정에서 아동·청소년의 성적 자기결정권을 침해하는 학대행위가 발생하게 되고"라는 표현을 사용했다. 이는 아동·청소년도 인간으로서 당연히 자기결정권을 가지고 있으며, 그 구체적 내용 중 하나인 성적 자기결정권을 가지고 있음을 확인해 준다.

### 개인정보자기결정권

자기결정권에 관한 초기의 헌법재판소 판례는 주로 성적 자기결정권과 후술할 소비자의 자기결정권 등에 관한 것이었다. 그런데 인터넷과 정보통신기술이 발달하면서 개인정보도 중요한 사회적 쟁점이 되었다. 특히 자기도 모르는 사이에 자신의 개인정보가 수집되고 이를 이용하는 경우가 생겨나 이것이 헌법상 기본적 자유와 권리를 침해하는지 판단이 필요하게 되었다.

헌법재판소는 2005년 5월 26일 판례에서 처음으로 개인정보자기결정권이라는 개념을 사용하여 이 문제에 대처하기 시작하였다. 이 사건에서 헌법재판소는 주민등록 발급을 위해 지문 날인을 요구하던 당시

---

8  헌재 2018. 6. 28. 2016헌가15.

주민등록법시행령 제33조 제2항에 대해 기각 결정을 내리면서 "자신에 관한 정보가 언제 누구에게 어느 범위까지 알려지고 또 이용되도록 할 것인지를 그 정보주체가 스스로 결정할 수 있는 권리"인 개인정보자기결정권이 헌법상 권리임을 명확하게 확인하였다.[9]

헌법재판소는 이 사건에서 개인정보자기결정권의 내용이 무엇인지에 대해서도 다음과 같이 설명했다.

개인정보자기결정권의 보호대상이 되는 개인정보는 개인의 신체, 신념, 사회적 지위, 신분 등과 같이 개인의 인격주체성을 특징짓는 사항으로서 그 개인의 동일성을 식별할 수 있게 하는 일체의 정보라고 할 수 있고, 반드시 개인의 내밀한 영역이나 사사(私事)의 영역에 속하는 정보에 국한되지 않고 공적 생활에서 형성되었거나 이미 공개된 개인정보까지 포함한다. 또한 그러한 개인정보를 대상으로 한 조사 · 수집 · 보관 · 처리 · 이용 등의 행위는 모두 원칙적으로 개인정보자기결정권에 대한 제한에 해당한다.

나아가 헌법재판소는 이 사건에서 개인정보자기결정권이라는 개념이 현대사회에서 왜 필요한지 그 헌법적 의의에 대해서도 자세히 언급했다.

인류사회는 20세기 후반에 접어들면서 컴퓨터와 통신기술의 비약적인 발전에 힘입어 종전의 산업사회에서 정보사회로 진입하게 되었고, 이에

---

9  헌재 2005. 5. 26. 99헌마513 등.

따른 정보환경의 급격한 변화로 인하여 개인정보의 수집·처리와 관련한 사생활보호라는 새로운 차원의 헌법문제가 초미의 관심사로 제기되었다. … 한편, 현대의 정보통신기술의 발달은 그 그림자도 짙게 드리우고 있다. … 오늘날 현대사회는 개인의 인적 사항이나 생활상의 각종 정보가 정보주체의 의사와는 전혀 무관하게 타인의 수중에서 무한대로 집적되고 이용 또는 공개될 수 있는 새로운 정보환경에 처하게 되었고, 개인정보의 수집·처리에 있어서의 국가적 역량의 강화로 국가의 개인에 대한 감시능력이 현격히 증대되어 국가가 개인의 일상사를 낱낱이 파악할 수 있게 되었다. 이와 같은 사회적 상황하에서 개인정보자기결정권을 헌법상 기본권으로 승인하는 것은 현대의 정보통신기술의 발달에 내재된 위험성으로부터 개인정보를 보호함으로써 궁극적으로는 개인의 결정의 자유를 보호하고, 나아가 자유민주체제의 근간이 총체적으로 훼손될 가능성을 차단하기 위하여 필요한 최소한의 헌법적 보장장치라고 할 수 있다.

그리고 몇 달 후, 서울특별시 교육감 등이 졸업생의 성명, 생년월일 및 졸업일자 정보를 교육정보시스템(NEIS)에 보유하는 행위가 문제가 된 사건에서 정보주체의 개인정보자기결정권 개념을 활용하여 위헌 여부를 판단하였다.[10] 이 사건에서 헌법재판소는 "인간의 존엄과 가치, 행복추구권을 규정한 헌법 제10조 제1문에서 도출되는 일반적 인격권 및 헌법 제17조의 사생활의 비밀과 자유에 의하여 보장되는 개인정보자기결정권"이라는 구절을 통해 개인정보자기결정권의 헌법상 근거를

---

10    헌재 2005. 7. 21. 2003헌마282.

제시하고 있다. 이후 많은 헌법재판소 사건에서 개인정보자기결정권 개념이 폭넓게 사용되어, 성적 자기결정권과 더불어 대표적인 자기결정권의 유형으로 인정된다.

## 소비자의 자기결정권

자기결정권 개념이 헌법재판소의 성적 자기결정권에 대한 사건의 판례에서 최초로 언급된 이후, 두 번째로 그 구체적인 내용이 제시된 것이 소비자의 자기결정권 개념이다. 1996년 〈주세법〉 제38조의 7 등에서 규정한 "희석식 소주 판매업자는 같은 지역에 소재하는 제조장에서 반 이상을 구입해야 한다"는 조항이 위헌 선고를 받은 것이다. 헌법재판소는 이 판례에서 소비자의 자기결정권이라는 개념을 처음으로 사용했다.

> 구입명령제도는 … 소비자가 자신의 의사에 따라 자유롭게 상품을 선택하는 것을 제약함으로써 소비자의 행복추구권에서 파생되는 '자기결정권'도 제한하고 있다. … 소비자는 물품 및 용역의 구입·사용에 있어서 거래의 상대방, 구입장소, 가격, 거래조건 등을 자유로이 선택할 권리를 가진다. 소비자가 시장기능을 통하여 생산의 종류, 양과 방향을 결정하는 소비자주권의 사고가 바탕을 이루는 자유시장경제에서는 경쟁이 강화되면 될수록 소비자는 그의 욕구를 보다 유리하게 시장에서 충족시킬 수 있고, 자신의 구매결정을 통하여 경쟁 과정에 영향을 미칠 수 있기 때문에 경쟁은 또한 소비자보호의 포기할 수 없는 중요 구성부분이다.[11]

---

11 헌재 1996. 12. 26. 96헌가18.

즉, 같은 지역 소주를 반 이상 판매하도록 한 이 조항은 경쟁을 어렵게 만들어 해당 지역에서는 거의 독점 판매를 할 수 있도록 함으로써 소비자의 자유로운 선택을 저해하고 이 때문에 소비자보호를 불가능하게 만들기 때문에 위헌이라는 것이다.

## 임신과 출산에 대한 자기결정권

최근 몇 년 사이에 우리 사회에 큰 반향을 일으켰던 형법상 낙태죄에 대한 헌법불합치 사건에서도 자기결정권 개념이 활용되었다. 특히 이 사건에서 헌법재판소는 임신과 출산에 대한 자기결정권이라는 표현을 사용했다. 이전까지 인정되었던 성적 자기결정권은 주로 개인의 성행위에 초점을 맞추었던 반면, 이 사건을 계기로 임신과 출산에 대한 자기결정권이 임신과 출산을 담당하는 여성에 대한 것으로 그 영역이 확대되었다는 점에서 의의가 있다.

당시 형법은 제269조 제1항에서 여성이 낙태할 경우 1년 이하의 징역 또는 200만 원 이하의 벌금을 부과하도록 규정하고 있었다. 헌법재판소는 다음과 같이 임신한 여성의 자기결정권을 확인하면서, 형법의 해당 조항이 위헌이라고 판시했다.

자기결정권은 인간의 존엄성을 실현하기 위한 수단으로서 인간이 자신의 생활 영역에서 인격의 발현과 삶의 방식에 관한 근본적인 결정을 자율적으로 내릴 수 있는 권리다. … 이러한 자기결정권과 '인간과 국가의 관계'가 남녀 구별 없이 여성에게도 동일하게 적용되어야 함은 자명하다. 특히 여성은 남성과 달리 임신, 출산을 할 수 있는데 이에 관한 결정은 여성의 삶에 중대한 영향을 미친다. 따라서 자기결정권에는 여성이 그의 존엄한 인격권을 바탕으로 하여 자율적으로 자신의 생활영역을 형성해 나갈 수 있는 권리가 포함되고, 여기에는 임신한 여성이 자신의 신체를 임신 상태로 유지하여 출산할 것인지 여부에 대하여 결정할 수 있는 권리가 포함되어 있다. 자기낙태죄 조항은 〈모자보건법〉이 정한 일정한 예외를 제외하고는 태아의 발달단계 혹은 독자적 생존능력과 무관하게 임신기간 전체를 통틀어 모든 낙태를 전면적·일률적으로 금지하고, 이를 위반할 경우 형벌을 부과하도록 정함으로써, 형법적 제재 및 이에 따른 형벌의 위하력(威嚇力)으로 임신한 여성에게 임신의 유지·출산을 강제하고 있으므로, 임신한 여성의 자기결정권을 제한하고 있다.[12]

이 판례에 따르면, 남성과 달리 여성은 임신, 출산을 할 수 있고 이에 대한 결정은 여성의 삶에 중대한 영향을 미친다는 점을 고려해야 하며, 이에 대한 여성의 결정을 강제하는 법률이 있다면 이는 자기결정권에 대한 합헌적인 제한이 될 수 없다는 것이다.

### 연명치료중단에 관한 자기결정권

헌법재판소는 2009년 11월 26일의 연명치료중단에 입법부작위 위헌확인 사건에서도 자기결정권 개념을 활용하여 판단했다. 이에 대해서는 이미 2009년 5월 21일 대법원에서 연명치료를 받고 있는 환자의 자기결정권을 확인하면서 연명치료중단의 타당성을 인정한 바 있다. 나아가

---

12  헌재 2019. 4. 11. 2017헌바127.

이 사건에서 청구인들은 연명치료중단에 관한 법률을 제정하지 않은 것이 위헌이라고 주장하였는데, 헌법재판소는 연명치료를 받고 있는 환자가 아니라 그 환자의 자녀들이 청구인이기 때문에 이 청구가 부적합하다고 판단하였다. 그렇지만 이 판례에서 헌법재판소가 대법원이 확인한 자기결정권을 헌법적 맥락에서 다시 확인하였다는 점은 의의가 있다.

'죽음에 임박한 환자'에 대한 연명치료는 의학적인 의미에서 치료의 목적을 상실한 신체침해 행위가 계속적으로 이루어지는 것이라 할 수 있고, 죽음의 과정이 시작되는 것을 막는 것이 아니라 자연적으로는 이미 시작된 죽음의 과정에서의 종기를 인위적으로 연장시키는 것으로 볼 수 있다. … 비록 연명치료중단에 관한 결정 및 그 실행이 환자의 생명단축을 초래한다 하더라도 이를 생명에 대한 임의적 처분으로서 자살이라고 평가할 수 없고, 오히려 인위적인 신체침해 행위에서 벗어나서 자신의 생명을 자연적인 상태에 맡기고자 하는 것으로서 인간의 존엄과 가치에 부합한다고 할 것이다. 그렇다면 환자가 장차 죽음에 임박한 상태에 이를 경우에 대비하여 미리 의료인 등에게 연명치료거부 또는 중단에 관한 의사를 밝히는 등의 방법으로 죽음에 임박한 상태에서 인간으로서의 존엄과 가치를 지키기 위하여 연명치료의 거부 또는 중단을 결정할 수 있다 할 것이고, 위 결정은 헌법상 기본권인 자기결정권의 한 내용으로서 보장된다 할 것이다.[13]

---

13  헌재 2009. 11. 26. 2008헌마385.

## 기타 자기결정권의 여러 유형

헌법재판소는 자기결정권이 적용되는 구체적 사안에서 성적 자기결정권과 개인정보자기결정권 개념을 가장 많이 활용하고 있으며, 소비자(환자 포함)의 자기결정권도 자주 활용한다. 그러나 이외에도 자기결정권 개념을 확인하는 사건이 자주 있었는데 위의 여성의 임신·출산에 대한 자기결정권이나 연명치료중단에 대한 자기결정권이 그 예이다. 그 외에도 헌법재판소는 신체에 대한 자기결정권, 시체의 처분에 대한 자기결정권, 국적 선택에 대한 자기결정권 등의 개념을 활용하고 있다.

헌법재판소는 마약류 관련 수형자에게 마약류 반응검사를 위해 소변을 받아 제출하게 한 사건, 즉 소변 강제 채취에 대한 2006년 위헌확인 사건에서 '신체의 배출물에 대한 자기결정권' 개념을 활용했다.[14] 이 사건에서 헌법재판소는 마약류 관련 수형자에 대한 소변 강제 채취가 헌법에 반하지 않는다고 선고하였다. 그리고 그 이유를 설명하면서 "이 사건 소변 채취는 청구인 등 검사대상자에게 정기적으로 자기 신체에서 배출되는 오줌을 채취하여 제출하여야 하는 불이익, 즉 신체에 대한 자기결정권이 제한되고 하기 싫은 일을 하여야 하는 등의 사익의 제한이 있으나"라고 표현하며 '신체에 대한 자기결정권' 개념을 활용했다.

그리고 헌법재판소는 2015년 무연고 시신을 생전 본인 의사와 무관하게 해부용 시체로 제공될 수 있도록 한 〈시체 해부 및 보존에 관한 법률〉 제12조 제1항 위헌확인 사건에서 위헌을 선고하면서 '시체의 처분에 대한 자기결정권'을 근거로 활용했다.[15]

---

14  헌재 2006. 7. 27. 2005헌마277.

만일 사후에 시체가 본인의 의사와는 무관하게 처리된다면 기본권의 주체인 살아있는 자의 자기결정권이 보장된다고 보기 어렵다. 따라서 본인의 생전 의사와 관계없이 인수자가 없는 시체를 해부용으로 제공하도록 규정한 이 사건의 법률 조항은 청구인의 시체의 처분에 대한 자기결정권을 제한한다.

그리고 헌법재판소는 최근 2020년 판례[16]에서 '국적 선택에 대한 자기결정권' 개념을 확인했다. 당시 〈국적법〉 제 12조 제 2항은 복수국적자가 병역법에 따라 병역준비역에 편입되면 그때부터 3개월 이내에 하나의 국적을 선택하도록 규정하고 있었는데, 이 규정이 헌법 위반인가의 여부가 사건의 쟁점이었다. 헌법재판소는 이 규정이 헌법에 합치하지 않는다고 선고했다. 헌법재판소는 "'국적이탈의 자유'의 개념에는 '국적 선택에 대한 자기결정권'이 전제"되어 있다고 하면서 국적 선택에 대한 자기결정권 개념을 확인했다.

---

15  헌재 2015. 11. 26. 2012헌마940.
16  헌재 2020. 9. 24. 2016헌마889.

## 대법원 판례와 자기결정권

대법원 판례에서도 자기결정권 개념을 많이 찾아볼 수 있다. 다만, 대법원은 헌법재판소에서 인정하고 있는 자기결정권 개념을 활용하거나 법률에 있는 관련 조항을 해석하는 과정에서 자기결정권에 관한 내용을 판례에 담는 방식으로 자기결정권을 보호하는 경우가 많다. 이하에서는 대법원 판례에 나타난 주요 자기결정권 개념을 살펴보도록 하자.

### 환자의 자기결정권

대법원 판례에서 환자의 자기결정권은 상당히 자주 등장한다. 우선 대법원은 1994년 의사의 환자에 대한 설명의무에 대한 사건에서 환자의 자기결정권 개념을 활용했다.

> 의사가 위 설명의무를 위반한 채 수술 등을 하여 환자에게 사망 등의 중대한 결과가 발생한 경우에 있어서 환자 측에서 선택의 기회를 잃고 자기결정권을 행사할 수 없게 된 데 대한 위자료만을 청구하는 경우에는 의사의 설명결여 내지 부족으로 선택의 기회를 상실하였다는 사실만을 입증함으로써 족하고, 설명을 받았더라면 사망 등의 결과는 생기지 않았을 것이라는 관계까지 입증할 필요는 없다고 할 것이다. 그러나 그 결과로 인한 모든 손해를 청구하는 경우에는 그 중대한 결과와 의사의 설명의 위반 내지 승낙취득과정에서의 잘못과의 사이에 상당인과관계가 존재하여야 하며, 그 경우 의사의 설명의무의 위반은 환자의 자기결정

권 내지 치료행위에 대한 선택의 기회를 보호하기 위한 점에 비추어 환자의 생명·신체에 대한 의료적 침습 과정에서 요구되는 의사의 주의의무 위반과 동일시할 정도의 것이어야 한다고 할 것이다.[17]

이 판결 이후 의사의 설명의무는 환자의 자기결정권과 연계된 것으로 확립되었고, 이후 현재까지 많은 판례에서 활용되고 있다. 그중 환자의 자기결정권과 관련하여 사회에 큰 파장을 일으킨 사건이 2009년의 연명치료중단에 대한 전원합의체 판결이다. 이 사건에서 연명치료를 중단하겠다는 환자의 자기결정권 행사는 연명치료 장치를 부착하고 있을 경우와 비교하면 환자가 죽음에 이르는 시간을 단축하는 결과를 가져오게 되는데, 이렇게 죽음을 앞당기는 자기결정권 행사도 허용되는가가 핵심적 쟁점이었다.

이미 의식의 회복가능성을 상실하여 더 이상 인격체로서의 활동을 기대할 수 없고 자연적으로는 이미 죽음의 과정이 시작되었다고 볼 수 있는 회복 불가능한 사망의 단계에 이른 후에는, 의학적으로 무의미한 신체 침해행위에 해당하는 연명치료를 환자에게 강요하는 것이 오히려 인간의 존엄과 가치를 해하게 되므로, 이와 같은 예외적인 상황에서 죽음을 맞이하려는 환자의 의사결정을 존중하여 환자의 인간으로서의 존엄과 가치 및 행복추구권을 보호하는 것이 사회상규에 부합되고 헌법정신에도 어긋나지 아니한다고 할 것이다. 그러므로 회복 불가능한 사망의 단계에 이른 후에 환자가 인간으로서의 존엄과 가치 및 행복추구권에 기

---

17  대법원 1994. 4. 15. 선고 93다60953.

초하여 자기결정권을 행사하는 것으로 인정되는 경우에는 특별한 사정이 없는 한 연명치료의 중단이 허용될 수 있다.[18]

이처럼 이 판결에서는 위와 같은 예외적인 상황, 즉 의식의 회복가능성을 상실하고 회복 불가능한 사망의 단계에 이른 후에는 환자의 자기결정권 행사가 죽음의 결과를 초래하더라도 정당화된다고 논증했다. 이 판결은 나아가 연명치료중단을 자기결정권 행사로 볼 수 있는 경우에 대해서도 밝혔는데, 사전 의료지시가 있는 경우와 환자의 의사를 추정할 수 있는 경우가 그것이다.

환자가 회복 불가능한 사망의 단계에 이르렀을 경우에 대비하여 미리 의료인에게 자신의 연명치료거부 내지 중단에 관한 의사를 밝힌 경우(이하 '사전 의료지시'라 한다)에는 비록 진료 중단 시점에서 자기결정권을 행사한 것은 아니지만 사전 의료지시를 한 후 환자의 의사가 바뀌었다고 볼 만한 특별한 사정이 없는 한 사전 의료지시에 의하여 자기결정권을 행사한 것으로 인정할 수 있다. ⋯ 환자의 평소 가치관이나 신념 등에 비추어 연명치료를 중단하는 것이 객관적으로 환자의 최선의 이익에 부합한다고 인정되어 환자에게 자기결정권을 행사할 수 있는 기회가 주어지더라도 연명치료의 중단을 선택하였을 것이라고 볼 수 있는 경우에는 그 연명치료중단에 관한 환자의 의사를 추정할 수 있다고 인정하는 것이 합리적이고 사회상규에 부합된다.

---

18   대법원 2009. 5. 21. 선고 2009다17417 전원합의체.

이 판례에 따르면, 자기결정권은 자신이 직접 결정을 내리는 경우 이외에도 자기결정을 담은 문서를 통해 행사할 수도 있고, 때로는 본인의 의사를 추정하여 타인이 자기결정권을 인정할 수도 있다. 다만, 이런 법리가 이 사건 이후로 연명치료중단 외의 다른 영역의 대법원 판례에도 일반적으로 적용되고 있지 않은 것은 안타까운 일이다. 어쨌든 이 대법원 판례의 영향으로 연명치료중단에 대한 입법이 실제로 이루어지게 되었다.[19]

대법원은 연명치료중단에 관한 사건 이후, 수혈거부에 대해서도 자기결정권 차원에서 유의미한 판례를 선고했다. 이 사건에서는 환자가 명시적으로 수혈을 거부했고 의사도 이를 인정한 상태에서 수술 중 수혈하지 않으면 생명에 위험이 발생할 수 있는 응급상태에 이른 경우 환자의 수혈거부에 대한 자기결정권을 어떻게 평가할 것인지가 쟁점이 되었다.

환자의 명시적인 수혈 거부의사가 존재하여 수혈하지 아니함을 전제로 환자의 승낙(동의)을 받아 수술하였는데 수술 과정에서 수혈하지 않으면 생명에 위험이 발생할 수 있는 응급상태에 이른 경우에, 환자의 생명을 보존하기 위해 불가피한 수혈 방법의 선택을 고려함이 원칙이라 할수 있지만, 한편으로 환자의 생명 보호에 못지않게 환자의 자기결정권을 존중하여야 할 의무가 대등한 가치를 가지는 것으로 평가되는 때에는 이를 고려하여 진료행위를 하여야 한다. 어느 경우에 수혈을 거부하는 환자의 자기결정권이 생명과 대등한 가치가 있다고 평가될 것인지는

---

19 〈호스피스·완화의료 및 임종과정에 있는 환자의 연명의료결정에 관한 법률〉.

환자의 나이, 지적 능력, 가족관계, 수혈 거부라는 자기결정권을 행사하게 된 배경과 경위 및 목적, 수혈 거부 의사가 일시적인 것인지 아니면 상당한 기간 동안 지속되어 온 확고한 종교적 또는 양심적 신념에 기초한 것인지, 환자가 수혈을 거부하는 것이 실질적으로 자살을 목적으로 하는 것으로 평가될 수 있는지 및 수혈을 거부하는 것이 다른 제 3자의 이익을 침해할 여지는 없는 것인지 등 제반 사정을 종합적으로 고려하여 판단하여야 할 것이다. 다만 환자의 생명과 자기결정권을 비교형량하기 어려운 특별한 사정이 있다고 인정되는 경우에 의사가 자신의 직업적 양심에 따라 환자의 양립할 수 없는 두 개의 가치 중 어느 하나를 존중하는 방향으로 행위하였다면, 이러한 행위는 처벌할 수 없다고 할 것이다.[20]

즉, 환자의 자기결정권을 인정하지만, 이 사건에서처럼 그 자기결정권 행사가 생명의 위험을 초래할 경우에는 반드시 자기결정권에 따르는 것이 아니라 두 가치를 비교하여 평가하여야 한다는 것이다. 이는 환자의 생명 보호라는 가치가 자기결정권과 양립할 수 없을 경우 두 가치 중 어느 하나도 포기할 수 없기 때문에 가치 형량을 해야 하며, 그 결과에 따라 자기결정권 행사가 인정되지 않을 수도 있음을 의미한다.

이런 수혈거부에 관한 자기결정권은 특정 의료행위를 거부할 수 있는 자기결정권의 특별한 형태라고 할 수 있다. 환자의 자기결정권에는 특정 의료행위를 선택할 수 있는 권리도 포함되지만, 의사가 제안한 특정 의료행위를 거부할 수 있는 권리도 당연히 포함된다. 그런데 대법원

---

20 대법원 2014. 6. 26. 선고 2009도14407.

은 의료행위가 위험하지 않고 상당한 결과의 호전을 기대할 수 있는 경우, 교통사고 피해자인 환자가 합리적인 이유 없이 의료행위를 거부했다면 이 거부로 인해 확대된 손해에 대해서는 피해자가 책임져야 한다고 판시했다.

환자의 동의는 헌법 제10조에서 규정한 개인의 인격권과 행복추구권에 의하여 보호되는 자기결정권을 보장하기 위한 것으로서, 환자는 생명과 신체의 기능을 어떻게 유지할 것인지에 대하여 스스로 결정하고 의료행위를 선택할 권리를 보유한다. 그러나 신의칙 또는 손해부담의 공평이라는 손해배상제도의 이념에 비추어 볼 때, 불법행위의 피해자인 환자에게는 그로 인한 손해의 확대를 방지하거나 감경하기 위하여 노력하여야 할 일반적인 의무가 있으므로, 수술과 같이 신체를 침해하는 의료행위가 위험 또는 중대하지 않아 결과가 불확실하지 아니하고 관례적이며 상당한 결과의 호전을 기대할 수 있는 경우에, 피해자가 합리적인 이유 없이 자기결정권을 행사하여 이와 같은 의료행위를 거부함으로써 손해가 확대된 때에는 손해의 공평한 부담이라는 견지에서 그 확대된 손해 부분을 공제한 나머지 부분으로 가해자의 배상범위를 제한하거나 확대된 손해 부분은 피해자가 이를 부담하여야 한다.[21]

---

21  대법원 2010. 3. 25. 2009다95714.

## 성적 자기결정권

대법원은 헌법재판소에서 제시한 성적 자기결정권 개념을 적극적으로 활용하여 중요한 판결을 내리고 있다. 특히 2000년 이후 대법원 판례에서 자주 찾아볼 수 있는데, 그중 주요한 사건을 살펴보면 다음과 같다.

2000년 대법원은 당시 형법 제299조[22]의 준강간죄 및 준강제추행죄에 대한 사건에서 이 죄는 "정신적 또는 신체적 사정으로 인하여 성적인 자기방어를 할 수 없는 사람에게 성적 자기결정권을 보호해 주는 것을 보호법익"으로 하고 있다고 하여 성적 자기결정권이라는 표현을 처음 사용하였다.[23]

그리고 2008년 대법원은 〈정보통신망 이용촉진 및 정보보호 등에 관한 법률〉의 음란물 규제에 관한 사건에서도 "형사법이 도덕이나 윤리 문제에 함부로 관여하는 것은 바람직하지 않고 특히 개인의 사생활 영역에 속하는 내밀한 성적 문제에 개입하는 것은 필요 최소한의 범위 내로 제한함으로써 개인의 성적 자기결정권 또는 행복추구권이 부당하게 제한되지 않도록 해야 한다"라고 하여 성적 자기결정권 개념을 활용했다.[24]

---

22  제299조(준강간, 준강제추행) 사람의 심신상실 또는 항거불능의 상태를 이용하여 간음 또는 추행을 한 자는 전2조의 예에 의한다.

23  대법원 2000. 5. 26. 선고 98도3257.

24  제65조(벌칙) ① 다음 각 호의 어느 하나에 해당하는 자는 1년 이하의 징역 또는 1천만 원 이하의 벌금에 처한다. 2. 정보통신망을 통하여 음란한 부호·문언·음향·화상 또는 영상을 배포·판매·임대하거나 공연히 전시한 자.

2013년 대법원은 전원합의체 판결로서 부부 사이에도 형법상 강간죄가 성립할 수 있다는 획기적인 판결을 하였다. 대법원은 이 판결 이전에는 형법의 강간죄에 대해 부부 사이에는 동거 의무가 있으므로 강간죄가 성립하지 않는다는 입장을 고수했다. 그러다가 이 판결에서 그동안의 견해를 바꾸어 부부강간이 가능하다는 입장으로 선회했는데, 이 판결에서 핵심적인 역할을 한 것이 성적 자기결정권 개념이다.

> 아내에 대한 성폭력이 가정 내부에서 자율적으로 해결되지 못하고 아내의 성적 자기결정권이 심각하게 유린되는 상황이 지속되고 있음에도 국가가 부부 사이의 내밀한 성생활에 관한 문제라는 이유만으로 그 개입을 자제한다면, 헌법이 천명한 개인의 존엄과 양성의 평등에 기초한 혼인생활을 보장할 국가의 책무를 소홀히 하는 것이다. 특히 부부 사이에서도 양성의 평등과 성적 자기결정권이 존중되어야 한다는 인식이 국민들의 보편적 법의식으로 자리 잡게 된 오늘날에는, 혼인관계가 파탄에 이른 경우는 물론 혼인관계가 실질적으로 유지되고 있는 경우에도 남편의 성폭력이 아내의 성적 자기결정권을 본질적으로 침해하는 정도에 이르렀다면, 국가가 이에 개입하여 더 이상의 피해를 방지하고 건강한 부부관계가 회복될 수 있도록 적절한 조치를 취해야 하며, 필요한 경우 국가형벌권의 행사도 고려하지 않을 수 없다.[25]

또 대법원은 남성 동성애자를 다룬 영화를 영상물등급위원회가 청소년 관람불가 등급으로 판정한 사건에서 "성적 소수자인 동성애자들의

---

25  대법원 2013. 5. 16. 선고 2012도14788, 2012전도252 전원합의체.

인격권·행복추구권에 속하는 성적 자기결정권"이라는 개념을 인정했다. [26] 이와 관련하여 최근 2022년, 대법원은 〈군형법〉 제92조의 6[27]에 대한 전원합의체 판결을 했는데, 여기서 "동성인 군인 사이의 항문성교나 그 밖에 이와 유사한 행위가 사적 공간에서 자발적 의사 합치에 따라 이루어지는 등 군이라는 공동사회의 건전한 생활과 군기를 직접적, 구체적으로 침해한 것으로 보기 어려운 경우에는 적용되지 않는다"라고 판시했다. 이 판례에서는 이런 결론에 이르는 논지 전개에 '군인의 성적 자기결정권' 개념을 적극적으로 활용하고 있다.

성적 자기결정권은 〈군형법〉의 적용 대상인 군인에게도 당연히 인정되는 보편적 권리로서, 군인의 신분에 수반되는 국가안전보장·질서유지 또는 공공복리를 위하여 필요한 범위 내에서 법률로 이를 제한하는 경우에도 그 본질적인 내용은 침해될 수 없다. 위에서 본 동성 간 성행위에 대한 법규범적 평가에 비추어 보면, 동성 군인 간 합의에 의한 성행위로서 그것이 군이라는 공동사회의 건전한 생활과 군기를 직접적, 구체적으로 침해하지 않는 경우에까지 형사처벌을 하는 것은 헌법을 비롯한 전체 법질서에 비추어 허용되지 않는다고 보아야 한다. 이를 처벌하는 것은 합리적인 이유 없이 군인이라는 이유만으로 성적 자기결정권을 과도하게 제한하는 것으로서 헌법상 보장된 평등권, 인간으로서의 존엄과 가치, 그리고 행복추구권을 침해할 우려가 있다.[28]

---

26 대법원 2013. 11. 14. 선고 2011두11266.
27 제92조의 6 (추행) 제1조 제1항부터 제3항까지에 규정된 사람에 대하여 항문성교나 그 밖의 추행을 한 사람은 2년 이하의 징역에 처한다.
28 대법원 2022. 4. 21. 선고 2019도3047 전원합의체.

대법원은 아동·청소년의 성적 자기결정권에 대해서도 입장을 밝혔는데, 2015년 판례에서는 "아동·청소년은 성적 가치관과 판단능력이 충분히 형성되지 아니하여 성적 자기결정권을 행사하고 자신을 보호할 능력이 부족한 경우가 대부분"이라고 판시했다.[29] 이 판례에서는 아동·청소년의 성적 자기결정권은 인정하지만, 그 행사에는 한계가 있다고 지적한다. 이 판례에 따르면 성적 자기결정권의 보유와 행사는 구별되는 것이고, 그 행사를 위해서는 가치관과 판단능력이 충분히 형성되어야 한다. 하지만 이 판례는 어느 정도로 가치관과 판단능력이 형성되어야 성적 자기결정권을 행사하기에 적절한지에 대해서는 자세한 설명을 하고 있지 않다. 자기결정권을 충분히 보장하기 위해서는 자기결정권 행사의 범위에 대해서도 가능한 한 폭넓게 인정하는 것이 적절할 것이다.

## 정보 자기결정권

대법원 판례에서는 정보에 대한 자기결정권도 중요한 개념으로 자주 사용된다. 헌법재판소가 개인정보자기결정권 개념을 헌법재판소 판례에 활용한 것은 2005년인데, 대법원은 2011년에 이 개념을 처음 사용했다. 이 판례에서 대법원은 헌법재판소의 논증과 마찬가지로 인격권에서 개인정보자기결정권이 비롯된다고 설명하고 있다. 이 사건은 소위 전교조 가입 교원에 대한 명단 공개의 적법성을 다루고 있는데, 대법원은 명

---

29  대법원 2015. 2. 12. 선고 2014도11501, 2014전도197.

단 공개가 개인정보자기결정권에 대한 위반이라고 판시했다.

> 학생이나 학부모가 〈교육관련기관의 정보공개에 관한 특례법〉과 그 시
> 행령이 정한 공시 범위를 넘어서 특정 교원의 노동조합 가입 여부나 특
> 정 노동조합에 대한 정보를 수집하고 그 제공을 요구할 경우, 이는 필연
> 적으로 헌법 등에 의하여 보호되는 교원의 인격권 등에서 비롯된 개인
> 정보자기결정권 내지 교원과 노동조합의 단결권에 대한 침해를 가져오
> 므로 … .30

대법원은 2014년 판례에서 개인정보자기결정권의 보호대상이 되는 개인정보의 의미에 대해 헌법재판소 판례를 그대로 참조하여 같은 내용으로 설명했다. 즉, 개인정보는 "개인의 신체, 신념, 사회적 지위, 신분 등과 같이 개인의 인격주체성을 특징짓는 사항으로서 그 개인의 동일성을 식별할 수 있게 하는 일체의 정보"이며, "개인의 내밀한 영역에 속하는 정보에 국한되지 않고 공적 생활에서 형성되었거나 이미 공개된 개인정보까지 포함한다."31

대법원은 이후 정보 자기결정권에 관한 여러 판례를 선고했는데, 특히 전자정보에 대한 압수·수색의 적법성에 관한 2015년 대법원 전원합의체 판례는 주목할 만하다.

---

30  대법원 2011. 5. 24. 자 2011마319 결정.
31  대법원 2014. 7. 24. 선고 2012다49933 판결.

오늘날 기업 또는 개인의 업무는 컴퓨터나 서버 등 정보처리시스템 없이 유지되기 어려우며, 전자정보가 저장된 저장매체는 대부분 대용량이어서 압수·수색영장 발부의 사유로 된 범죄혐의와 관련이 없는 개인의 일상생활이나 기업경영에 관한 정보가 광범위하게 포함되어 있다. 이러한 전자정보에 대한 압수·수색은 사생활의 비밀과 자유, 정보에 대한 자기결정권, 재산권 등을 침해할 우려가 크므로 포괄적으로 이루어져서는 아니 되고 비례의 원칙에 따라 필요한 최소한의 범위 내에서 이루어져야 한다.[32]

이 사건에서 대법원은 수사기관의 전자정보에 대한 압수·수색은 원칙적으로 영장 발부의 사유로 된 범죄 혐의사실과 관련된 부분만을 문서 출력물로 수집하거나 수사기관이 휴대한 저장매체에 해당 파일을 복제하는 방식으로 이루어져야 한다고 하여, 전자정보 저장매체 자체를 직접 반출하거나 그 저장매체에 있는 전자파일 전부를 복제하는 것은 아주 예외적인 경우가 아니면 허용하지 않는다. 이는 전자정보에 대한 압수·수색의 방식과 한계를 규정한 것으로 정보 자기결정권 보호라는 측면에서 중요한 의미를 가진다.

대법원은 이후 2021년 전원합의체 판결에서도 정보 자기결정권 보호를 위한 위 판례의 입장을 재확인했다. 이 사건은 '경찰이 피해자가 임의 제출한 피고인 소유·관리의 휴대전화 2대의 전자정보를 탐색하다가 피해자를 촬영한 휴대전화가 아닌 다른 휴대전화에서 다른 피해자 2

---

32  대법원 2015. 7. 16. 자 2011모1839 전원합의체 결정.

명에 대한 범행 등에 관한 1년 전 사진·동영상을 발견하고 영장 없이 이를 복제한 CD를 증거로 제출한 사안'에 관한 것이다. 대법원은 이 사안에도 2015년 대법원 판례의 법리가 그대로 적용된다고 하면서, 영장 없이 이를 복제한 것은 증거로 채택될 수 없다고 판시했다. [33]

## 기타 자기결정권의 여러 유형

대법원도 헌법재판소와 유사하게 성적 자기결정권, 개인정보자기결정권 등의 자기결정권을 중심으로 자기결정권에 관한 판례를 생성하고 있다. 그러나 대법원은 그 외의 자기결정권 유형도 중요하게 활용하고 있는데, 성명권에 관한 판례가 그중 하나이다. 이 사건은 이름을 바꾸는 것, 즉 개명에 관한 사안인데, 이름에 관한 권리인 성명권을 자기결정권의 대상으로 확인했다.

> 이름(성명)은 … 인격의 주체인 개인의 입장에서는 자기 스스로를 표시하는 인격의 상징으로서의 의미를 가지는 것이고, 나아가 이름에서 연유되는 이익들을 침해받지 아니하고 자신의 관리와 처분 아래 둘 수 있는 권리인 성명권의 기초가 되는 것이며, 이러한 성명권은 헌법상의 행복추구권과 인격권의 한 내용을 이루는 것이어서 자기결정권의 대상이 되는 것이므로 본인의 주관적인 의사가 중시되어야 하는 것이다. [34]

---

33  대법원 2021. 11. 18. 선고 2016도348 전원합의체 판결.
34  대법원 2005. 11. 16. 자 2005스26 결정.

이 사건에서 대법원은 자기결정권에 근거해서 개명신청권의 남용으로 볼 수 있는 경우가 아니라면 원칙적으로 개명을 허가하는 것이 적절하다고 판단했다.

대법원은 2014년에도 자기결정권에 관한 중요한 판결을 했는데, 이는 성폭력범죄자에 대한 성충동 약물치료를 하는 기준에 관한 것이었다.

원칙적으로 형 집행 종료 이후 신체에 영구적인 변화를 초래할 수도 있는 약물의 투여를 피청구자의 동의 없이 강제적으로 상당 기간 실시하게 된다는 점에서 헌법이 보장하고 있는 신체의 자유와 자기결정권에 대한 가장 직접적이고 침익적인 처분에 해당한다고 볼 수 있다. … 재범의 방지와 사회복귀의 촉진 및 국민의 보호를 위한 추가적인 조치를 취할 필요성이 인정되는 불가피한 경우에 한하여 이를 부과함이 상당할 것이다.[35]

대법원은 이 사건에서 피고인의 사정을 종합적으로 고려하여 성충동 약물치료가 불가피한 경우에 해당한다고 판단했다. 이후 성충동 약물치료에 관한 사건에서 이 판결은 중요한 기준이 되었다.

---

35  대법원 2014. 2. 27. 선고 2013도12301, 2013전도252, 2013치도2 판결.

## 법률에서 자기결정권 보호

자기결정권 개념은 여러 법률 조문에서 확인할 수 있는데 주로 보건의료 및 장애인 관련 법률에서 자기결정권 개념을 규정하고 있다. 이하에서는 법률에 나타난 자기결정권 보호에 대해 살펴보도록 한다.

### 보건의료에 관한 자기결정권

우선 〈보건의료기본법〉은 보건의료서비스에 관한 모든 국민의 자기결정권을 규정하고 있다.

> 제 12조 (보건의료서비스에 관한 자기결정권)
> 모든 국민은 보건의료인으로부터 자신의 질병에 대한 치료 방법, 의학적 연구 대상 여부, 장기이식(臟器移植) 여부 등에 관하여 충분한 설명을 들은 후 이에 관한 동의 여부를 결정할 권리를 가진다.

이 조항은 보건의료서비스에서 자기결정권을 행사할 수 있는 3가지 경우를 들고 있다. 그중 '자신의 질병'에 대한 환자의 자기결정권은 이미 헌법재판소와 대법원 판례에서 폭넓게 확인되는 개념이다. 즉, 환자는 보건의료인으로부터 '충분한 설명'을 듣고, 이에 관한 '동의'를 하여야 적절한 자기결정권 행사로 인정될 수 있다.

두 번째 경우는 의학적 연구 대상 여부에 대한 자기결정권이다. 즉,

연구 대상자가 되는 것은 자신의 자기결정권에 근거해야 한다. 과거 나치의 인체실험과 같은 사례에서 보듯, 강제로 혹은 속아서 연구대상자가 되는 것은 정당하지 않다. 충분한 설명을 들은 후 연구대상자가 되는 데 동의해야 적절한 자기결정권 행사가 될 것이다. 이에 대해서는 〈생명윤리 및 안전에 관한 법률〉도 같은 취지의 조항을 두고 있다.

제 3조 (기본 원칙)

② 연구대상자 등의 자율성은 존중되어야 하며, 연구대상자 등의 자발적인 동의는 충분한 정보에 근거하여야 한다.

이 조항에서는 연구대상자의 '충분한 정보에 근거한 자발적 동의'라는 개념을 사용하고 있는데, '충분한 설명을 들은 후 동의'라는 〈보건의료기본법〉의 규정과 같은 취지에 해당한다.

세 번째 경우는 '장기이식 여부'에 대한 자기결정권이다. 여기에서 장기이식의 의미가 장기이식이 필요한 '환자'가 '장기이식을 받는 것'을 의미한다면 이는 앞서 등장한 첫 번째 유형의 질병 치료에 해당하므로 독자적인 의미는 없다. 다만 '장기이식 여부'에 장기이식을 위해 장기를 기증하는 것도 포함된다고 본다면, 장기기증은 기증자 본인의 의사에 의하여야 한다는 의미가 된다. 참고로 〈장기 등 이식에 관한 법률〉은 뇌사자와 사망한 자의 장기 등에 대해서 본인이 적출에 동의해도 가족 또는 유족이 명시적으로 이를 거부하면 장기기증을 할 수 없도록 했다. [36]

---

36  제 22조(장기 등의 적출 요건) ③ 뇌사자와 사망한 자의 장기 등은 다음 각 호의 어느 하나에 해당하는 경우에만 적출할 수 있다. 1. 본인이 뇌사 또는 사망하기 전에 장기 등의

즉, 장기 등 기증에 관한 본인의 자기결정은 가족에 의해 거부될 수 있는데, 이런 입법의 태도는 적어도 자기결정권의 측면에서는 적절하지 않다.

보건의료 분야에서 자기결정권을 규정하고 있는 법률로는 〈보건의료기본법〉 외에 〈호스피스·완화의료 및 임종과정에 있는 환자의 연명의료결정에 관한 법률〉(〈연명의료결정법〉)을 들 수 있다. 〈연명의료결정법〉은 제1조에서 환자의 자기결정 존중을 입법 목적으로 제시하며, 기본원칙으로 자기결정권을 명시한다.

제1조 (목적)

이 법은 호스피스·완화의료와 임종과정에 있는 환자의 연명의료와 연명의료중단 등 결정 및 그 이행에 필요한 사항을 규정함으로써 환자의 최선의 이익을 보장하고 자기결정을 존중하여 인간으로서의 존엄과 가치를 보호하는 것을 목적으로 한다.

제3조 (기본 원칙)

② 모든 환자는 최선의 치료를 받으며, 자신이 앓고 있는 상병(傷病)의 상태와 예후 및 향후 본인에게 시행될 의료행위에 대하여 분명히 알고 스스로 결정할 권리가 있다.

이에 따라 〈연명의료결정법〉은 환자의 자기결정 내용을 확인할 수

---

적출에 동의한 경우. 다만, 그 가족 또는 유족이 장기 등의 적출을 명시적으로 거부하는 경우는 제외한다.

있는 여러 제도들을 두고 있는데, 사전 연명의료의향서와 연명의료계획서가 대표적이다. 사전 연명의료의향서는 "19세 이상인 사람이 자신의 연명의료중단 등 결정 및 호스피스에 관한 의사를 직접 문서로 작성한 것"[37]을 의미하고, 연명의료계획서는 "말기환자 등의 의사에 따라 담당의사가 환자에 대한 연명의료중단 등 결정 및 호스피스에 관한 사항을 계획하여 문서로 작성한 것"[38]을 말하는데, 두 문서 모두 본인의 의사를 직접 작성하거나 그 의사에 따라 작성해야 하기 때문에 자기결정권 보호를 위한 제도로 평가할 수 있다.

그리고 환자 중 정신질환자에 관하여 그 자기결정권을 명시하고 존중하도록 하는 입법도 존재한다. 〈정신건강증진 및 정신질환자 복지서비스 지원에 관한 법률〉(〈정신건강복지법〉)은 정신질환자의 자기결정권 존중을 법률의 기본이념으로 한다.

제 2조 (기본이념)

⑦ 정신질환자는 원칙적으로 자신의 신체와 재산에 관한 사항에 대하여 스스로 판단하고 결정할 권리를 가진다. 특히 주거지, 의료행위에 대한 동의나 거부, 타인과의 교류, 복지서비스의 이용 여부와 복지서비스 종류의 선택 등을 스스로 결정할 수 있도록 자기결정권을 존중받는다.

이는 의학적으로 의사결정능력이 제한된다고 평가될 수 있는 정신질

---

37　〈연명의료결정법〉 제 2조 제 9호.
38　〈연명의료결정법〉 제 2조 제 8호.

환자라 할지라도 자기결정권을 행사하는 것이 원칙이라는 중요한 함의를 갖는다. 정신질환자는 스스로 의사결정할 수 없다는 편견과는 달리, 정신질환자의 병증은 모두 같지 않고 환자에 따라서는 특정 부분에만 문제가 있는 경우도 많기 때문에 의학적으로 결정능력을 행사할 수 없다고 예외적으로 인정된 경우가 아니라면 본인의 의사에 의해 정신질환자를 위한 의료서비스나 복지서비스를 제공하는 것이 적절하다. 특히 '주거지, 의료행위에 대한 동의나 거부, 타인과의 교류, 복지서비스의 이용 여부와 복지서비스 종류의 선택 등'에 대해서는 본인이 직접 결정하여야 하고 이 결정이 존중되어야 한다.

## 장애인의 자기결정권

우리나라 법률에서는 장애인의 자기결정권을 규정하는 경우가 많이 있다. 이는 역설적으로 장애인의 자기결정권이 현실에서 제대로 존중받지 못하기 때문에, 규범적 차원에서라도 이를 규정하여 현실의 변화를 도모하려는 것으로도 해석할 수 있다.

　우선 장애인의 기본적 인권으로 장애인의 자기결정권을 규정하는 법은 〈장애인차별금지 및 권리구제 등에 관한 법률〉(〈장애인차별금지법〉)을 들 수 있다. 이 법률은 장애인에 대한 차별금지를 원칙으로 규정한 제6조에 이어, 제7조에서 장애인의 자기결정권과 선택권을 장애인의 기본적 인권으로 규정하고 있다.

제 7조 (자기결정권 및 선택권)

① 장애인은 자신의 생활 전반에 관하여 자신의 의사에 따라 스스로 선택하고 결정할 권리를 가진다.

② 장애인은 장애인 아닌 사람과 동등한 선택권을 보장받기 위하여 필요한 서비스와 정보를 제공받을 권리를 가진다.

그리고 〈장애인차별금지법〉은 제 7조의 일반적 규정에 이어 장애인의 성적 자기결정권 보호를 특별히 규정하고 있다.

제 29조 (성에서의 차별금지)

① 모든 장애인의 성에 관한 권리는 존중되어야 하며, 장애인은 이를 주체적으로 표현하고 향유할 수 있는 성적 자기결정권을 가진다.

제 32조 (괴롭힘 등의 금지)

⑤ 누구든지 장애인의 성적 자기결정권을 침해하거나 수치심을 자극하는 언어표현, 희롱, 장애 상태를 이용한 추행 및 강간 등을 행하여서는 아니 된다.

〈장애인차별금지법〉 외의 장애인 관련 법률에서도 장애인의 자기결정권을 보호하는 규정을 두고 있는데, 그중 하나가 〈발달장애인 권리보장 및 지원에 관한 법률〉(〈발달장애인법〉)이다. 이 법률에 따르면, 발달장애인에는 지적장애인, 자폐성장애인 등이 포함된다. 사회적 편견의 영향으로 발달장애인은 의사결정능력이 부족하기 때문에 스스로 결정하도록 두어서는 안 되고 누군가 대신 결정해야 한다고 생각하기 쉽다. 하지만 발달장애인도 의학적인 이유 등으로 의사결정능력이 없다고 예외적으로 인정되는 경우가 아닌 한 원칙적으로 스스로 자신의 일을 충분히 결정하고 처리할 수 있으며, 다소 어려운 경우에도 의사결정 지원을 받아 자신의 의사를 표현할 수 있다.

제 3조 (발달장애인의 권리)

① 발달장애인은 원칙적으로 자신의 신체와 재산에 관한 사항에 대하여 스스로 판단하고 결정할 권리를 가진다.

② 발달장애인은 자신에게 법률적·사실적인 영향을 미치는 사안에 대하여 스스로 이해하여 자신의 자유로운 의사를 표현할 수 있도록 필요한 도움을 받을 권리가 있다.

③ 발달장애인은 자신과 관련된 정책의 결정과정에서 자기의 견해와 의사를 표현할 권리가 있다.

제 8조 (자기결정권의 보장)

① 발달장애인은 자신의 주거지의 결정, 의료행위에 대한 동의나 거부, 타인과의 교류, 복지서비스의 이용 여부와 서비스 종류의 선택 등을 스스로 결정한다.

② 누구든지 발달장애인에게 의사결정이 필요한 사항과 관련하여 충분한 정보와 의사결정에 필요한 도움을 제공하지 아니하고 그의 의사결정능력을 판단하여서는 아니 된다.

③ 제1항 및 제2항에도 불구하고 스스로 의사를 결정할 능력이 충분하지 아니하다고 판단할 만한 상당한 이유가 있는 경우에는 보호자가 발달장애인의 의사결정을 지원할 수 있다. 이 경우 보호자는 발달장

애인 당사자에게 최선의 이익이 되도록 하여야 한다.

이 외에도 장애인의 자기결정권과 관련된 법률이 존재한다. 이 법률들은 장애인의 자기결정권을 직접적으로 선언하고 있지는 않지만 간접적으로 자기결정권 보호에 기여하고 있다. 예를 들어 〈장애인복지법〉은 장애인 거주시설 운영자에게 시설 이용자인 장애인의 자기결정권 보장 의무를 부과한다.

제 60조의 4 (장애인 거주시설 운영자의 의무)
③ 시설 운영자는 시설 이용자의 사생활 및 자기결정권의 보장을 위하여 노력하여야 한다.

〈장애아동 복지지원법〉도 장애아동의 자기결정권을 직접적으로 선언하고 있지는 않지만, 자기결정권 행사를 위해 꼭 필요한 여러 능력에 대한 교육 및 훈련을 받을 권리를 규정함으로써 간접적으로 자기결정권 보호에 기여하고 있다.

제 4조 (장애아동의 권리)
⑥ 장애아동은 의사소통 능력, 자기결정 능력 및 자기권리 옹호 능력을 향상시키기 위한 교육 및 훈련 기회를 제공받아야 한다.

## 그 외 법률의 자기결정권 규정

우리나라 법률의 대표적인 자기결정권 규정인 보건의료에서의 자기결정권과 장애인의 자기결정권 이외에도 자기결정권에 관한 규정들이 존재한다. 다만, 이 규정들은 '자기결정권'이라는 표현을 직접 사용하기보다 자기결정권이 갖는 함의를 표현하는 방식을 주로 취하고 있다.

예를 들어, 1953년 제정된 〈근로기준법〉은 근로조건을 '자유의사에 따라 결정'하도록 정했다. 여기에 '자기결정권'이라는 개념어가 직접 등장하지는 않지만, 그 핵심적 내용은 포함하고 있다. 다만, 근로조건은 한 당사자가 결정하는 것으로 끝나는 것이 아니라 양 당사자가 같이 합의해야 하는 것, 즉 공동결정이기 때문에, 앞에서 언급된 헌법재판소, 대법원, 법률에서 규정하고 있는 개인적 차원의 자기결정권과는 조금 다른 맥락이라고 볼 수도 있다.

제 4조 (근로조건의 결정)

근로조건은 근로자와 사용자가 동등한 지위에서 자유의사에 따라 결정하여야 한다.

〈청년기본법〉에서는 청년의 권리를 선언했는데, 그중에 자기결정권에 해당하는 부분이 있다.

제 5조 (청년의 권리와 책임)

② 청년은 자기 의사를 자유롭게 밝히고 스스로 결정할 권리를 가진다.

〈청소년기본법〉에서도 이 법률의 기본이념으로 청소년의 자기결정 권에 해당하는 내용, 즉 '스스로 생각하고 자유롭게 활동'이라는 표현을 담았다.

① 이 법은 청소년이 사회구성원으로서 정당한 대우와 권익을 보장받음 과 아울러 스스로 생각하고 자유롭게 활동할 수 있도록 하며 보다 나 은 삶을 누리고 유해한 환경으로부터 보호될 수 있도록 함으로써 국 가와 사회가 필요로 하는 건전한 민주시민으로 자랄 수 있도록 하는 것을 기본이념으로 한다.

자기결정권이라는 표현은 아니지만 '선택권', '자율성' 등의 표현을 사 용하는 법률들도 다수 존재하는데, 이런 법률 조항들도 자기결정권에 관련된 것으로 볼 수 있다. 예를 들어, 〈기후위기 대응을 위한 탄소중 립·녹색성장 기본법〉 제66조는 '소비자의 선택권'의 확대에 대해 규 정했고,[39] 〈사회서비스 이용 및 이용권 관리에 관한 법률〉 제1조, 제 4조, 제29조 등에도 '이용자의 선택권' 보장에 관한 규정이 있다.[40] 이

---

[39] 제66조(탄소중립 사회 이행과 녹색성장을 위한 생산·소비 문화의 확산) ② 정부는 소 비자의 선택권을 확대·제고하기 위하여 재화 및 서비스의 가격에 에너지 소비량 및 온실 가스 배출량 등이 합리적으로 연계·반영되도록 하고 그 정보가 소비자에게 정확하게 공 개·전달되도록 하여야 한다.

[40] 제1조(목적) 이 법은 사회서비스 이용 및 이용권(利用卷) 관리에 필요한 사항을 정함으 로써 사회서비스의 이용을 활성화하고 이용자의 선택권을 보장하도록 하여 국민의 복지 증진에 이바지하는 것을 목적으로 한다.
제4조(국가 등의 책무) ① 국가와 지방자치단체는 사회서비스의 이용을 활성화하고 이

외에도 〈사회복지사업법〉 제1조의 2[41]에서 규정하는 '사회복지서비스를 이용하는 사람의 선택권', 〈식품안전기본법〉 제25조[42]의 '소비자의 선택권' 등이 '선택권'이라는 표현을 사용하는 법률의 예이다.

  그리고 〈과학기술기본법〉 제2조[43]는 '과학기술인의 자율성'이라는 표현을 사용했고, 〈공교육 정상화 촉진 및 선행교육 규제에 관한 특별법〉 제3조의 2[44]에서는 '교원의 교육과정 운영에 관한 자율성', 〈국가연구개발혁신법〉 제5조[45]에서는 '연구자의 자율성'을 언급하는 등 여러 법률[46]에서 '자율성'이라는 표현을 사용했는데, 이 '자율성'도 맥락에 따라 자기결정권에 해당한다고 볼 수 있다.

---

용자의 선택권을 보장하기 위하여 사회서비스이용권 사용이 장려되는 여건을 조성하고 그에 필요한 재원(財源)을 마련하여야 한다.
제29조(제공자에 관한 정보 공개) ① 보건복지부장관은 이용자의 사회서비스 선택권을 보장하고 사회서비스의 질을 높이기 위하여 보건복지부령으로 정하는 바에 따라 다음 각 호의 사항을 공개하여야 한다.

41 제1조의 2 (기본이념) ④ 사회복지서비스를 제공하는 자는 필요한 정보를 제공하는 등 사회복지서비스를 이용하는 사람의 선택권을 보장하여야 한다.

42 제25조(소비자 및 사업자의 의견수렴) ② 관계중앙행정기관의 장은 소비자의 선택권 등을 보장하기 위하여 식품 등에 대하여 표시기준을 마련하도록 노력하여야 한다.

43 제2조(기본이념) 이 법은 과학기술혁신이 인간의 존엄을 바탕으로 자연환경 및 사회윤리적 가치와 조화를 이루고 경제·사회 발전의 원동력이 되도록 하며, 과학기술인의 자율성과 창의성이 존중받도록 하고, 자연과학과 인문·사회과학이 서로 균형적으로 연계하여 발전하도록 함을 기본이념으로 한다.

44 제3조의 2 (해석·적용의 주의의무) 이 법을 해석·적용할 때에는 학교 및 교원의 교육과정 운영에 관한 자율성이 부당하게 침해되지 아니하도록 주의하여야 한다.

45 제5조(정부의 책무) 5. 연구자와 연구개발기관의 자율성을 최우선으로 고려한 제도 마련.

46 예를 들어, 〈보호소년 등의 처우에 관한 법률〉 제39조(생활지도), 〈영상진흥기본법〉 제4조(창작의 자유 보장 등) 등을 들 수 있다.

지금까지 헌법재판소와 대법원의 판례에서 자기결정권 개념이 어떻게 확인되는지, 법률에서는 어떻게 규정하는지 살펴보았다. 우리나라에서는 헌법재판소가 1990년 최초로 자기결정권이라는 표현을 판례에 도입했고, 이 권리가 헌법의 기본적 자유와 권리임을 확인했다. 또한 헌법재판소는 이 권리가 개인의 인격권에 기반하고 그 인격권은 헌법 제 10조의 인간 존엄과 행복추구권에서 비롯한다는 정당화 논리를 제공했다.

헌법재판소가 최초로 헌법상 권리로 확인한 자기결정권은 성적 자기결정권이었다. 헌법재판소는 성적 자기결정권 개념을 활용하여 형법의 간통죄 규정, 민법의 동성동본 금혼 조항 등을 위헌으로 판단하여 인권보호에 중요한 기여를 하였다. 임신·출산에 관한 여성의 자기결정권에 근거하여 형법의 낙태죄 조항에 헌법불합치 결정을 한 것도 우리나라 인권의 역사에서 중요한 사건이다. 이런 성적 자기결정권이나 임신·출산에 관한 여성의 자기결정권, 연명의료중단에 관한 자기결정권, 신체에 대한 자기결정권 등은 모두 자신의 몸에 대한 권리는 자신에게 있음을 전제로 하고 있다. 적어도 현재 상황에서 볼 때, 헌법재판소는 자신의 몸에 대한 결정은 스스로 해야 한다는 자기결정권 맥락을 중요하게 고려하고 있다고 할 수 있다.

대법원도 자신의 몸에 대한 결정이라고 할 수 있는 환자의 자기결정권에 대해 지속적으로 중요하게 고려하고 있으며, 심지어 연명치료중단이나 수혈거부 등으로 사망에 이를 수 있는 경우에도 자기결정권은 법적 판단을 위한 중요한 요소로 고려한다. 그리고 대법원은 성적 자기결정권 개념을 고려하여 부부강간도 강간죄에 포섭될 수 있다는 중요한 판결을 내렸다. 이는 여성 인권이 한 단계 도약하는 중요한 계기가 되었다.

나아가 자신의 몸에 관한 결정이 아닌 영역에서도 자기결정권 개념이 활용되었는데, 대표적인 것이 정보에 관한 자기결정권이다. 이는 헌법재판소의 2005년 판례에서 처음 활용된 이후 대법원 판례에서도 폭넓게 활용되고 있다. 특히 자기결정권은 개인정보에 대한 국가권력의 개입에 대해 한계를 설정하는 정당화 근거로 활용됨으로써 정보사회에서 개인의 인권 보장을 위한 중요한 역할을 수행했다. 그리고 정보에 관한 자기결정권이라는 표현을 사용한 것은 아니지만, 대법원은 2005년 개명허가에 관한 사건에서 성명권이 자기결정권의 맥락에 있다고 밝혔다.

헌법재판소와 대법원의 판례를 살펴보면 현재로서는 성적 자기결정권과 개인정보자기결정권이 우리나라에서 활용되는 가장 대표적인 자기결정권 유형이다. 이와 달리 법률에서는 주로 보건의료와 장애인 분야에서 자기결정권이라는 명시적 표현을 사용한다. 보건의료 분야에서 환자의 자기결정권에 대해 규정하고 있지만, 아직 연명의료중단이나 장기기증 등에서 자기결정권 존중이 부족하다는 비판도 있는 실정이다. 이와 같은 비판이 지적하는 측면은 사회적인 토론을 거쳐 입법에 반영할 수 있도록 하는 것이 필요하다.

마지막으로, 자기결정권 보호를 위해서는 다음 2가지 사안에 대해 성찰할 필요가 있다.

첫째, 자기결정권 보호를 위해서는 자기결정 문화가 개선되어야 한다. 지금까지 살펴본 바와 같이, 헌법재판소, 대법원 판례 그리고 법률의 규정으로 자기결정권 보호가 계속 확대되고 있는 것은 사실이지만, 이는 사회적으로 이슈가 된 사건이 있었기 때문이다. 보다 중요한 것은 일상 문화에 숨어 있는 자기결정권의 제약을 어떻게 풀 것인가이다. 이런 일상 문화에 숨어 있는 자기결정권의 제약은 시민들도 특별히 인지하지 못하는 경우가 많고 제약을 받으면서도 스스로 당연하다고 여기는 경우가 많다. 특히 가족주의 전통이 강한 우리나라에서 개인들은 자신의 욕망이나 선호를 표현하기 주저하고 갈등을 피하기 위해 가족의 결정에 순응하는 경우가 많다. 그러나 자신의 몸과 정보는 자신이 스스로 결정해야 한다. 궁극적으로 그 결정의 결과는 자신에게 귀속되기 때문이다. 따라서 자기결정권 보호를 위해서는 자기결정권 존중에 대한 사회적 의식을 고양하고 문화를 변화시키기 위한 노력이 반드시 필요하다.

둘째, 자기결정권 보호는 어떤 결과를 초래하든 본인이 결정하면 된다는 소극적 자기결정을 의미하지는 않는다. 물론 이런 자기결정 자체가 자기결정권의 핵심적인 부분이기는 하지만, 자기결정의 결과가 스스로에게 귀속된다는 점을 고려하면, 자기결정권자는 자기결정의 결과에 대해 이해하고 숙고할 수 있는 역량을 갖추어야 한다. 그 역량은 자기결정을 위한 정보를 수집할 수 있는 역량, 수집된 정보를 충분히 이해할 수 있는 역량, 정보의 이해를 바탕으로 자신에게 가장 유리한 방안을 선택할 수 있는 역량을 모두 포함한다. 이런 역량이 부족한 상태의 사람에게 자기결정을 강요하고 그 결과를 그 사람에게 돌려 버리는 행위를 자기결정권 보호라는 이름으로 정당화할 수는 없다. 따라서 이런 역량이 부족한 사람들을 돕고 지원하는 사회적 체계가 반드시 필요하다.

# 의사결정 지원제도

# 의사결정지원의 이론적 이해

제철웅

(한양대 법학전문대학원 교수)

## 인권의 등장배경과 발전과정

## 문제 제기

'자율성' 또는 '자기결정권'은 우리나라의 실정법에서 명문으로 규정되
어 있지는 않지만, 헌법 제10조의 '행복추구권'에서 도출되는 권리로
이해된다.[1] 그런데 '자기결정권'의 내용은 적극적으로 정의하기는 쉽지

---

1  헌재 2004. 6. 24. 2002헌가27, 판례집 16-1, 706, 715; 헌재 2013. 5. 30. 2011헌바
   360 등, 판례집 25-1, 293, 299 등 다수의 판결에서는 '헌법 제10조가 정하고 있는 행복
   추구권에서 파생되는 자기결정권 내지 일반적 행동자유권은 이성적이고 책임감 있는 사
   람의 자기 운명에 대한 결정·선택을 존중하되 그에 대한 책임은 스스로 부담함을 전제로
   한다. 자기책임의 원리는 이와 같이 자기결정권의 한계논리로서 책임부담의 근거로 기능
   하는 동시에 자기가 결정하지 않은 것이나 결정할 수 없는 것에 대하여는 책임을 지지 않

않다. 보통 그것이 침해되었을 때 비로소 문제 되는 권리이기 때문이다. 그런 '침해'는 위법행위가 있을 때 비로소 인정될 수 있는데, 어떤 사람의 '자기결정권'은 타인의 다양한 권리나 자유로운 행동의 영역과 접촉하는 지점에 있기 때문에 그 외연이 명료하지 않다.[2] 따라서 자기결정권의 침해는 쉽사리 인정되지 않는 경우가 많을 수밖에 없다.

더구나 고령, 장애, 질환 등의 사유로 자기결정권을 행사하기 어려운 사람을 '보호'한다는 목적으로 '자기결정권'을 침해할 경우 그 침해의 위법성이 인정되지 않는 경우가 빈번하다.[3] 그 결과 '보호'는 자연스럽

---

고 책임부담의 범위도 스스로 결정한 결과 내지 그와 상관관계가 있는 부분에 국한됨을 의미하는 책임의 한정원리로 기능한다. 이러한 자기책임의 원리는 인간의 자유와 유책성, 그리고 인간의 존엄성을 진지하게 반영한 원리로서 그것이 비단 민사법이나 형사법에 국한된 원리라기보다는 근대법의 기본이념으로서 법치주의에 당연히 내재하는 원리로 볼 것이다'라고 한다. 보다 자세한 것은 2장 참조.

[2] 자기결정권의 민사법적 특징은 다른 나라의 경우도 마찬가지이다. 자기결정권은 일반적 인격권의 일종인데 일반적 인격권의 보호의 현황과 입법적 과제에 관하여는 김재형 (2012). 《언론과 인격권》. 박영사. 393면 이하 참조.

[3] 정신병원 비자의입원은 자기결정권을 침해하는 대표적인 사안 중 하나이다. 가령 자해, 타해의 위험이 있을 때에만 비자의입원을 허용하는 개정 정신건강복지법 이전의 사안이기는 하지만, 대법원 2015. 10. 29. 선고 2015도8429판결에서는 아들(피고인 병)이 아버지를 정신병원에 비자의입원 신청을 하고 정신과의사(피고인 갑, 을)가 진단목적의 입원을 시킨 사안에서 감금죄위반이 문제가 되었다. 대법원은 "망상장애와 같은 정신질환의 경우 진단적 조사 또는 정확한 진단을 위해 지속적인 관찰이나 특수한 검사가 필요한 때에도 환자의 입원이 고려될 수 있고, 피고인 갑, 을은 보호의무자인 피고인 병의 진술뿐만 아니라 피해자를 직접 대면하여 진찰한 결과를 토대로 피해자에게 피해사고나 망상장애의 의심이 있다고 판단하여 입원이 필요하다는 진단을 한 것이므로, 진단 과정에 정신건강의학과 전문의로서 최선의 주의를 다하지 아니하거나 신중하지 못했던 점이 일부 있었더라도 피해자를 정확히 진단하여 치료할 의사로 입원시켰다고 볼 여지 또한 충분하여 감금죄의 고의가 있었다거나 이들의 행위가 형법상 감금행위에 해당한다고 단정하기" 어렵다는 이유로 피고인 갑, 을을 감금죄 위반으로 판단한 원심을 파기하였다. 반면 정신건강

게 자기결정권을 억압하는 기제로 작동하기 쉽다. 달리 말하면 '자기결정권' 행사를 적극적으로 지원하기는 쉽지 않다.

우리가 실정법의 틀 안에서만 사고할 경우 냉혹한 사회 현실, 위험사회의 도래 등의 이유로 자기결정권을 행사하기 어려운 성인, 특히 노인의 '보호'에 치중할 수밖에 없다. 그렇기 때문에 실정법의 준수 또는 실정법 위반의 회피라는 소극적 입장에서 벗어나, 적극적으로 '한 사람의 인간으로서의 권리', 즉 '인권'의 관점에서 자기결정권이 어떤 의미가 있는지 살펴볼 필요가 있다. 인류 역사는 실정법의 준수라는 명목하에 이루어진 중대한 인권 침해를 외면하는 과오[4]를 거듭 범해 왔다. 아래에서는 인권의 관점에서 자기결정권을 어떻게 이해해야 하는지 살펴본다.

---

복지법 시행 이후 정신의료기관 등의 장이 자의입원 등을 한 사람이 퇴원 등을 신청한 경우에는 지체 없이 퇴원 등을 시켜야 한다'고 정하고 있는데, 환자로부터 퇴원 요구가 있는데도 방치한 경우 위법한 감금행위가 있다고 판단하였다. 대법원 2017. 8. 18. 선고 2017도7134 참조. 이런 명문의 법률규정이 있는 경우를 제외하고는 쉽게 자기결정권 침해를 감금죄로 규율하지 않는 경향이 있다. 가령 대법원 1980. 2. 12. 선고 79도1349 판결에서는 '정신병자의 어머니의 의뢰 및 승낙하에 그 감호를 위하여 그 보호실 문을 야간에 한해서 3일간 시정하여 출입을 못하게 한 감금행위는 그 병자의 신체의 안정과 보호를 위하여 사회통념상 부득이 한 조처로서 수긍될 수 있는 것이면, 위법성이 없다'고 판단하고 있다. 이른바 '보호자'의 동의하에, 그러나 본인의 동의 없이 노인요양시설 등에서 감금이 있더라도 이런 법리가 적용될 여지가 있다.

4 마르틴 니묄러(Friedrich Gustav Emil Martin Niemöller)의 시 〈나치가 처음 그들에게 왔을 때〉("First They Came For…")라는 유명한 시가 나치 시절 지식인의 모습을 잘 묘사하고 있다.

## 인권의 태동

어떤 사회든 질서를 유지하기 위해 규범이 있고, 그것을 우리는 법이라고 한다. 법은 각자에게 '처분할 수 있는 힘' 또는 '자격'을 부여하거나, 어떤 것을 지켜야 할 책임을 부과하는 형태로 구성된다. 전자를 권리, 권한이라고 하고, 후자를 의무 또는 책임이라고 한다.[5] 역사적 발전단계에서 대부분의 사회는 권리와 의무로 구성된 법체계를 갖고 있었지만, '인간'으로서의 권리인 '인권'이라는 개념은 현대사회에서 태동한 것이다. '인권'이라는 개념이 태동된 배경을 살펴보면 인권이 왜 중요한 개념인지 이해할 수 있다.

절대왕정을 무너뜨린 프랑스 혁명은 모든 인간이 평등하다는 사상을 주창하며, 자유롭게 계약할 권리, 자유롭게 활동할 권리, 자신이 소유한 것을 자유롭게 처분할 권리를 새로운 프랑스의 법질서로 만들었다. 그 반대편에 있는 또 다른 질서를 대표하는 독일의 사상은 '역사'를 존중하는 것이었다. 프랑스 혁명에 반감을 가지게 된 독일의 지식인들 사이에서는 고대 및 중세시대를 동경하고 역사를 중시하는 문화사조가 형성되었다. 혁명주의와 이성주의에 대립하는 낭만주의, 역사주의의 사상적 흐름이 그것이었다. 이들은 역사적으로 발전해 온 법과, 그 법에서 인정되는 권리를 존중했다.[6] 그러나 프랑스와 독일 모두 국가의 안전보장이나 공공

---

5  근대적인 권리 개념의 형성에는 이성법(*Vernunftrecht*)에 근거한 자연법 사상이 크게 기여하였다. 이에 대해서는 Wieacker, F. (1967). *Privatrechtsgeschichte der Neuzeit*. Vandenhoeck & Ruprecht. S. 272 참조.

6  낭만주의 사조와 역사주의 법학, 그리고 실증주의 법학의 상관관계는 위의 책. S. 350

의 이익을 위해서는 개인의 자유를 제한할 수 있다는 인식을 갖고 있었다.[7] 최대다수의 이익을 중시하는 공리주의는 이런 인식을 이론적으로 뒷받침하는 사상의 하나였다. 20세기 들어서는 공리주의를 넘어 전체를 위해 개인의 희생을 당연시하는 전체주의 사상으로 발전했다.[8]

적자생존 개념을 제시한 진화론의 등장은 당시의 지배계층으로 하여금 사회적 우생학이론을 수용하도록 했다. 수많은 장애인에게 불임시술과 인체실험을 하는 것을 당연하게 인식하고,[9] 유대인과 같은 소수민족을 탄압하는 것에 아무런 죄의식을 갖지 않은 나치의 만행도 이런 배경에서 비롯되었다.[10] 법은 이런 사회적 인식을 정당화하는 수단으로 전락했다.

전체주의 시대에는 법학만이 아니라 여타의 학문도 인간의 도구화를 이론적으로 뒷받침했다. 두 차례에 걸친 세계대전은 이런 인식을 갖고

---

ff. 참조.

7  자유주의적 공리주의는 개인의 자유의 한계가 사회와의 관계가 있는 때이다.

8  전체주의 사상이 지배한 1930년대 법학은 '공공의 이익'에 최우선의 가치를 두었다. 그 한 모습이 제국주의 일본 법학자가 만든 만주국 민법이다. 이 민법은 '전체주의 사상'에 입각하여 만든 것이고, 그중 일부는 우리 민법에도 영향을 미친 바 있다. 고구치 히코타 (2003). "일본 통치하의 만주국의 법". 〈법사학연구〉, 27권, 1 이하를 보면, '전체주의 사상'에 물든 '성실'하고 '유능'한 한 학자가 인류에 얼마나 큰 해악을 입힐 수 있는지, 그리고 그것이 현대에까지 얼마나 큰 영향을 미칠 수 있는지 짐작할 수 있다.

9  나치 치하의 독일뿐만 아니라 미국에서도 장애인 대상 불임시술이 널리 확산된 것은 Harrington, A. (2019). *Mind Fixers: Psychiatry's Troubled Search for the Biology of Mental Illness*. Norton. pp. 49~55 참조.

10  나치 정권 초기 유대인에 대한 차별은 민사거래에까지 영향을 미쳤다. 당시 독일 대법원은 임차인이 유대인이라는 이유로 임대인이 임대차계약을 해지하는 것을 허용했다. 제철웅(2017). "민사법과 인권". 〈인권과 정의〉 369호, 52 이하 참조.

있던 사회집단에 의해 주도되고, 수행되었다. 그 과정에서 수많은 평범한 시민들이 '인간의 도구화'를 묵묵히 수행하는 모습에 충격을 받은 집단과 단체는 세계대전 이후의 질서는 '인간으로서의 권리', 즉 인권이 국제적인 규범이 되어야 한다고 목소리를 높였다.[11]

## 전후 세계질서와 소수자 인권의 등장

2차 세계대전이 끝난 뒤 승전국들은 또 다시 이런 전쟁이 재발하지 않도록 하는 것, 즉 평화에 깊은 관심을 갖게 되었다. 이들은 세계대전의 원인을 제거하기 위해 내정불간섭, 즉 승전국인 강대국의 힘에 의한 세계평화의 보장을 전후 정치질서로 합의했다.[12] 또한 무역에서 관세 외의 장벽을 폐지하기 위한 목적으로 미국과 영국이 주도한 GATT 체제를 전후 경제질서로 정착시켰다. 전후 세계평화를 보장하기 위해 승전국들은 자신들의 이해관계를 반영하여 막대한 권한을 가진 안전보장이사회를 가진 국제연합(UN)을 창설했고, 자유무역을 보장하는 GATT와 국제통화기금(IMF) 체계를 발족했다. GATT는 그 후 세계무역기구(WTO)로 발전하면서 자유로운 무역을 핵심 축으로 하는 전후 국제질서의 체제가 완결되었다. UN은 총회와 사무총장을 수반으로 하는 사무국을 주요 기관으로 했다.

---

11  Rehman, J. (2010). *International Human Rights Law* (2nd edition). Pearson. pp. 28~29 참조.

12  UN 헌장 제2조 제7항의 내정불간섭, 제23조 제1항의 안전보장이사회 상임이사국, 제108조의 헌장개정에서의 상임이사국의 권한 등이 이를 잘 보여 준다.

그러나 인권이 전후 국제질서에서 점하는 비중은 크지 않았다.[13] 이에 인권이 전후의 국제규범이 되어야 한다고 주창해 왔던 민간단체들은 규범력 있는 인권조약을 마련하기 위해 노력했다. 그런 움직임 끝에 인권단체의 목소리도 UN 헌장에 부분적으로 반영되었다. 그중 가장 중요한 성과의 하나가 UN 내에 경제사회이사회(The Economic and Social Council)를 설치하도록 한 것, 그리고 경제사회이사회의 주요 과제 중 하나로 인권의 존중과 증진을 설정한 것이었다(〈UN 헌장〉 제62조 제2항). 경제사회이사회는 규범력 있는 인권조약 초안을 작성하여 UN 총회에 제출할 권한과(동조 제3항), 나아가 경제, 사회의 영역에서 그리고 인권증진을 위한 위원회를 설립할 권한을 갖게 되었다(제68조). 경제사회이사회는 1946년 인권위원회와 여성지위위원회를 하부 위원회로 설립했다. 2006년에는 인권이사회가 설립되면서 인권위원회를 대체했다. 이로써 인권이사회는 경제사회이사회의 하부 위원회의 지위에서 총회 소속 이사회로 승격되어, 경제사회이사회가 아니라 총회에 직접 권고하고 보고할 권한을 갖게 되었다.[14]

경제사회이사회는 인권 가치의 선언과 그 선언에 규범력을 부여하는 인권조약의 제정을 가장 중요한 과제 중 하나로 삼았다. 전자는 세계인권선언으로 귀결되었다. 세계인권선언은 흔히 말하는 1세대 인권(시민적 인권과 정치적 인권), 2세대 인권(경제적 인권, 사회적 인권, 문화적 인권), 3세대 인권(단체로서의 인권)이 모두 포함된 선언이다.[15] 이 선언을

---

13 UN 헌장에서 인권의 비중이 약했던 것이 이를 잘 보여 준다. Rehman, J. 앞의 책. pp. 30 ~31.
14 그 발전과정은 위의 책. pp. 46~71 참조.

이정표로 삼아 그 내용을 구체화하여 국제조약으로 발전시키는 것이 그 다음의 과제가 되었다. 이후 시민적 정치적 권리를 규정한 B 인권규약, 경제적, 사회적, 문화적 권리를 규정한 A 인권규약이 제정되었다.[16]

그러나 규범력 있는 조약인 인권규약에도 불구하고 사회적 영향력의 면에서 소수집단에게는 인권이 보장되지 않는 문제가 지속되었다. '문화적 전통', '역사적 전통'이라는 이름으로 이들의 인권이 무시되기 일쑤였다. 그렇게 해서 이른바 3세대 인권으로 지칭되는 사회적 소수집단의 인권 보장을 골자로 하는 인권조약이 제정되었다.[17] 대표적인 것이 여성(〈여성차별철폐협약〉), 아동(〈아동권리협약〉), 장애인(〈장애인권리협약〉)이었다.

남성중심주의가 뿌리 깊은 대다수의 국가에서 여성차별의 제도화는 당연시되었다. 여성은 혼인생활에서 차별받고, 고용에서도 차별받으며, 사회활동에서도 차별받고, 정치 영역에서도 차별받았다. 흔히 여성차별을 정당화하는 근거로 '능력주의'를 내세우는데, 차별적 환경에서 자라고 생존하는 여성이 우대받고 존중받는 환경에서 성장하는 남성보다 능력이 떨어지지 않는다면 그것이 더 이상한 일일 것이다. 남성과 여성은 출생 이후 서로 다른 출발점에 서서 다른 환경에서 성장한다. 여성은 가정에서 사회에 이르기까지 불리한 환경에 놓여 있기 때문에 '능력' 중심주의는 차별을 정당화하는 이데올로기에 불과하다. 여성차별의 철폐는 '역사', '문화'라는 미명하에 지속되는 불평등을 없애고자 한다.[18]

---

15  위의 책. pp. 75~83 참조.
16  위의 책. pp. 84~92 참조.
17  위의 책. pp. 401~413 참조.

전통적으로 아동 역시 사회적 영향력의 면에서는 존재하지 않는 집단과 다를 바 없었다. 사회제도가 아동을 부모의 소유물로 인식하도록 유도했기 때문이다. 이는 아동을 권리의 주체가 아니라 보호의 대상으로만 보는 사회제도를 정당화하는 이데올로기를 만들어 냈다. '보호'는 역설적이게도 '아동' 중심이 아니라 '보호자' 중심의 사회질서를 정당화한다. 발달하는 과정에 있는 아동에게는 특별한 보호가 필요하지만 균형 있는 국가개입이 문제였다. 아동 보호를 위한 국가의 과도한 개입(특히 선진국의 경우)이나 과소개입 모두 문제가 된다. 아동 역시 한 사람의 인간으로 존중받아야 하고, 권리의 주체이지 보호의 객체가 아니라는 점에서 이를 보장하는 인권조약이 필요했다.[19]

또 다른 사회적 소수집단은 장애인이다. 장애인을 사회의 주체적 구성원이라기보다는 보호의 대상으로 간주하는 사회제도는 장애인이 사회적으로 무능한 존재라는 인식을 강화하여 장애인의 삶에 질곡으로 작용한다. 장애인의 사회활동 참여에 대한 제도적 배제가 그 예이다.

사회적 소수집단을 위한 인권조약은 이들이 평등하게 대우받고 차별받지 않을 권리가 보장되지 않았다는 점에 주목했다.[20] 사회적 영향력의 측면에서 소수집단인 이들의 인권은 특별한 지원 없이는 보장될 수 없었기에 A, B 인권규약에도 불구하고 새로운 인권조약이 필요했던 것이다. 이 인권조약의 핵심은 '평등과 차별금지'이며, 이들을 위한 정당한 편의제공이 개인적으로, 그리고 제도적으로 보장되어야 한다는 것이다.[21]

---

18 위의 책. pp. 511~535 참조.
19 위의 책. pp. 555~559 참조.
20 Rehman, J. 앞의 책. pp. 600~625 참조.

## 표 3-1 소수집단 인권조약의 특징

| | |
|---|---|
| 평등과<br>차별금지 | • 법 앞에서의 평등: 기존의 법적 권리와 의무에 있어서 평등하게 처우를 받아야 함.<br>• 법 아래에서의 평등: 정책 입안을 통한 법제정 또는 법 개정에서도 평등하게<br>　처우를 받아야 함. |
| 정당한<br>편의 제공 | • 차별적 처우가 되지 않도록 추가적인 편의를 제공하는 것. 다만 편익을 제공하기<br>　위해 과다한 비용이 소요될 경우에는 편의 제공의 '정당성'이 부정될 수 있음.<br>　현재 즉시 실현되어야 할 권리로 인정. |
| 접근권* | • 시설, 정보, 절차 등에 대한 접근성을 높이기 위해 사회환경을 개선하는 것<br>　(엘리베이터 설치, 점자 도서의 구비 등등).<br>　장래의 개선을 청구할 수 있는 권리로 인정. |

*주: 정당한 편의는 자유권적 권리인 평등권의 한 내용인 데 반해, 접근권은 사회적 권리이다.

# 노인인권 등장

사회의 고령화

노인 인구가 많지 않고, 기대수명도 높지 않은 사회에서는 노인은 존중
받는 존재였다. 그러나 선진국뿐만 아니라 개발도상국에서도 노인 인
구가 급격히 증가하면서 고령화가 사회에 큰 부담이 되기 시작했다. 생
산활동인구의 감소와 기대수명의 연장으로 연금부담과 건강보험의 문
제가 대두되었다. 또 다른 문제로는 생산활동에 참여하지 않는 노인층
에 상대적으로 부가 집중되고, 부의 이전이 예전보다 늦어지게 되었
다.[22] 기대수명이 높지 않고 노인의 수가 많지 않을 때에는 노인의 부

---

21  위의 책. pp. 402~403 참조.

22  1990년대 미국에서 노인 대상 학대가 급증하였는데(1994년부터 2000년 사이 61%가 증
　가), 50세 이상 인구가 미국 개인의 부의 70%를 점하고, 65세 이상 노인이 금융기관에 맡
　긴 개인 금융재산의 70%를 점하는 것이 노인학대 증가와 연계되어 있다고 한다. Brandle,
　B. et al. (2007). *Elder Abuse Detection and Intervention.* Springer. pp. 47~48 참조.

는 사망으로 머지않아 장년층 자녀에게로 이전될 것이라는 기대가 있었기 때문에 노인은 생전 분재를 활발하게 했다. 그러나 고령사회에서는 생전 분재를 하는 경우가 드물어지면서, 그만큼 노인의 부가 다음 세대로 이전되는 시기가 늦어진다.

이런 사회환경의 변화는 노인에 대한 부정적 사회인식이 확산되는 배경이다.[23] 부유한 유대인들이 사회적 혐오의 대상이 되었던 전체주의 시대처럼 집단으로서의 노인을 차별하는 사회적 인식이 확산되기 쉬운 환경이 되었다는 것이다. 또한 고령사회에서는 사회적 돌봄이 필요한 노인이 증가하기 때문에 이들에게 적절한 돌봄을 제공하는 것에 대한 부정적 인식이 확산되기 쉽다. 그 결과 노인의 착취와 학대의 증가에도 소극적으로 대응하는 사회적 분위기가 자리 잡는다.[24] 인구가 늘어난 노인이 오히려 사회적 소수집단으로 전락하여 차별의 대상이 되는 것이다. 노인인권에 대한 국제적 논의는 이러한 배경에서 나왔다. 노인을 새로운 '소수그룹'으로 인식하여 이들을 인권을 가진 주체로서 자리매김하게 하고, 사회의 다른 구성원과 동등하게 평등한 대우를 하며, 차별을 폐지해야 할 필요성이 그 어느 때보다 높아졌다.

---

23  노인 관련 부정적 정보(노인빈곤, 질병, 고립 등)가 노인에 대한 부정적 인식을 확산시키는 요인이 되기도 한다는 지적으로는 Herring, J. (2009). *Older People in Law and Society*. Oxford University Press. pp. 15~18 참조.

24  노인학대 빈도를 국제적으로 비교 조사한 자료에 따르면 지역사회 거주 노인의 학대는 2.5%(아일랜드)에서 44.6%(스페인)에 이르기까지 다양하다. 인지능력이 떨어지는 노인에 대한 학대는 더욱 심각하다. Dong, X. ed. (2017). *Elder Abuse*. Springer. pp. 45~63. 우리나라에 노인학대로 신고된 건수는 2021년 19,000여 건, 노인학대 판정건수는 6,774건이다(보건복지부, 2021 노인학대현황보고서). 2021년 약 850만 명의 고령인구 중 0.8%가 학대를 받고 있다는 것은 노인학대가 과소인정되는 것으로 볼 수 있다.

노인인권의 핵심은 모든 인권이 그러하듯이 평등과 차별금지이다. 한 사람의 인간으로서 평등한 대우를 받고 차별을 받지 않을 때 비로소 사람은 소속감과 자기 존재에 대한 자긍심을 느낄 수 있기 때문이다. 또한 모든 인간은 자신의 영역에 대해 자신이 주인으로서 주권을 가질 수 있어야 한다. 그것이 자기결정권이다. 국가가 자기 영토에 주권을 갖듯이, 개인 역시 자기 영역에 주권을 가질 수 있어야 한다.[25] '자기결정권'이 인권의 핵심으로 언급되는 것은 바로 이 때문이다.

그러나 노인은 질병, 장애, 고령 등으로 자기결정권을 행사하면서 살아가기 힘든 경우가 많다. 신체적·정신적 상태를 이유로 노인을 보호의 대상으로 삼는 것은 노인의 인권을 침해할 수 있다. 오히려 자기결정권을 행사할 수 있도록 지원하는 것이 그를 한 인간으로 존중하는 길이다.[26] 나아가 노인이 자신의 노무와 재산으로 사회생활을 하기 어려울 때에는 적절한 사회보장제도의 지원을 받아야 한다. 이 지원은 시설에 수용되어 생활하는 형태로 제공되어서는 안 되며, 지역사회에서 독립적으로 생활하는 것을 보장하면서 제공되어야 한다. 여기서 독립생활이란 '자기결정권의 행사'를 통해 자기 결정하에 필요한 자원을 지원받으면서 생활한다는 의미이다.

〈표 3-2〉의 왼쪽 칼럼 내용이 개인적 차원의 노인인권 존중의 구체

---

25  자율성(*autonomy*)의 개념은 그리스 도시국가의 자치권에서 유래하여 오늘날 인권의 개념으로 발전하였다. 이에 대해서는 Donnelly, M. (2010). *Health Care Decision-Making and the Law*. Cambridge University Press. pp. 10~11 참조.

26  자율성 및 자기결정권의 근대적·현대적 의미의 차이는 다음 항에서 따로 설명한다.

**표 3-2 노인인권을 위한 사회적 실천의 예시**

| 개인적 차원의 구체화 | 사회적 차원의 구체화 |
|---|---|
| • 평등과 차별금지 | • 고용에서의 연령차별의 폐지<br>• 정보에 대한 알기 쉬운 설명의 요구 |
| • 자기결정권 행사의 존중 | • 민사대리권의 제도화(등록 민사대리권)<br>• 연명의료결정서 등록 |
| • 의사결정 지원 | • 개인의 필요에 맞춘 후견제도의 정비 등 |
| • 사회보장제도의 정비 | • 개인맞춤형 장기요양제도 등 |
| • 지역사회 독립생활의 보장 | • 탈시설<br>• 지역사회 기반 돌봄제도의 확산 |

적 모습이라면, 오른쪽 칼럼은 선진국에서 노인인권 존중 실현을 위해 취한 사회제도 개혁을 예시한 것이다. 평등과 차별금지를 위해 고용에 서의 연령차별을 폐지한 것이 대표적이다.[27] 취업자격에서 연령 제한 을 없애고, 정년제도도 없애는 것이다. 정보접근성을 높이기 위해 공 공기관의 정보를 알기 쉽게 설명하는 문서를 도입하는 것도 그 예이다.

민사대리권 등록제도와 연명의료결정서 등록제도의 도입도 확산되 고 있다.[28] 전통적으로 후견은 정신질환자를 정신병원이나 요양소에 감금하고 이들의 재산과 신상을 후견인이 관리하는 제도였으나, 자기

---

[27] 취업에서의 차별금지는 노인차별금지의 매우 중요한 의제 중 하나이다. 가령 영국은 2010 년의 〈평등법〉(The Equality Act)에서 고용에서 연령차별을 금지하였는데, 우리는 〈고 용상 연령차별금지 및 고령자고용촉진에 관한 법률〉을 두고 있음에도 불구하고 정년을 60 세 이상으로 정하도록 하는 것(동법 제 19조)에 그치고 있다.

[28] 지속적 대리권(*enduring power of attorney*)는 고령인구의 증가와 불가분적으로 연결되어 있다.

결정권을 오랫동안 행사해 왔던 개인이 노인이 되어 판단능력이 떨어진 다고 후견을 개시하는 것은 본인이나 가족에게 큰 충격으로 다가올 수 있다. 이것에 대한 대응으로 판단능력이 떨어지거나 없어졌을 때에도 자신의 삶을 자기가 결정할 수 있게 미리 대리인을 정하여 그로 하여금 사무를 처리하고 미래의 법적 준비를 할 수 있도록 지원하는 것이다. 판단능력이 없어지면 대리권도 자동 소멸되는 영국, 미국 등과 같은 영미법국가29에서도 이런 민사대리권을 허용하였고, 판단능력이 없더라 도 대리권이 자동 소멸하지 않는 독일과 같은 나라에서는 등록제도를 활성화하여 민사대리권 사용이 용이하도록 지원했다. 30

후견제도 역시 개인 맞춤형으로 필요한 사무를 처리할 권한의 범위 에서 필요한 기간 동안 활용하도록 하고, 후견제도의 이용이 선거권 박 탈이나 여타 결격조항과 연계되지 않도록 제도를 개혁해 왔다. 31 나아 가 장기요양제도의 도입은 돌봄에 드는 개인의 비용 부담을 완화해 주 었다. 무엇보다도 중요한 것은 요양시설에 입소시키는 것이 아니라 최 대한 오랫동안 지역사회에서 생활하면서 돌봄을 제공받을 수 있게 제도 를 개혁해 가고 있다.

---

29  보통법 국가에서는 본인이 의사무능력 상태가 되면 대리권이 소멸하기 때문에 이를 극복
하기 위해 별도의 입법을 통해 의사무능력 상태에서도 유효한 지속적 대리권 제도를 도입
했다는 것에 대해서는 제철웅(2010). "영국법에서 의사결정무능력 성인의 보호제도의
역사적 전개와 2005년의 정신능력법의 특징". 〈비교사법〉, 17권 4호, 215~278 참조.
30  연방등록소에 지속적 대리권(Vorsorgevollmacht)을 등록할 수 있다. 대리권등록 전에 지
방자치단체의 성인지원관청(Betreuungsbehörde)이 본인이 작성하였음을 인증해 줌으로
써 등록을 용이하게 하고 있다.
31  이에 관하여는 제철웅(2014). "유엔 장애인권리협약의 관점에서 본 한국 성년후견제도
의 현재와 미래". 〈가족법연구〉, 28권 2호, 225 이하 참조.

## 노인인권 존중의 사회적 의미

노인인권의 존중은 그 사회적 효과가 노인에게만 한정되지 않는다. 생산활동을 하지 않고, 또 타인의 돌봄을 필요로 하는 사람이라도 사회의 구성원으로서 똑같이 존중받아야 한다는 가치는 능력주의의 사회적 폐해를 완화하는 데 효과가 있다.[32] 능력이 있다는 것과 능력 있는 사람만이 사회적으로 존중받을 가치가 있다는 것은 전혀 별개인데, 이를 혼동하는 경우가 적지 않다. 능력주의는 사람을 하나의 잣대로 비교하고, 타인보다 못한 능력을 가진 사람이 자신을 부끄러워하게 만들고, 그와 가까운 가족(부모, 자녀, 배우자 등)이 그를 비난하게 만들어 인간관계를 황폐화한다. 인간은 제각기 다른 능력과 개성, 특성을 갖고 하나의 공동체 안에서 협력하면서 살아가야 한다는 가치를 또 다른 소수집단인 노인인권 보장을 통해 실현할 수 있다.

무엇보다 중요한 것은 모든 개인의 자기결정권을 존중하는 사회환경을 조성하는 데 노인인권 보장이 큰 영향을 미칠 수 있다는 것이다. 나아가 돌봄이 필요하고 살아갈 날이 얼마 남지 않은 노인도 인간적인 돌봄을 받을 권리가 있다는 점을 인식하는 것이 생산성이 없는 사람들의 돌봄에 지출되는 재정적 지원을 줄이려는 사회적 인식을 바꾸는 데 도움이 될 것이다.

끝으로 판단능력이 없는 사람도 자기결정권을 행사할 수 있게 의사결정 지원을 제도화하고 실천하면 인간에 대해 더 깊이 이해할 수 있는

---

32  연령차별주의와 능력주의의 폐해는 Herring, J. 앞의 책. pp. 13~33 참조.

**표 3-3 노인인권 존중의 긍정적 사회적 효과**

| 구분 | 효과 |
|------|------|
| 연령차별주의의 폐해 예방 및 완화 | '장년', '능력' 위주의 차별적 사회환경의 개선은 다수의 시민에게 직접 혜택이 돌아감 |
| 자기결정권의 존중 | 노인이 자기 재산을 최대한 사용할 수 있도록 함으로써 소비활동을 촉진하고, 노인학대로 취득한 재산에 기초한 경제활동의 폐해를 방지 |
| 인간 중심의 돌봄 | 효율성이 아니라 개인의 욕구와 바람을 기준으로 돌봄서비스를 제공함으로써 인간 중심의 사회를 만드는 데 기여 |
| 치매 등 판단능력이 떨어지는 사람에 대한 의사결정 지원 | 인간의 이해를 심화하는 데 기여 |

사회환경이 조성될 것이다. 이런 사회환경이 조성되어야 인간에 대한 새로운 자연과학적, 사회과학적, 인문과학적 발견과 발명이 등장하면서 인간의 삶은 더욱 풍요롭게 발전할 것이다.

정신질환자를 병원에 감금하는 것을 불법화하지 않았다면 새로운 정신과 약물의 개발은 늦추어지거나 이루어지지 않았을 것이고, 정신질환을 경험한 사람들의 목소리에 힘입은 자기결정권 존중과 지역사회 독립생활의 요구를 반영한 인권상황의 개선이 없었다면 사회적 관계의 개선이 인간의 인식에 미치는 영향을 찾아내는 뇌 과학의 진전은 늦추어지거나 이루어지지 않았을 것이다. 33 인권의 요구에 의해 치매환자의 인간적 돌봄, 탈시설이 확산되었기 때문에 치매에 인간적 돌봄이 가져

---

33 인권은 사회구성원인 인간의 존엄성 존중을 규범적으로 강제하기 때문에 인권친화적 자연과학의 발전에도 영향을 미친다. 인권친화적 정신질환치료와 관련하여 이런 주장을 하는 것으로 제철웅·박현정(2021). "아일랜드 후견제도의 개혁입법 — 의사결정 지원법을 중심으로". 〈민사법학〉, 95호, 383 이하 참조.

오는 긍정적 효과가 과학적으로 입증되고 치매에 대한 새로운 과학적 이해가 가능해졌다. 시설수용과 자기결정권 존중이 없었다면 치매환자의 '뇌의 화학물질'에만 집중하는 자연과학이 성행했을 것이다. 사회환경의 변화는 그 사회를 살아가는 시민만이 아니라 과학자, 정책입안자 모두의 행동양식을 변경하도록 유도함으로써 인간과 사회에 긍정적인 변화를 준다.

# 자율성, 의사능력 그리고 의사결정 지원

## 근대적 개념으로서의 자율성과 의사능력

### 자율성

앞서 언급한 것처럼 자율성(*autonomy*)은 그리스 도시국가의 자치권에서 유래했다. 〈UN 헌장〉제1조 제2항에서도 '인민의 평등권과 자기결정권 존중'에 기반하여 평화로운 국제질서를 발전시켜 나가야 한다고 규정했는데, 여기서 언급된 '평등과 자기결정권'이 바로 국가의 자율성을 의미한다. 이후 '자율성'은 개인의 인권의 영역으로 확장되었다. 〈세계인권선언〉제1조에서 '모든 인간은 존엄과 권리에서 자유롭고 평등하다'고 규정하는 것도 바로 개인의 '자율성'을 의미한다.

개인의 자기결정권을 핵심 내용으로 하는 '자율성'은 임마누엘 칸트의 의무론적 윤리(*deontological ethics*)와 존 스튜어트 밀의 공리주의적 자유론에 그 철학적 뿌리를 두고 있다. 칸트는 자율적인 개인을 전제하여 보편적 법칙의 원리를 설명하면서 제1 정언명령으로서 '나의 의지의 준칙이 보편적 입법의 원리로서 타당할 수 있도록 행동하라'고 제시했다. 칸트의 자율성은 자유로운 상태에서의 개인의 선택으로서, 그것이 만인이 선택할 수 있는 보편적인 입법이 되는 것을 의미한다.

이런 정언명령이 현실화되기 위해서는 개인의 자유, 개인의 합리적인 선택이 전제되어야 한다. 타인의 간섭을 받지 않은 상태에서 합리적인 개인의 자유로운 선택이 모두를 위한 입법이 될 수 있어야 하는 것이다. 이처럼 자율성은 '보편성'의 전제이자 그 출발점이 '개인'이라는 것이다. 칸트의 자율성은 적절한 도덕적 행동의 추동력에 관한 것이다. 합리적으로 사고하는 사람만이 자율적으로 행동할 수 있고, 정언명령에서 말하는 도덕적으로 행동하는 사람들이 자율적으로 행동하는 사람이라는 것이다.

이에 반해 밀은 도덕윤리가 아니라 다수의 행복이라는 관점에서 자율성의 문제를 다룬다. 밀은 '문명화된 사회의 구성원에 대해 그의 의사에 반하여 권력을 적법하게 행사할 수 있기 위한 유일한 근거는 타인에 대한 해악을 방지하기 위한 것'이라고 하였다. 또한 '개인의 행위 중 사회적 의미가 있는 것은 타인에 관련된 것이다. 자기 자신에 관한 것, 자신의 독립은 권리이자 절대적인 것이다. 자신의 몸과 마음, 즉 자신에 대한 것은 개인에게 주권이 있다'라고 하였다.

이처럼 밀은 공리주의의 관점에서 개인의 자유라는 원칙을 강조했다. '본질적으로 개인적인 것을 획일화하지 않고, 대신 타인의 권리와 이익으로 인해 설정된 한계의 틀 내에서 개인적인 것을 개발하고 발전시키는 것을 통해 인간은 고귀하고 아름다운 숙고의 목적이 될 수 있다'라고 함으로써 '개인의 자유'가 가져다줄 편익을 강조했다. 사람들 사이의 차이를 인정하면서 모든 사람이 행복과 도덕적 성장을 달성할 최선의 권리를 갖도록 하기 위해 개인의 자율성을 보장해야 한다는 것이다. 밀은 위험한 다리에 접근하는 사람을 예로 들면서 그에게 위험을 설명하면서 더 이상 접근하지 않도록 할 수는 있지만, 그 경고를 듣고도 그 다리로 더 가고자 한다면 이를 허용해야 한다고 주장한다.

그러나 개인의 자율성은 무한한 것이 아니다. 칸트는 정언명령에서 말하는 도덕윤리에 따라 행동하는 사람의 자율성을 전제하기 때문에 '자율성'에 높은 기준을 설정한다. 이에 반해 밀의 자율성 존중의 원칙은 통상의 이해력을 가진 성인을 전제한다. 아동이나 이해력이 없는 성인의 경우에는 자율성이 아니라 선의나 생명의 고귀함 등의 가치를 이유로 그의 신체나 정신에 개입하는 것이 허용된다는 것이다. 나아가 타인에 대한 해악을 막기 위해서도 개인의 자유에 개입할 수 있다고 한다. 이때의 기준은 어떤 개인의 행위가 타인에 대해 설정된 의무를 위반하는지 여부이다. 그 밖에는 개인의 자율성과 여타의 가치(선의, 생명의 고귀함 등)가 충돌할 때 개인의 자기결정권을 존중해야 한다는 것이다.

## 의사능력 · 의사무능력과 행위능력 · 행위무능력

근대 이후 우리나라를 포함한 대부분의 선진국에서는 모든 사람을 태어나는 순간부터 권리, 의무를 보유하는 주체로 인정한다. 그러나 권리, 의무의 주체라 하더라도 그 권리를 행사하거나 의무를 이행할 수 있다고 인정되는 것은 아니다. 자신이 보유한 권리를 행사하거나 의무를 이행할 수 있는 능력은 그 권리 또는 의무가 발생하게 된 원인이 계약일 때에는 계약능력이라고 하고, 가령 치료에서의 동의와 같은 경우에는 동의능력이라고 한다.

계약능력 또는 동의능력이 없는 사람이 하는 계약이나 동의는 법적으로 효력이 없는 것(무효)으로 인정되기 때문에 계약능력 또는 동의능력 없는 사람은 재화와 서비스를 조달받는 데 어려움이 생기게 된다. 물론 법률로써 그와 같은 상황에 있는 사람에게 재화와 서비스를 제공할 수도 있지만, 경쟁적 시장질서에 기반한 현대사회에서는 그와 같은 법률은 매우 제한된 경우에만 인정된다. 따라서 계약능력 및 동의능력이 없는 사람에게 재화와 서비스를 제공하기 위해서는, 또는 그 사람으로부터 재화와 서비스를 조달받기 위해서는 그 사람의 의사결정을 대신할 수 있는 법적 장치가 필요하다.

먼저 아동이 성인이 되기 이전 단계인 미성년 기간 동안 부모가 친권을 갖고 아동을 양육하면서 아동이 주체가 되는 계약이나 동의를 대신할 수 있다. 이른바 법정대리권을 갖는 것이다. 그런데 아동이 계약능력 또는 동의능력이 있는지에 관한 규범적 접근은 나라마다 상이하다.

가령 영국, 미국 등의 보통법 국가는 대체로 7세 이상의 아동은 그 아동의 이해능력이 미치는 범위에서 자신을 위한 계약을 체결할 수 있다고 인정하고 있다. 이것은 아동에게 필요한 내용의 물건이나 서비스(의료서비스 포함)를 제공받을 때 반대급부가 합리적 범위 내에 있다면 그 계약을 유효한 것으로 인정하고, 아동에게 그 비용을 지급할 의무를 부과하고 있다. [34]

이런 태도는 동시에 아동이 위법한 행위를 했을 경우 손해배상책임을 부담하는가에 대한 규범과도 밀접한 관련이 있다. 영국이나 미국의

---

[34] 영국은 우리나 독일과 같은 '민법전'이 없기 때문에 원칙적으로 판례에 의해 계약능력의 범위가 결정된다. 첫째, 아동의 생활에 필요한 물품에 관한 거래, 고용계약이 그 예이다. 물론 생필품의 범위는 물품의 유형과 미성년자의 환경을 고려해서 법원이 판단한다. 변호사계약이나 의료계약처럼 아동에게 편익을 제공하고 합리적으로 필요하다면 아동도 계약능력을 인정한다. 둘째, 부동산에 관한 권리 취득에 관한 계약능력도 인정된다. 다만, 아동이 미성년인 동안 구속되지 않겠다는 의사를 표시한 경우에는 그렇지 않다. 셋째, 그 밖의 유형의 계약은 아동이 성인이 되어 추인하지 않는 한 유효하지 않다. O'Sullivan, J., & Hilliard, J. (2006). *The law of contract.* Oxford. pp. 293~295.

경우에는 대체로 7세 이상의 아동이 불법행위를 한 경우 아동에게 불법행위책임을 부과할 수 있고, 부모 등 아동을 돌보는 사람은 아동 돌봄에 고의 또는 과실이 없다면 불법행위책임을 부담하지 않도록 하고 있다. 다만 아동이 범죄를 저지른 경우 형사책임을 지는가의 문제는 민사적으로 불법행위에 대해 손해배상책임을 부담하는가와는 다르게 처리하고 있다.

영국은 12세 미만의 아동을 형사미성년자로 인정하고 있으며, 미국의 많은 주는 10세 미만의 아동을 형사미성년자로 인정하고 있다. 형사책임을 지는 연령의 아동이 범죄를 저지른 경우 소년법원(Juvenile Court)에서 특별한 사정이 없으면 그 범죄(crimes)를 '비행'(delinquencies)으로 처리하여 보호관찰 등의 양육 관련 처분을 내리도록 한다. 범죄가 중한 경우에는 성인과 마찬가지로 형사사법절차에 따라 처벌하되 성인보다는 경한 처벌을 하기도 한다. [35]

한편 길릭(Gillick) 사건 이후 아동의 신상에 중대한 영향을 미치는 의료행위인 경우 아동이 치료의 내용과 그 효과를 이해할 수 있다면 연령과 관계없이 스스로 결정할 수 있도록 하고 있다. 그런데 아동이 스스로 계약을 체결하거나 의료동의를 할 수 있는데 부모가 아동에 대해 아무런 영향력을 행사할 수 없다면 아동양육에 큰 장애가 생길 수 있다. 이런 이유로 부모의 양육역량의 범위를 벗어난 아동에 대해서는 법원이 개입하여 재판으로 부모의 아동양육을 지원하기 위한 조치를 내리기도

---

35 친권자의 양육방침을 어기는 아동의 경우 신분위반(Status Offense)으로 소년법원에 송치될 수 있다.

한다. 가령 미국에서는 아동의 경우 아동이라는 신분으로 인해 준수하여야 할 법규범을 두고 있는데 이를 위반한 경우 신분위반이라고 한다. 아동이 음주, 무단결석 등 아동 신분에 맞지 않는다고 판단되는 행동을 하면 소년법원에서 적절한 제재를 가함으로써 아동이 공동체 친화적인 성인으로 성장할 수 있도록 양육하는 데 필요한 처분을 하고 있다.

이에 반해 독일을 비롯한 대륙법 계통의 나라는 아동에게 의사능력이 있다고 하더라도 7세 미만의 아동은 절대적으로 의사능력이 없는 것으로 간주하고(〈행위무능력자제도〉), 7세 이상 18세 미만의 아동은 의사능력에 제한을 둔다(〈행위능력제한제도〉). 독일은 행위능력을 제한하는 대신 아동의 행위능력제한을 풀어 주는 사안을 열거하는 제도를 취하고 있다. 대표적인 것으로 민법 또는 사회보장법에서 근로계약체결, 용돈의 처분, 아동에게 법적으로 부담이 생기지 않는 법률행위, 사회보장급여의 신청과 수령(15세 이상) 등에서 행위능력제한을 풀고 있다. 그러나 아동이 불법행위를 한 경우 그 아동에게 불법행위책임을 부담하도록 하고(대체로 7세 이상), 부모 등 아동 돌봄에 책임이 있는 자는 아동 돌봄에 고의과실이 없으면 불법행위책임을 지우지 않는다는 점에서는 영국이나 미국과 유사하다.

이렇게 보면 영국이나 미국은 개개인이 의사능력이 있는가를 중심으로 계약능력이나 동의능력을 인정하는 반면, 독일법 계통의 나라에서는 개개인이 의사능력이 있더라도 의사능력이 없는 것처럼 간주하거나 의사능력을 제한하는 법 규정을 두고 있다. 전자를 '행위무능력' 또는 '제한행위능력'이라고 한다.

반면 성인의 경우에는 영국이나 미국과 같은 보통법 국가에서도 정신병원에 비자의입원한 환자에 대해서는 의사능력이 있는지와 무관하게 계약능력이나 동의능력을 박탈하는 제도를 오랫동안 유지해 왔다. 의사능력이 있음에도 불구하고 계약이나 동의를 할 능력을 박탈하는 것은 로마법 이래 '정신질환자'에 대해 후견을 개시하여 사회생활 참여를 배제하던 전통에 뿌리를 둔 것으로 보인다.

성년후견(cura)의 원조라 할 수 있는 로마법에서 후견인은 피후견인의 재산과 신상 전부를 사실상 그리고 법적으로 돌볼 권한을 가졌다. 로마법의 〈12표법〉에서는 광란자(furiósus)의 재산과 신상은 남계 최근친(proximus agnatus)의 관리하에 들어가고, 최근친이 없을 때는 동일한 성씨를 가진 씨족(gens) 중 남계 최근친남의 관리하에 들어갔다.[36] 그러나 2세기 중반에 이르러서는 점차 후견은 공적 의무로 인식되어 법무관이 후견인을 선임하는 것으로 전환되었다.[37] 물론 재산과 신상을 관리하는 권한은 그대로 유지되었다. 후견이 개시되면 계약을 체결하거나 동의할 수 있는 능력이 박탈되는 셈이다.

이런 전통이 영국, 미국, 캐나다, 아일랜드 등의 보통법 국가에서는 오랫동안 이어져 왔다. 영국에서는 정신병원에 비자의입원을 하게 되면 법원이 후견인이 되어 환자의 재산과 신상을 관리했다. 법원이 직접 정신질환자를 위한 재산을 관리할 수 없기 때문에 수령인(receiver)이라는 직책의 재산관리인을 별도로 지정하여 그의 재산을 관리하도록 했다.

한편 독일에서는 자유로운 의사결정을 배제하는 병적인 상태에 있는

---

36 킴벌리 데이튼(2017). 《세계의 후견제도》. 제철웅 외 역. 율곡출판사. 2면 이하 참조.
37 위의 책. 8면 이하 참조.

사람의 경우 그 상태가 일시적이지 않다면 계약이나 동의 등의 법적인 행위를 할 수 없는 행위무능력으로 인정하는 제도를 유지했다(독일 〈민법〉 제104조). 이 역시 정신질환자를 사회활동에 참여하지 못하도록 한 전통에 뿌리를 두고 있다. '자유로운' 의사결정은 '합리적'인 의사결정을 의미하기 때문에 가령 객관적으로 볼 때 치매 등의 정신질환이 지속되어 비합리적인 의사결정을 할 수 있는 상태라고 평가되면, 어떤 한 순간 의사결정을 하는데 어려움이 없더라도 그의 의사결정은 행위무능력자가 했기 때문에 당연히 무효가 된다.

그러나 정신질환자에 대한 이런 차별적인 제도는 영국의 경우 2005년 〈정신능력법〉(The Mental Capacity Act)이 제정되면서 사라졌다. 즉, 정신질환으로 비자의입원을 했더라도 의사능력이 없는 경우에만 계약능력이나 동의능력이 없다고 인정되는 것이다. 물론 정신질환자의 동의 없는 입원이나 치료는 1983년 〈정신보건법〉의 강제입원, 강제치료의 요건이 충족될 때 가능하고, 이것은 의사능력과는 무관하게 처리된다.

반면 독일의 경우 1990년 〈성년후견제도〉가 새롭게 도입되면서 의사능력이 있는 성인이라 하더라도 계약이나 동의를 할 수 있는 능력을 제한할 수 있도록 하는 제도를 유지하였다. 후견이 개시되면서 후견인의 동의를 받도록 한 경우, 모든 사무에 관하여 후견인이 대리권한을 가지도록 판결한 경우에는 피후견인은 의사능력이 있더라도 행위능력이 제한되거나(동의권이 유보된 경우), 행위능력이 없었다. 이런 제도는 2023년 1월 1일부터 시행된 새로운 〈성년후견법〉에서는 부분적으로 개선되었다. 피후견인을 행위무능력자로 만드는 제도는 사라졌고, 행위능력을 제한하는 제도는 후견인의 권한을 수정한 상태에서 그대로 유지된다. 독일의 행위능력제한 제도는 결국 피후견인인 성인의 의사결정이 '합리적'이지 않기 때문에 후견인의 동의 없이 단독으로 유효하게 할 수 없다는 관념에서 기인한 것이다.

독일에서는 의사능력이 있으나 합리적인 의사결정을 하지 못하는 성인, 그리고 의사능력이 없는 성인의 두 부류를 국가가 보호하기 위해 넓게 개입하고 있음을 알 수 있다. 아래에서는 의사능력이 없는 성인이나 합리적 의사결정을 할 수 없는 성인의 보호를 위한 제도적 장치를 살펴본다.

### 의사능력이 없거나 합리적 의사결정을 할 수 없는 성인의 보호를 위한 법제도

스스로 계약을 체결할 의사능력이 없거나 동의를 할 능력이 없는 성인은 현대사회를 살아가는 데 불가결한 재화와 서비스를 얻기 위해 필요한 타인과의 관계형성에 어려움을 겪을 수 있다. 또 자신이 보유한 재화를 타인에게 빼앗길 위험도 커진다. 나아가 이들에게 귀속된 재화(그 법적 표현인 권리)의 사회적 유통도 어려워진다. 의사능력이 없는 성인의 문제는 개인만의 문제가 아니라 사회적 문제이기도 하다. 의사능력이 없는 성인이 직면한 이런 곤란을 벗어날 수 있는 합법적인 방법으로 현대사회에서는 대체로 다음과 같은 3가지가 있다.

첫째, 뇌 사고, 질병, 치매 등과 같이 우연적 사건으로 인한 의사능력의 상실을 우려할 경우라면, 본인의 사회생활에 필요한 권리행사와 의무이행에 필요한 의사결정을 대행할 수 있는 권한, 즉 지속적 대리권[38]을 그 사건이 발생하기 이전에 타인에게 수여할 수 있다. 우리나라에서는 일상생활에서 일회적 대리권을 부여하고 이를 사용하는 경우는 빈번하게 있지만,[39] 다른 사람에게 지속적으로 대리권을 행사하도록 권한을 부여하는 경우(지속적 대리권)는 드문 편이다. 그러나 상가 건물 소유자가 관리업자에게 건물 수리나 임대차 관련 업무를 자신을 대신하여 처리하도록 맡길 때 일회적 대리권이 아니라 지속적으로 일정 범위의 권한을 행사하도록 대리권을 주는 경우는 있다.

그런데 영국이나 미국과 같은 보통법 국가에서는 대리권을 준 본인이 의사능력을 상실하는 경우 그 대리권도 효력을 상실하는 법이 오랫동안 유지되었다. 그러나 자기결정권 존중에 대한 인식이 확대되면서 본인의 의사능력이 없어지기 전 '장차 의사능력이 상실된 이후에도 대리권의 효력이 그대로 유지되도록 하겠다'는 본인의 의사가 명료하게 표시된 경우 그 대리권을 무효로 할 이유가 없다는 인식도 확산되었다.

이런 인식이 확산되면서 영국은 1985년 〈지속적 대리권법〉(The Enduring Power of Attorney Act)을 제정하여 재산관리에 관하여 미리 대리권을 수여한 경우 본인의 의사능력이 없어진 시점에서 그 대리권을

---

38  여기서의 지속적 대리권은 일회적인 대리권이 아니라, 일정 기간 동안(때에 따라서는 본인의 사망 시점까지) 계속적, 반복적으로 대리할 수 있는 권한을 의미하는 것으로 본다. 계속적, 반복적으로 법률행위를 대리할 권한을 부여하는 것은 실무적으로도 활용된다. 특정 직책을 가진 법인의 직원이 이사로부터 대리권을 수여받아 계속적, 반복적으로 그 법인을 대리하는 것, 수임인인 재산관리인(가령 변호사, 법무사, 공인중개사, 세무사 등)이 관리할 재산에 관하여 계속적, 반복적으로 본인을 대리하는 것 등이 그 예이다.

39  위임장을 작성해서 부동산등기를 하도록 하거나, 부동산 매매계약 또는 임대차계약을 타인으로 하여금 체결하도록 대리권을 부여하는 것이 그 예이다.

등록하여 대리인이 본인을 대신하여 재산관리에 관한 의사결정을 대신할 수 있도록 하였다. 그 후 대리권을 재산관리만이 아니라 의료계약이나 의료동의 등에도 활용할 수 있도록 해야 한다는 인식이 확산되면서 영국은 2005년 〈정신능력법〉(The Mental Capacity Act)을 제정하여 의사능력이 없어지기 전이라도 영속적 대리권을 등록하여 대리인이 재산관리 및 신상보호의 영역에서 본인 대신 의사결정을 대리할 수 있도록 하였다. 이런 제도는 영국만이 아니라 1980년대 후반 미국, 캐나다, 호주, 아일랜드 등 다수의 보통법 국가에 확산되었다.

한편 독일과 같은 나라는 본인의 의사능력이 없어지더라도 대리권이 소멸하지 않는 법을 가지고 있었다. 보통법 국가에서 지속적 대리권 제도가 확산되면서 독일에서도 의사능력이 없어진 시점에서도 본인이 정한 대리인이 본인의 의사결정을 대리할 수 있게 대리권을 미리 수여하는 방법이 널리 활용되기 시작하였다. 의사능력이 없어지는 시점 또는 어떤 장래의 사건이 생겼을 때 활용할 수 있도록 한다는 점에서 이를 '장래 대리권'이라고 한다. 그 대리권의 증명을 용이하도록 하기 위해 지방자치단체(이하 지자체) 사회복지부서에서 대리권이 유효하게 작성되었음을 인증받을 수도 있고, 또 연방 중앙등록소에 등록할 수도 있다.

이런 지속적 대리권 제도는 우리나라에서도 사용할 수 있다. 민법은 본인의 의사무능력이 이미 수여한 대리권의 존속에 영향을 미치지 않도록 하기 때문에(민법 제127조), 40 본인이 대리권을 준 시점만이 아니라

---

40 우리나라와 달리 보통법에서는 본인의 의사무능력이 대리권 소멸 사유에 해당된다. 후견 제도와 관련하여 이 문제를 다루는 것으로는 제철웅. "영국법에서 의사결정무능력 성인의 보호제도의 역사적 전개와 2005년의 정신능력법의 특징". 〈비교사법〉, 17권 4호, 218

장래 의사능력이 없어진 시점에서도 유효하게 본인의 의사결정을 대리할 수 있도록 지속적 대리권을 부여할 수 있다. 이런 지속적 대리권을 미리 부여하였다면 의사능력이 없어지더라도 본인이 원하는 방식에 맞추어 대리인이 의사결정을 함으로써 사회생활 참여를 지속할 수 있다.[41]

둘째, 의사결정능력 장애인을 돌보아 줄 가족이 있는 경우, 그 가족이 보유한 재화로써 의사결정능력 장애인의 필요를 충족해 주는 것도 한 방법이다. 우리나라는 전통적으로 대가족제도를 유지하면서 가족 구성원 중의 약자를 부양했다.[42] 만약 3세대 가구가 일반적이라면, 고령이나 치매로 판단능력이 떨어지는 부모가 있더라도 가족의 재화를 사용하여 의사결정능력 장애가 있는 부모의 생활상의 수요를 충족해 줄 것이다. 의사능력 없는 본인의 재화를 사용하지 않고 가까운 가족의 재산을 활용하면 본인에게 필요한 재화와 서비스를 가족 명의로 계약을 체결해서 계약 상대방이 본인에게 직접 제공하는 형태로 재화와 서비스를 계속해서 조달할 수 있다.

그러나 의료계약에서 '본인의 동의'를 요구하면 요구할수록 이 방식은 한계가 뚜렷해진다. 선진국의 경우 성인에 대한 의료행위는, 비록 그 의료서비스를 제공받기 위한 계약을 가족이 본인을 위해 체결하였다 하더라도, 의료서비스를 받는 성인 본인의 동의가 있어야 한다. 물론

---

이하 참조.

41  물론 이런 지속적 대리권은 이론상 가능하다는 것이고, 실제 생활에서 활용되기 위해서는 복잡한 안전장치가 있어야 할 것이다. 의사능력이 없어진 시점에서도 계속 사용할 수 있는 목적의 지속적 대리권은 우리나라에서는 거의 활용되지 않는다.

42  이는 1990년 민법 개정 전 민법 제797조의 호주의 가족부양의무, 현행 민법에도 존속하는 제974조 이하의 친족 부양의무 등에 근거한 것이다.

응급상황에서는 본인의 동의 없이도 의료서비스를 제공할 수 있지만 응급상황이 종료된 이후부터의 치료 등에는 본인의 동의가 있어야 한다. 따라서 이 방식에는 한계가 있다.

셋째, 본인이 지속적 대리권을 부여하지 않았거나 부여할 수 없었고,[43] 의사결정능력 장애인의 생활상의 수요를 충족시켜 줄 의향과 역량 있는 가족이 없다면, 법원에서 선임한 후견인을 통해 사회생활에 필요한 의사결정을 대행하도록 할 수밖에 없다.

의사능력이 없는 성인 이외에도 의사능력이 있지만 질환, 장애, 고령 등으로 그 의사결정이 합리적이지 않은 성인의 경우 그의 주체성을 존중하여 그 결정에 맡기도록 해야 하는가의 문제가 있다. 이에 대해서는 영국과 같은 보통법 국가와 대륙법 국가가 서로 다른 접근법을 취한다.

첫째, 영국과 같은 보통법 국가는 계약에 있어서 본인 보호가 아니라 상대방의 보호에 중점을 두기도 한다.[44] 의사능력 없는 성인이 계약을 체결한 경우 상대방이 그 사실을 알았거나 알 수 있었던 경우가 아니라면 그 계약은 유효하다는 것이 영국 보통법의 판례이다.[45] 만약 상대방이 의사능력 없음을 알았거나 알 수 있었다고 판단될 경우 그 계약은 취소할 수 있다. 의사능력 없는 성인이 생필품(재화와 서비스) 구매를 위

---

43  의사능력을 합리적 판단능력으로 해석하는 한, 특히 발달장애인 중에는 쉬운 용어로 설명한다고 하더라도 대리권의 법률효과, 대리권 수여에 수반하는 각종 위험 등을 이해할 수 없는 경우도 적지 않을 것이다. 이 경우에는 지속적 대리권을 부여할 수 없을 것이다.

44  다만 의사능력 없는 상태에서 한 증여(*gift*)는 무효이다. 보통법에서는 독일이나 프랑스와 같은 대륙법 국가와 달리 증여는 계약으로 인정되지 않는다. 본문의 논의는 계약의 원인(*consideration*)이 있는 계약에 한정된다.

45  O'Sullivan, J., & Hilliard, J. 앞의 책. p. 295 참조.

해 체결한 계약인 경우 그 계약의 상대방이 의사능력 없음을 알았는지와 무관하게 합리적 가격을 지급할 의무가 있다. [46]

한편 요양 또는 치료에서는 의료 및 요양 서비스를 받는 사람의 동의가 있어야 하는데 동의능력이 없는 사람의 동의는 유효한 동의가 아닌 것으로 취급된다. 의료 및 요양 서비스 제공자가 타인의 신체를 동의 없이 침해하면 불법행위책임을 지거나 폭행죄로 형사처벌의 대상이 될 수 있다. 따라서 본인의 동의능력이 있는지 여부가 실무에서는 매우 중요한 문제이다.

요양 및 의료서비스의 안전한 제공을 보장하기 위해 영국 〈정신능력법〉 제5조에서는 서비스 제공자가 서비스 제공 전 본인의 의사능력이 있는지 여부를 확인하기 위해 합리적으로 기대할 수 있는 조치를 취한 결과 합리적 근거에 기초하여 본인이 의사능력이 없고 또 그 서비스가 본인의 최선의 이익에 부합한다고 판단한 경우 관련 서비스를 제공하더라도 서비스 제공자는 본인이 의사능력이 있었고 또 그 서비스 제공에 동의하였더라면 책임지지 않았을 행동에 관하여는 어떤 책임도 지지 않도록 규정하고 있다. 그리고 제7조에서는 그 서비스에 따라 발생하는 비용에 대해서는 본인이 지급할 책임이 있다고 규정하고 있다. 영국법의 이런 태도는 '상대방의 보호'에 초점을 맞춘 것이다.

본인을 보호하기 위한 장치는 부당한 영향력하에 체결된 계약 또는 비양심적 계약의 두 법리에 따라 처리된다. 부당한 영향력은 신뢰관계가 있거나 취약한 사람이 의존하고 있는 사람과의 관계에서 계약을 체

---

46 〈상품판매법〉(The Sale of Goods Act)의 규정에 따른 것이다.

결하거나 증여할 경우 문제가 된다. 즉 이는 신뢰나 의존 관계에 있는 사람이 한 증여나 계약으로 상대방이 이익을 보는 경우 그 계약이나 증여를 취소할 수 있도록 한 법리이다.[47]

또 다른 법리는 비양심적 계약이다. 낭비 성향이 있는 개인이 장차 상속받을 권리를 저렴한 가격에 팔거나 지식이 없는 노동자가 상속받을 권리를 낮은 가격에 파는 경우 등의 사안에 적용된다. 비양심적 계약에 해당되면 그 계약을 취소할 수 있다. 비양심적 계약이 되기 위해서는 피해를 입는 당사자가 취약한 상태나 장애 상태에 있고, 더 강한 위치(교섭력이라는 관점에서)에 있는 상대방이 취약한 상태로부터 비양심적으로 이익을 얻고자 하는 행동을 한 경우여야 한다. 가령 독립적 위치에 있는 사람으로부터 적절한 조언을 얻도록 하는 조치를 취하지 않은 경우가 여기에 해당될 수 있다.[48]

둘째, 앞서 본 영국법이 합리적 의사결정을 하지 않는 성인의 보호를 개별적 법리를 발전시켜 해결하려 한다면 대륙법 계통에서는 객관적 기준을 설정하여 일괄적으로 문제를 해결하려고 한다. 독일법에서는 민법 개정(1992년 1월 1일 시행)으로 〈성년후견제도〉가 도입되기 이전에는, 우리나라의 〈행위무능력자제도〉와 마찬가지로, 심신박약 또는 심신미약으로 사무를 처리할 수 없거나(구민법 제6조 제1호), 낭비벽으로

---

47 이 글의 목적은 부당한 영향력의 법리를 설명하는 것이 아니기 때문에 이 법리가 활용될 수 있다는 것만 언급한다. 비교적 개괄적인 것은 O'Sullivan, J., & Hilliard, J. 앞의 책. pp. 258~267 참조.
48 이 글의 목적은 비양심적 계약의 법리를 설명하는 것이 아니기 때문에 이 법리가 활용될 수 있다는 것만 언급한다. 비교적 개괄적인 것은 위의 책. pp. 279~288 참조.

자기나 가족을 궁핍하게 할 우려가 있는 경우(구민법 제6조 제2호), 알코올 중독이나 약물 중독으로 자기나 가족을 궁핍하게 할 우려가 있는 경우(구민법 제6조 제3호) 행위무능력 선고를 받을 수 있었다. 그중 정신질환으로 인해 행위무능력이 선고된 경우에는 완전행위무능력자로, 심신미약이나 그 밖의 사유로 행위무능력이 선고된 경우에는 미성년자와 같은 행위능력을 가졌다(구민법 제104조, 제114조).

행위무능력자로 선고되면 구민법 제1896조 이하에서 규정한 순서대로 친족 중의 1인을 후견인으로 선임하였다.[49] 후견인은 미성년자의 후견인과 마찬가지로 피후견인의 재산관리 및 신상보호 권한을 가지며, 법정대리권은 그 일부의 권한에 속하였다.[50] 행위능력이 제한된 사람이 한 계약이나 동의는 비합리적일 수 있다는 전제하에 후견인이 그 계약이나 동의를 취소할 수 있도록 하였다. 이런 제도는 1990년 개정된 민법의 〈성년후견제도〉에도 그대로 도입되어 피후견인이 후견인의 동의 없이 한 계약을 후견인이 취소할 수 있도록 하였다. 이 제도는 2023년 1월 1일부터 시행된 〈후견개혁법〉에서도 그대로 유지된다. 다만, 후견인이 취소권을 행사할 때에는 피후견인의 의사나 선호도를 확인하는 절차를 거치도록 하였다는 점에서 종전의 법과 차이가 있다.

---

49  장애인의 보호는 1차적으로 가족책임이며, 국가는 보충적인 책임을 부담한다는 인식에 기인한 것이었다.

50  이에 대해서는 Staudinger/Bienwald. BGB. Vorbem zu §§ 1896 ff., Rn. 4 ff. 참조.

치매, 정신질환, 발달장애, 뇌손상 등은 의사결정능력에 영향을 미치는 주요한 요인이다. 보통법 국가이든 대륙법 국가이든 이러한 손상이 있는 사람에 대해서는 법적 능력을 부정하거나 제한한다는 점에서는 다를 바가 없다.

양 법계의 차이점이라면 그들이 한 개별적 의사결정의 유효성 여부를 기준으로 법적 능력을 부정하거나 제한하는지(보통법 국가), 성년후견의 개시 또는 취소권의 유보 등과 같이 사전에 미리 설정된 객관적 기준에 따라 법적 능력을 부정하거나 제한하는지(대륙법 국가)의 차이뿐이다. 양자의 방식은 서로 다르지만 모두 의사결정능력에 손상이 있는 사람을 보호하는 데 그 목적이 있다고 할 수 있다. 두 방식의 차이는 다음과 같다.

첫째, 성인이 의사능력이 없는 상태에서 의사결정을 하였다면 원칙적으로 무효로 하되, 계약의 경우에는 상대방 보호를 위해 그 상대방이 의사무능력을 안 경우에 취소할 수 있도록 하는 것이 보통법 국가의 일반적 태도이다. 의사결정능력에 손상이 있는 사람이 계약을 통해 손해를 입은 경우 부당한 영향력하에서 체결한 계약인지, 비양심적인 계약인지에 따라 이를 취소할 수 있도록 하는 것도 개별적 보호에 초점을 맞춘 것이다.

둘째, 의사결정능력에 손상이 있는 사람을 행위무능력자로 선언하거나 취소권을 유보시켜 그 사람이 한 계약을 무효로 만들거나 취소할 수 있도록 하는 것이 대륙법계의 특징이다.

두 방식 모두 보호라는 목적을 달성하기 위한 방법이 의사결정능력에 손상이 있는 사람에 대한 제3자적 판단에 초점이 맞추어져 있다는 점에서 동일한데, 바로 그 점에서 문제가 발생한다.

## 근대적 자율성, 의사능력, 행위능력 개념에 대한 비판

### 근대적 자율성에 대한 비판적 평가

근대의 자율성은 '합리적' 개인의 도덕률이 사회의 도덕률이 되는 사회와 자율적인 개인의 자기결정권을 전제한다. 그러나 이런 개인은 현실 세계에서는 존재하기 매우 어렵다는 것이 문제이다. 대부분의 개인은 타인과의 관계 속에서 생활하기 때문에 타인의 가치, 세계관, 철학에 영향을 받기 마련이다. 타인으로부터 분리된 상태에서의 자신의 도덕률을 판단하고 행동하는 것은 현실에서는 상상하기 어렵다.

한편 자율성은 행동 결정의 역량(agency, 작인)이 있음을 전제한다. 어떤 의사결정을 하고자 하는 행위자(agent)가 상위의 가치와 선호도를 고려하면서 지금 하고자 하는 의사결정과 다른 변경을 하거나 상위의 가치와 선호도에 반하는 결정을 하는 역량을 자율성이라고 한다. 이와 같은 목적의식적 의사결정을 할 수 있는 힘, 즉 역량이 없을 때에는 자율성이 없다는 것을 의미한다. 그런데 현실의 의사결정은 이런 역량의 작동에 의해 이루어지는 것이 아니다. 사람들은 많은 경우 학습된 바에 따라 행위하거나 주위 환경의 영향을 받아 의사결정을 한다. 주위의 환경에서 벗어난 진공의 상태에서 이루어지는 의사결정은 거의 존재하지 않는다.

이렇게 본다면 근대적 자율성 개념은 현실의 인간에게는 적용되기 어렵다. 인간이 하는 의사결정은 외형적으로는 자기 판단처럼 보이지만, 실상은 타인과의 관계 속에서 학습하고 경험한 것을 습관적으로 또는 무의식적으로 반복하는 것일 수 있다. 정상적인 지능을 가진 두 사람이 있을 때 사회적 관계망 속에서 경험해 왔던 것이 서로 다를 경우에는 동일한 사실관계에 대해서도 전혀 다르게 판단하는 것을 흔히 볼 수 있다. 최근 우리 사회에서 발생한 특정 사회현상에 대해 서로 다른 정당 지지자의 반응이 정반대인 것은 우리의 판단과 의사결정이 학습되고 경험된 것을 무의식적으로 반복하는 것에서 크게 벗어나지 않는다는 증거이다.

그렇다면 '합리적 인간', '자율적 인간'이라는 관념 자체가 허구적 개념일 수 있다. 개인이 성장하고 존재하는 관계의 특성과 환경을 이해하지 않는다면 그 개인의 의사결정을 이해하기란 불가능에 가깝다. 예를 들면 비인도적인 환경의 정신병원에 비자의입원한 정신질환자가 '퇴원을 원하지 않느냐'는 인터뷰어의 질문에 '내가 여기에 있는 것이 가족을 위한 최선의 길'이라고 답하는 것을 그 정신질환자의 자유로운 상태에서의 자기결정이라고 이해한다면, 그 의사결정이 사회관계망에서 학습한 내용을 조건반사적으로 반복하는 것임을 놓칠 수 있다. 새로운 경험 없이는 이 정신질환자는 자의입원을 결정하지도 않겠지만, 비자의입원에 대해 결코 불평하지도 않을 것이다.


## 의사능력 개념의 차별적 요소

오늘날 선진국에서는 발달장애나 치매 등 의사결정능력에 손상이 있다는 이유로 성인의 의사능력이 부정되는 일은 거의 없다. 물론 과거에는 선진국에서도 정신병원에 비자의입원한 성인에 대해서는 후견인을 선임하였고, 이로 인해 정신질환자는 스스로 계약을 체결하거나 동의할 수 있는 법적 능력을 부정당하기도 했다.[51] 의사결정할 수 있는 능력만이 아니라 그 결정의 '합리성'을 의사능력 유무를 판단하는 요소로 삼기 때문이다. '합리성'은 어떤 의사결정이 객관적으로 정당화할 수 있다거나 의사결정의 근거를 논리적으로 설명할 수 있다는 절차적 관점에서 정의할 수 있다.

그러나 사회적 약자의 의사결정은 때로는 그 사회의 주류 집단이 옳다고 인정하는 가치와 무관할 수 있기 때문에 그 점에서는 비합리적일 수 있다. 다른 한편 자신이 한 의사결정의 근거를 논리적으로 설명할 수 있는지 여부로 합리성을 판단하는 것 역시 교육을 충분히 받지 못한 사회적 소수집단의 의사결정을 비합리적으로 치부하는 폐단이 있을 수 있다는 점이 꾸준히 지적되어 왔다. 그 결과 개인이 어떤 심리, 질환 또는 장애가 있는 상태라면 의사능력이 없는 것으로 취급하는 경향이 확산되었다.

개인의 상태를 기준으로 의사능력 유무를 판단하는 것은 합리성을 의사능력의 요소로 보는 것과 불가분적으로 결합되어 있는데, 그 영향으로 실무에서는 치매나 발달장애가 있다고 하면 의사능력을 부정하는 관행이 있다. 그러나 오늘날에는 이런 상태적 접근을 취하는 나라는 선

---

51  이에 대해서는 제철웅. "영국법에서 의사결정무능력 성인의 보호제도의 역사적 전개와 2005년의 정신능력법의 특징". 〈비교사법〉, 17권 4호, 223 이하; 제철웅·박현정 (2021). "아일랜드 후견제도의 개혁입법: 의사결정 지원법을 중심으로". 〈민사법학〉, 95호, 387 이하 참조.

진국 중에서는 찾아보기 어렵다. 대신 의사결정을 할 수 있는 능력, 즉 의사결정에 대한 이해능력이 없을 때 그의 의사능력을 부정하는 기준이 일반화되어 있다. 즉 의사결정의 대상이 무엇인지 판단할 수 있는 능력, 그 의사결정에 관련하여 제공된 정보를 이해할 수 있는 능력, 이해 결정의 선택지를 비교할 수 있는 능력, 결정한 것을 전달할 능력 등이 있으면 그 의사결정이 합리적인지 유무와 무관하게 의사능력을 인정하는 것이다.

그러나 이런 기준 역시 학습능력이 떨어지거나 빈곤에 처한 사회적 소외집단의 의사결정능력을 경시하는 경향이 있다. 더구나 어떤 문제에 관한 의사결정이 사회관계로부터 독립된 상태에서 내려지는 것이 아니라 의사결정자가 살아 왔고, 또 살아가는 사회환경에서 수용되고 지지되는 가치와 긴밀하게 결합되어 있음을 간과하는 것이다. 즉, 의사결정은 밀접한 사회적 관계망의 영향력하에서 내려지며 그것과 분리될 수 없다. 가령 노인의 삶을 무가치한 것으로 취급하고 그 삶이 가족들의 미래에 부담을 준다는 인식이 사회관계망에서 공유된다면 노인은 자기 삶을 포기하는 결정을 할 수밖에 없을 것이다. 반면 노인의 삶이 소중한 것으로 받아들여지는 사회적 관계망에서는 노인은 자연스럽게 자신의 삶을 연명하고자 하는 의사결정을 내리게 될 것이다.

합리성이나 이해능력을 기준으로 한 의사능력이라는 개념은 의사결정의 사회성을 가볍게 보는 견해이며, 그 점에서 인간에 대한 잘못된 이해의 산물이라는 비판에서 자유로울 수 없다.

우리나라에서는 발달장애 자녀가 주변사람들의 부추김 등으로 여러 대의 휴대폰을 구매했는데 그 계약을 취소하게 해 달라고 부모가 요구하는 경우가 드물지 않다. 이런 부모들의 요구 때문에 발달장애인의 행위능력을 제한하기 위해 후견인에게 취소권이 유보되는 '한정후견'을 개시할 필요가 있다는 목소리도 나온다. 이런 사회적 배경으로부터 의사결정능력에 손상이 있어서 사무 처리에 어려움이 있는 사람에 대해 '한정후견'을 개시하거나 '성년후견'을 개시하여 그가 한 계약을 취소할 수 있도록 하는 것을 정당화하는 논리가 확산되고 있다. 이 논리는 의사결정이 사회관계망에서 학습된 경험 및 무의식의 표출과 불가분적으로 결합되어 있고, 발달장애인의 취약성을 이용하고자 하는 사회집단이나 개인이 있다는 사실을 종합적으로 고려하지 않은 것으로 보인다.

이런 판단은 발달장애인을 돌보는 가족이 현재 경험하고 있는 고통과 곤란에 대한 해결책을 제시하기보다 일시적 진정제를 제공하는 데 그친다. 그 진정제는 심한 부작용이 있기 때문에 결과적으로는 발달장애인의 사회참여를 더욱더 어렵게 만드는 약물과도 같다. 일정한 기준(연령 또는 판단능력의 손상 등)을 충족한 자에 대해 그의 '보호'를 이유로 행위능력을 일률적으로 제한하는 것은 '보호'의 효과보다는 오히려 사회적 배제, 인간으로서의 권리 박탈로 귀결되는 경우가 빈번하게 발생한다. '획일적 기준'은 대부분 반인권적인 접근방법임을 유의할 필요가 있다.

발달장애인이 자신에게 피해를 입히는 의사결정을 하는 것은 개인적 차원의 문제와 사회관계망의 문제가 결합되어 나타난다. 전자의 경우 자신의 권리, 특히 자신의 신체, 감정, 정신, 소유물을 소중하게 여기고, 동시에 타인의 권리를 존중하는 것, 신뢰하는 사람의 관계란 바로 각자의 권리를 상호 존중하는 사람들의 관계라는 점을 어릴 때부터 교육받거나 생활 속에서 경험하지 못한 것이 원인일 때가 많다. 또한 타인의 취약성을 이용하는 사람이 발달장애인이 접하는 사회관계망 속에 있는 것도 원인이 된다.

문제의 원인을 이와 같이 진단할 경우 발달장애인에게 필요한 것은 지금부터라도 상호 존중의 의미와 방법을 배우고 경험하도록 하는 것이며, 상호 존중을 실천하는 사람들이 더 많이 발달장애인이 접하는 사회관계망 속에 자리 잡도록 하는 것이다. 물론 이런 것이 광범위하게 확산되기란 쉽지 않기 때문에 위에서 언급한 피해는 끊이지 않을 수도 있다. 의사결정능력에 손상이 있는 발달장애인의 행위능력을 일반적으로 제한하는 형태로 후견인을 선임하기보다 발달장애인이 위와 같은 것을 배우고 경험할 수 있도록 하는 권한을 보유한 후견인을 선임하는 것이 보다 현명한 방법일 것이다.

그럼에도 불구하고 생길 수밖에 없는 공백은 개별적으로 그리고 사안별로 보완하는 것이 일률적 배제나 제한보다 훨씬 더 인권친화적일 것이다. 보다 효과적인 방법은 우리 법제에서는 인정되지 않지만 보통법 국가에서는 널리 인정되는, 부당한 영향력하에서 체결한 계약을 취소할 수 있도록 하는 것, 비양심적인 거래를 취소할 수 있게 하는 것 등이 있다.

# 〈장애인권리협약〉의 자율성, 법적 능력 그리고 의사결정 지원

## 〈장애인권리협약〉의 자율성, 법적 능력

〈장애인권리협약〉은 자율성과 자기결정권 존중을 대원칙으로 삼는다. 여기서 말하는 자율성과 자기결정권 존중이 근대적 자율성, 자기결정권 존중과 동일한 의미라고 이해한다면, '의사결정 지원'(*supported decision-making*)은 이해할 수 없다. 근대적 자율성이나 자기결정권은 불개입을 원칙으로 하기 때문이다. 실패와 비합리적 결정조차도 자율성의 발현이자 자기결정권이기 때문에 존중되어야 한다면, 정신적 장애인이 자기 파괴적·자기 손해적인 의사결정을 하더라도 간섭하지 않아야 할 것이다.

〈장애인권리협약〉의 자율성과 자기결정권은 어떤 순간에도 이렇게 이해되어서는 안 된다. 자율성은 타인과의 관계, 특히 사회적 관계망의 영향력에서 자유로울 수 없고, 의사결정 역시 고립되어 있는 개인의 자기결정이 아니라 사회적 관계망의 영향력하에서 내려지는 결정이기 때문이다.

그렇다면 〈장애인권리협약〉의 자율성과 자기결정권 존중은 어떤 의미가 있는가? 그것은 의사능력이 의심되거나 없다고 판단되는 순간에서도 그 사람이 의사결정의 주체이고, 의사결정의 효과는 그 사람에게 귀속되는 것임을 명확히 한다는 점에 의의가 있다. 전통적인 보호의 의미에서가 아니라, 현대화된 사회적 연대성의 관점에서 의사능력이 의심되는 그 개인의 권리성, 자기 주체성을 존중해야 한다는 의미에서 자율성을 이해해야 한다. 특히 의사결정이 사회관계망에서 배우고 경험한 것의 발현이라고 한다면, 의사능력이 없다고 의심되는 사람에 대해 사회적 연대의식으로 제공해야 할 것은 자신의 주체성, 권리성을 존중하고, 또 존중받을 수 있는 경험을 지속적으로 제공함으로써 보다 나은 사회관계망 안에서 의사결정이 이루어질 수 있도록 하는 것이다.

이를 실현하기 위한 전제는 합리성 또는 이해능력으로 인식되는 의사능력을 기준으로 그의 법적 능력을 박탈하거나 제한하지 않는 것이다. 법적 능력이 박탈되거나 제한된다면 그것은 필연적으로 타인에 의한 의사결정 대행으로 귀결되기 때문이다. 의사능력이 의심되는 사람의 법적 능력을 제한하지 않는다면 법적으로 의미 있는 의사결정은 바로 그 사람의 주권에 속한다. 현대사회에서 법적으로 의미 있는 의사결정은 모두 타인과의 관계에서 권리·의무를 직접적 또는 간접적으로 파생시키기 때문에, 제3자적 입장에서 그의 의사를 정확하게 이해하는 것이 수반되어야 유효한 권리의 행사와 의무의 이행이 가능하다. 의사결정능력에 손상이 있는 사람의 의사를 정확하게 이해하기 위해서는 첫째, 의사결정을 하는 사람의 역량 강화가 필요하고, 둘째, 의사결정자의 외부에 있는 사람의 이해력이 높아져야 할 것이다.

〈장애인권리협약〉의 의사결정 지원은 이처럼 사회관계망 안에서 내려지는 의사결정의 특성과 개별성을 존중하면서도 개인의 취약성을 사회적 연대로써 극복하고자 하는 시도의 맥락에서 제대로 이해될 수 있다.

## 의사결정 지원: UN 〈장애인권리협약〉 제3조, 제12조의 요청

정신질환, 발달장애, 치매, 뇌병변 등으로 의사결정능력에 손상이 있는 사람은 대부분의 나라에서 의사능력이 없거나 부족하다는 사회적 인식에 뿌리를 둔 제도와 환경 때문에 완전한 사회생활 참여에 장애를 겪고 있다. 그 점에서 이들은 모두 UN 〈장애인권리협약〉에서 말하는 장애인이라고 할 수 있다.[52] 의사결정능력 장애인의 의사결정을 지원하는 제도를 둘 때의 인권법적 요청은 UN 〈장애인권리협약〉 제 12조에서 직접 다루었다.

특히 제 12조의 일반평석에서 장애인권리위원회는 제 12조의 일반평석에서 의사결정 대행제도를 폐지하고 의사결정 지원적 대체를 발전시켜야 한다는 의견을 제시하였다.[53] 그 핵심내용을 요약하면 다음과 같다.

첫째, 의사능력이 없다는 이유로 장애인의 권리능력과 행위능력을 박탈하거나 제한해서는 안 된다.[54] 동 협약 제 12조 제 2항에서 협약국은 장

---

[52] UN 〈장애인권리협약〉 전문 e는 사회적 관점에서 장애를 정의하는데, 사회적 관점에서의 장애란 신체나 정신상의 손상(*impairments*)과 사회환경 등의 상호작용의 결과 완전한 사회참여에 제약을 겪는 상태를 장애(*disabilities*)라고 한다. 그 점에서 보면 의사결정능력 장애인이라고도 칭할 수 있다. 물론 우리나라에서는 의학적 모델에 입각하여 장애를 분류하기 때문에 의사결정능력 장애라는 개념이 생소하다. 이에 대해서는 제철웅(2011). "요보호성인의 인권 존중의 관점에서 본 새로운 성년후견제도". 〈민사법학〉, 56호, 280 이하 참조.

[53] UN Committee on the Rights of Persons with Disabilities, General Comment No. 1 (2014), CRPD/C/GC/1, n. 28. 참조.

[54] 의사능력은 개별 법률행위에서 판단하지만, 행위능력은 획일적 기준으로써 유효한 법률행위를 할 수 있는 자격을 정한 것이다. 개별 법률행위에서 의사능력이 없으면 그 법률행위는 무효이고, 따라서 행위능력의 문제는 제기되지 않지만, 미성년자일 경우 법정대리인의 동의가 없거나(민법 제 5조), 처분을 허락한 재산(제 6조)이 아닌 어떤 법률행위를 할 때에는 법정대리인이 취소할 수 있다는 것은 행위능력(그 제한)의 문제이다. UN 장애인권리위원회는 의사무능력이라는 이유로 행위능력을 제한해서는 안 된다고 한다. 의사무능력이라도 그의 욕구와 선호도(*will and preference*)를 존중하여 법적 효력을 부여할 수 있는 제도를 창설하도록 요구한다.

애인이 법적 능력을 향유하도록 보장하여야 한다고 규정하기 때문이다.[55]

둘째, 장애인이 보유한 권리를 행사할 수 있도록 그의 의사결정을 지원하여야 한다(제12조 제3항). 의사결정 지원은 보편적 수단일 수도 있고, 개인적 수단일 수도 있다. 전자는 대체의사소통기구의 개발, 장애인이 권리행사를 위한 의사표시를 할 때 의사소통지원자를 두는 것 등을 의미한다. 후자의 경우 의사결정 지원자만이 아니라 후견인처럼 대체의사결정을 하는 사람도 포함될 수 있을 것이다.[56]

셋째, 의사결정 지원으로 제공되는 각종의 조치가 남용되지 않도록 안전장치를 두어야 한다(동 협약 제12조 제4항). 의사결정 지원을 위한 조치는 장애인의 욕구와 선호도를 존중하도록 보장하고, 이익 상충과 부당한 영향력으로부터 벗어나도록 보장하고, 개인의 사정에 맞춰 비례적이어야 하며, 가능한 단기간이어야 하고, 권한 있는 중립적 기관 또는 법원에 의해 정기적으로 사법심사를 받을 수 있도록 보장해야 한다. 즉, 의사결정 지원을 위한 조치가 내용이나 절차에서 장애인의 권리와 이익에 미치는 정도에 비례적일 때 안전장치가 마련될 수 있다.

넷째, 제5항은 장애인이 자기 재산을 소유하고 관리할 권한과 은행을 이용할 권리가 보장되어야 하며, 자의적으로 재산을 박탈해서는 안 된다고 규정한다.

---

55 이 점은 이미 UN 장애인권리위원회의 제12조 평석초안에서도 지적되고 있다. UN Committee on the Rights of Persons with Disabilities, Draft General Comment on Article 12, CRPD/C/11/4, n. 11~13.

56 UN 장애인권리위원회는 제12조의 일반평석에서 후견제도의 즉각적 폐지(abolition of guardianship system)가 필요하다는 의견을 제시하기 때문에 이에 관하여는 논의가 필요하다.

장애인권리위원회가 폐지할 것을 주장하는 의사결정 대행제도란 단일한 의사결정에 관한 것이라 하더라도 장애인의 법적 능력을 박탈하거나, 장애인 본인이 아니라 다른 사람이, 특히 본인의 의사에 반하여 의사결정 대행자를 선임해서 본인 대신 결정을 내리게 하고, 장애인의 욕구나 선호도에 법적인 효력을 부여하는 것이 아니라 외부인의 관점에서 본 최선의 이익에 따라 의사결정을 대행하는 제도 일반을 의미한다.[57]

많은 나라에서 유지하는 후견제도가 이런 의사결정 대행제도의 특징적 요소를 갖추고 있다.[58] 본인의 욕구나 선호도가 아니라 최선의 이익을 기준으로 의사결정을 대리하는 것이 문제인 이유는 장애인에게 응당 보장되어야 할 위험 인수의 기회를 박탈하기 때문이다.[59] 그렇지만 장애인의 욕구와 선호도에 부합한다고 하여 과도한 위험이나 과도한 부당한 영향력을 방치하여야 한다는 취지는 아니다.[60]

형식적으로 의사결정 대행·대리가 있다 하더라도 위와 같은 요소가 없다면 그것은 오히려 의사결정능력 장애인을 위한 의사결정 지원의 성격을 가질 수 있다. 특히 장애인이 주변의 도움을 받아 작성한 사전 지

---

57 UN Committee on the Rights of Persons with Disabilities(위 주 41), n. 27.

58 후견제도의 명칭은 나라마다 다르다. guardianship(미국, 호주의 신상보호 후견), trusteeship(캐나다 및 호주의 재산관리 후견), conservatorship(미국의 재산관리 후견), deputyship(영국의 후견), Betreuung(독일의 후견) 등이 그 예이다. 〈장애인권리협약〉은 명칭과 무관하게 위 본문의 속성을 가진 것은 모두 폐지되어야 할 의사결정 대행제도로 본다.

59 UN Committee on the Rights of Persons with Disabilities(위 주 19), n. 12.

60 〈장애인권리협약〉 제12조 제4항의 안전장치(*safeguard*)가 이런 위험을 방지하기 위한 것이다. 그러나 위험이나 부당한 영향력을 과대평가해서 장애인이 감당할 수 있는 위험을 막아서는 안 된다는 취지이다. 위 주 34 참조.

시서에 따라 장애인의 의사결정을 대신하거나, 장애인이 선임한 사람이 대리인으로서 본인을 대리하는 경우가 대표적인 예이다. 이런 사전지시서나 지속적 대리권은 의사결정 대행제도의 단점이 없으면서 동시에 의사결정 지원제도로 활용될 수 있다. 장애인권리위원회는 이 제도를 장애인도 활용하도록 지원해야 한다고 주장한다.[61]

그러나 〈장애인권리협약〉 제12조의 관점에서 보면 장애인의 의사에 반하는 후견의 개시, 기간의 정함이 없는 후견, 장애인의 현실의 필요성과 무관하게 개시되는 후견 및 후견인의 권한, 후견개시와 더불어 피후견인의 행위능력이 제한 또는 박탈되는 것 등은 모두 〈장애인권리협약〉에 위반된다. 우리나라의 성년후견과 한정후견은 제도 자체가 이미 동조 위반임은 말할 것도 없다.

그렇지만 제12조에 관하여 의사결정 대행제도를 즉각 폐지해야 한다는 장애인권리위원회의 견해[62]를 모든 후견제도를 즉각 폐지하여야 한다는 것으로 이해해서는 안 된다. 장애인권리위원회 역시 장애인이 지원을 받더라도 스스로 의사결정을 하지 못하는 경우가 있음을 부정하지는 않는다. 이때는 누군가가 장애인을 대신하여 의사결정을 해야 하지만, 외부인의 관점에서 본 최선의 이익이 아니라 장애인의 현재의 욕구와 선호도를 최선을 다해 해석해서 거기에 법적인 효력이 부여되도록 해야 한다는 의견을 제시했다.[63]

---

61  UN Committee on the Rights of Persons with Disabilities(위 주 19), n. 17 참조.

62  UN Committee on the Rights of Persons with Disabilities(위 주 19), n. 30에서는 점진적 실현(*progressive realization*)은 제12조에 적용되지 않는다고 한다.

63  UN Committee on the Rights of Persons with Disabilities(위 주 19), n. 21 참조.

'최선을 다해 해석'해서 거기에 법적 효력이 부여될 수 있도록 하는 것과 '대리' 사이에는 차이가 있을 수 없다. 본인의 의사를 해석하여 거기에 법적 효력이 부여될 수 있도록 하려면 대외적으로 본인의 의사로서 표시되도록 전달할 수밖에 없는데, 이제까지 알려진 법적 수단으로는 대리가 거기에 가장 적합하기 때문이다. 그렇기 때문에 후견제도를 개혁하고 있는 어떤 선진국에서도 법원의 결정으로 누군가를 의사결정 지원자(또는 명칭 여하를 불문하고)로 선정하여 의사결정능력 장애인을 '대리'하도록 하는 것을 포기하지 않고 있다. 최후의 수단으로 대리인이 본인의 의사결정을 대리하도록 하고, 대리인에게 본인의 의사를 확인하도록 주의할 의무를 부과하는 것도 의사결정 지원의 한 방법이다. 여러 결함을 제거한다면 후견제도 역시 의사결정 지원의 한 수단이 될 것이다.

특히 〈장애인권리협약〉 제12조 제3항과 제4항을 결합해서 보면, 후견제도는 의사결정 지원을 위한 하나의 모델이 될 수 있다. 후견을 개인맞춤형으로 필요한 범위에 한정해서 최대한 단기간 개시하도록 하고, 〈장애인권리협약〉 제12조 제4항에 따라 후견인이 활동하도록 지원·감독한다면 이를 동조 위반이라고 보기는 어려울 것이다. 그럼에도 불구하고 의사결정 지원을 우선하도록 하는 제12조 제3항의 요청을 염두에 두면 후견은 불가피할 때에 활용하는 최후의 수단이어야 한다.

의사결정을 지원하고 그에 대한 안전장치를 두어야 할 협약국의 의무를 고려한다면, 사전 지시서와 지속적 대리인제도를 장애인들이 활용하도록 지원하는 것, 사전 지시서나 지속적 대리권이 현장에서 원활하게 사용될 수 있게 지원하는 것, 지속적 대리인이 권한을 남용하지 않도록 적절한 지원을 제공하고 감독하는 것 등이 협약 제12조 제3항과 제4항의 취지에 부합하는 제도가 될 것이다.

　　그러나 〈장애인권리협약〉 제12조가 전제하는 '의사결정 지원'이 무엇인지 적극적으로 정의하는 공식적인 문건은 없다. 제12조를 실행하여야 할 비준국에서는 이를 어떻게 이해해야 바람직할지 문제가 된다. 앞서의 논의에 비추어 보면, 의사결정능력에 손상이 있는 개인은 사회적 인식을 포함한 사회환경 때문에 사회생활 참여에서 장벽에 직면하게 되고 그로 인해 사회에 포용되지 못한다. 사회생활 참여는 의사결정을 통해 이루어지는데, 이들이 한 의사결정을 평가의 대상으로 삼아 그것이 의사능력이 있는 상태에서 한 것인지 아닌지를 판단하는 것이야말로 이들을 차별하는 것이다.

　　이들이 하는 의사결정을 평가의 대상으로 삼는 것이 아니라, 이들이 자신의 의사결정을 보다 원활하게 할 수 있도록 지원하고, 그들의 의사결정을 이해하려고 노력하는 것이 필요하다. 이런 과정이 반복될수록 의사결정능력에 손상이 있는 사람이 한 의사결정에 대한 이해가 높아질 것이다. 이를 통해 이들의 사회생활 참여를 촉진하여 사회생활 참여를 가로막던 장벽을 낮추고 마침내 없애는 것이 의사결정 지원의 목적이다.

　　어떻게 실천할 것인가의 관점에서 보면 의사결정능력에 손상이 있는 개인이 자신의 감정, 선호도, 욕구를 표현할 수 있도록 지원하고, 그들이 언어, 표정, 몸짓 등의 방법으로 표시된 의사에 법적인 효력이 부여되도록 하는 것, 달리 말하면 그들에게 권한을 부여하는 것이 곧 의사결정 지원이다. 의사결정 지원을 이렇게 이해하는 것은 앞서 언급한 인간에 대한 발전된 이해와 조화될 수 있다.

# 4장

# 한국의 의사결정 관련 제도와 의사결정 지원

제철웅

(한양대 법학전문학과 교수)

## 자율성 개념과 우리나라의 사회환경

### 자율성의 사회적 함의를 이해하는 데 필수적인
### 우리나라의 법제도와 사회제도

'자율성', '자기결정권', 그리고 자기결정권의 필수요소로 여겨지는 '의사능력' 등의 개념은 사회적 맥락에 따라 달리 이해된다. '자율성' 등의 개념이 한국 사회에서는 어떻게 이해되는지를 알기 위해서는 한국 사회제도의 특성을 이해할 필요가 있다.

## 아동의 자율성

'자율성' 개념에 대한 사회적 인식은 그 사회의 아동, 노인, 정신적 장애인의 자율성에 대한 인식을 통해 보는 것이 정확할 수 있다. 장년의 자율성, 즉 그들이 자기결정권을 행사하여 자신의 삶을 영위할 수 있다는 점에 대해서는 의심의 여지가 없기 때문이다.

먼저 아동을 보면, 일본과 우리나라는 독일법의 영향을 받아 아동의 경우 의사능력이 있더라도 스스로 계약을 하거나 동의를 할 수 있는 능력을 제한한다. 즉, '행위능력을 제한'한다. 또한 행위능력제한을 풀어주는 범위가 독일보다도 협소하다. 가령 사회보장급여의 수령에 관하여 독일은 15세가 되면 독자적으로 사회보장급여를 신청하고 이를 수령하여 처분할 수 있다고 규정하는데 반해(〈사회법〉 제1권 제36조 제1항), 우리나라는 그와 같은 것을 인정하지 않는다.

또한 우리나라는 미성년자가 한 불법행위에 대해서는 14세 미만일 경우 대체로 불법행위책임을 묻지 않는 대신 부모에게 불법행위책임을 부담시킨다(민법 제755조). 14세 이상 19세 미만의 미성년자의 불법행위가 있을 때에는 거의 대부분의 사안에서 부모의 과실을 인정하여 부모도 불법행위책임을 부담하여 손해배상책임을 지도록 하고 있다.[1] 우리나라와 일본의 경우 아동에 대한 부모의 양육책임과 권한을 강력하게 인정한다.

이런 법제도에서는 부모로서는 아동으로 하여금 자기결정권을 행사하여 여러 시행착오를 하도록 허용할 수 없다. 아동이 시행착오를 통해

---

1  부모의 불법행위책임을 인정하지 않는 예외적인 사안도 있다.

제 3자에게 손해를 가한 경우 부모가 모든 책임을 질 수 있기 때문이다. 이런 사회환경에서는 부모는 아동을 자신의 강한 보호하에 두는 것이 사회적 요청이라고 이해한다. 부모의 아동에 대한 강한 간섭은 이런 법제도와 밀접한 관련이 있다.

아동은 성인이 될 때까지 '자율성'을 존중받을 기회가 없이 자라다가 19세가 되어 성인이 되는 순간 갑자기 자율적인 인간으로 살아가도록 떠밀린다. 그러나 오랫동안 부모의 간섭과 보호라는 관성에 길들여졌기 때문에 성인이 되더라도 여전히 부모의 간섭과 통제하에 생활하는 것이 익숙하다.

특히 1960년 시행된 우리 민법에서는 성인의 나이를 20세로 규정했음에도 불구하고 동법 제808조 제1항에서는 "남자 27세, 여자 23세 미만인 자가 혼인할 때에는 부모의 동의를 얻어야 하며 부모 중 일방이 동의권을 행사할 수 없는 때에는 다른 일방의 동의를 얻어야 한다"라고 규정했다. 이 규정은 1979년 1월 1일 시행된 개정 민법에서 사라졌다. 그 시대를 살았던 아동은 '자율성'이라는 개념을 인식할 여지가 없었을 것이다. 당시의 부모는 자녀가 성인이 되더라도 자신의 의사에 따라 자기 삶을 살아가도록 허용하지 않는 것이 시민사회의 '기본법'이었기 때문이다.

## 노인의 자율성

반대로 가부장사회, 특히 호주제도에서 노인은 존경받는 원로였다. 그러나 1991년 1월 1일부터 시행된 민법 개정으로 호주제도가 점차적으로 약화되고 2005년 3월 31일 시행된 민법에서 마침내 폐지되면서 가족만이 아니라 사회에서의 노인의 지위도 큰 변화를 경험했다.

대다수의 선진국에서 마찬가지이지만, 고령사회에서 노인은 존경받는 원로가 아니라 사회적 부담으로 인식되는 경향이 강하고, 이들의 인권침해에 대해 둔감해지는 현상이 발생한다. 정보화 사회의 도래, 무인점포의 유행, 온라인 거래의 확산 등은 노인의 사회생활 참여를 저해한다. 한 직장에서 정년까지 근무하는 관행이 사라지고 직장을 이전하는 것이 자연스러워지며 하나의 전문 분야가 아니라 다양한 분야로 직업을 변경하는 것이 일상화된 사회에서 사람들은 끊임없이 변화하는 환경에 자신을 맞추어 가야 하는 새로운 위험에 직면한다.

개인적 차원에서 최대한 유연성을 확보하지 않으면 사회적으로 인정받기 어려운 사회를 우리는 '위험사회'라고 한다. 이런 사회에서 노인은 적응에 큰 어려움을 겪을 수밖에 없다. 빠른 변화에 대응하여 노인을 위한 지원을 제공하지 않으면 변화하는 사회는 노인에게는 마치 휠체어 장애인에게 턱이 있는 보행로와 같은 장애물이 된다.

동시에 과거에는 존경받으며 효도의 의미에서 '부양'을 받았던 노인들은 사회 적응력이 떨어지지만 가처분 소득은 많이 갖는 무가치한 집단으로 인식되기 때문에(가처분소득 기준 노인의 상대적 빈곤율은 지속적으로 떨어지고 있다), 노인 대상 보이스피싱, 스팸 등의 범죄로 인한 노인 재산의 탈취 및 착취가 빈번하게 발생한다.

노인은 사회적으로는 마치 아동과 마찬가지로 무기력하고 보호받아야 할 대상처럼 여겨진다. 그렇기 때문에 자녀들은 노인이 거동이 어렵거나 치매가 있는 경우 노인 요양시설이나 요양병원에 입소 또는 입원시키고 싶은 강한 유혹을 느낀다. 아동의 자율성과 자기결정권을 인정하지 않듯이, 노인의 자율성과 자기결정권을 인정하지 않게 되는 것이다.

우리나라의 요양 및 의료 환경에서 널리 확산되어 있는 '보호자' 개념이 바로 노인의 자기결정권을 부정하거나 축소할 수 있는 사회제도로 기능한다. 노인인권에서 가장 핵심적인 것은 자신의 몸, 정신, 감정, 재산 등과 같은 자기 영역에 대해 자기결정권의 행사를 존중하는 것인데, 노인의 자기결정권을 일상적으로 무시할 수 있는 사회제도가 바로 보호자제도이다. 보호자제도는 법적 제도가 아니라 사회적으로 널리 관용되는 제도라는 의미에서 사회제도인데, 판단능력이 떨어지는 노인의 의사를 충분히 확인하지 않고 자녀나 배우자가 이들을 시설에 입소시키거나, 치료에서 노인의 의사보다는 보호자의 의사를 확인하는 데 쓰이고 있다.

자기 문제를 결정하는 의사결정과정에서 배제된다는 것은 곧 한 사람의 인간으로서 사회적으로 더 이상 존재하지 않는 것과 다를 바 없어지는 것이다. 이것이 신체적·심리적·정신적으로 큰 충격을 주어 급격한 노화촉진 및 질병악화의 요인이 될 수 있다는 점을 감안하면 아동과 노인의 자율성과 자기결정권이 무시되는 것은 아동 및 노인의 정신건강 문제의 점증과 결코 무관하지 않다.

장년의 성인에게 신체 접촉이나 치료를 할 때는 지속적으로 설명하면서 본인의 동의를 받고 돌봄을 제공한다. 그러나 취약한 노인에 대해서는 그렇게 하지 않는 경우가 많다. 또한 장년의 성인이라면 시설이나 병원이 아닌 가정에서 돌보는 것이 일반적이다. 그러나 돌봄이 필요하다는 이유로 노인을 시설이나 병실에서 장기간 있게 할 때는 그 공간이 곧 주거공간의 성격을 갖는다. 장년의 성인이라면 낯선 사람과 같이 주거하지 않을 것인데 노인은 자기 의사와 무관하게 낯선 타인과 같이 살게 하는 것은 그 자체로 인권침해이다. 가령 독일에서 모든 요양실을 1인 1실의 요양실로 전환하기 시작한 것은 그렇지 않은 환경 자체가 인권침해라고 인식하기 때문이다.

연명의료결정 역시 본인이 자신의 가치관에 따라 자발적으로 결정하는 것일 때 비로소 의미가 있는데, 가족에게 경제적·심리적 부담을 주기 싫어서 연명의료결정을 한다면 그것은 노인의 삶을 무가치한 것으로 여기는 사회제도의 영향력 때문이라고 할 수 있다. 법적 제도가 아니라도 사회적으로 관용되는 질서가 노인의 자율성을 박탈하거나 무시할 수 있다.

노인의 자기결정권을 무시 또는 경시하는 또 다른 사회제도로 노인의 재산을 자녀가 마치 자기 재산처럼 인식하는 '사전분재(分財)' 제도가 있다. 사전분재는 한때는 미풍양속이었을지 몰라도, 현대사회에서는 노인으로부터 재산을 증여받은 후 노인의 돌봄을 회피하는 자녀들이 증가하여 사회적 논란이 되었다. 특히 문제가 되는 것은 경도인지장애나 치매상태에 있는 노인의 심리적 취약성을 이용하여 돌봄제공자가 부당한 영향력2을 행사하여 증여의 형식을 통해 노인의 재산을 뺏는 사례가 증가한 것이다. 이런 사회제도들은 노인의 자율성, 자기결정권을 경시하고, 노인의 삶을 무가치하게 보며, 노인을 단순한 돌봄의 대상으로 인식하게 만든다.

---

2  신체적·정신적·정서적으로 취약한 상태에 있거나 의존적인 상태에서 다른 사람을 신뢰하고 있는 경우 신뢰받는 관계에 있는 사람이 자신의 신뢰를 이용하여 형식적으로는 적법한 계약을 통해 금품이나 재산적 이득을 취득할 때 부당한 영향력 행사가 있다고 한다. 이런 관계에 있다면 독립적인 지위에 있는 제3자가 취약한 성인의 편에 서서 계약체결을 지원해야 부당한 영향력을 배제할 수 있다.

자율성과 자기결정권에 관한 낮은 사회적 인식을 배태하는 사회환경이 무엇인지 검토하는 것은 매우 중요하다. 그래야만 사회환경을 개선하기 위한 실천적 활동의 시작점과 경로, 목표지점을 가늠할 수 있기 때문이다.

## 가부장적 의식이 강한 사회환경

### 시민사회의 미성숙한 인권의식

한국은 20세기 전반에 식민지 수탈을 경험하고, 또 한국전쟁으로 인해 국토가 폐허가 되었음에도 불구하고 1970~80년대를 거치면서 놀라운 경제발전을 이룩하여 오늘날에는 선진국의 대열에 들어섰다고 평가된다. 국민의 정치의식 또한 매우 높다. 4·19 혁명, 부마민주항쟁, 5·18 민중항쟁, 촛불시위 등 민중의 힘을 모아 세 차례에 걸쳐 독재정권과 부패정권을 권력에서 물러나게 한 경험이 있다. 그만큼 정치적 민주주의에 대한 관심이 지대하고 민주정치에 대한 의식이 발전되어 있다.

　그러나 시민사회에서 상호간의 인권 존중에 관한 의식은 매우 낮은 단계이다. 부부 관계, 부모와 자녀 관계가 상호 평등하고 대등한 권리를 가진 주체로서 존중하고 상호 협력하는 관계라는 인식이 생소한 단계이다. 부모의 징계권은 2021년에야 민법에서 폐지되었다. 학교에서의 인권의식도 아직 초보 수준이다. 학생이 교사와 상호 평등하고, 대등한 권리를 가진 주체이며, 서로의 역할이 다를 뿐이라는 인식이 아주 낮은 단계이다. 직장에서의 인권의식도 아직 초보 수준이다. CEO와 직원, 직원과 직원의 관계가 평등하고, 양자는 대등한 권리를 가진 주체이며, 직장생활 근무시간 동안 서로의 역할이 다를 뿐이라는 인식이 아주 낮은 단계이다. 또한 강한 위계질서와 상명하복의 문화가 여전히 지배적이다. 타인의 권리영역을 침해해서는 안 된다는 인식이 매우 낮다는 것을 의미한다.

이와 같은 사회문화는 오랫동안 존속했던 호주제의 가족문화와 연결되어 있다. 가부장문화는 윗사람의 간섭과 아랫사람의 순종을 당연하고 적절한 것으로 받아들이는 권위주의적 사회문화를 만들었다. 정으로 표현되는 우리 사회의 따뜻한 마음은 가까운 사람과의 관계를 가족처럼 생각하는 관념과 관련이 있다. 그 결과 이른바 윗사람은 인권침해적 행동을 조언이나 훈계로 여기고, 아랫사람은 그것을 수용하지 않으면 사회성 없는 사람으로 낙인찍힐 수 있다는 두려움을 느낀다.

이런 권위주의적 사회문화에서는 사회적 일탈행동에 대해 엄벌주의가 지배한다. 요즘 사회적으로 논란이 되는 행동문제가 있는 아동에 대한 기사를 보면, 아동의 행동문제 이면에 자리 잡고 있는 다층적 사회문제를 해결하기 위한 노력보다는 그 아동에게 엄벌주의가 작동되지 않는 것을 문제 삼는 반응이 주류를 이룬다.

한국 시민사회의 낮은 인권의식을 이해하기 위해서는 우리 사회의 지배적인 가족주의 문화를 이해하는 것이 필요하다.


## 가족주의의 지배와 한국사회의 특징

1960년 시행된 우리나라 민법은 호주제라는 독특한 가족주의를 제도화하였다.

첫째, 호주만이 아니라 확대가족의 구성원도 가족 구성원의 신분관계에 영향을 미칠 수 있었다.[3] 혼인 외의 자는 출생의 시점에서는 법적으로 친권자가 없는 상태에 있고, 부모가 인지하거나 호주가 자기 가의 구성원으로 입적할 때 비로소 친권자가 있게 구성되어 있다.[4] 4촌 이내의 친족 또는 8촌 이내의 친족과 4촌 이내의 인척인 확대가족 구성원이 혼인, 입양 기타 친자관계에 개입할 수 있는 권한을 갖는 것도 마찬가지이다. 4촌 이내의 친족이 미성년후견 및 성년후견을 신청할 수 있는 것도 동일하다. 영국이나 독일은 친족을 성년후견 개시의 신청권자로 인정하지 않고 이를 지자체 복지 관련 부서의 업무 범위에 포함시키는 것과 비교하면 차이가 있다.[5] 영국, 독일에서는 국가(지자체)가 하는 역할을 우

---

3  여성운동의 관점에서 호주제 폐지의 여정을 서술한 것으로 소현숙(2015). "1956년 가정법률상담소 설립과 호주제 폐지를 향한 기나긴 여정". 〈역사비평〉, 113호, 72 이하 참조.

4  1960년 시행된 민법에서는 혼외자의 부(父)가 그 아동을 인지하여 자기 가에 입적하거나, 부(父)의 호주가 입적하게 함으로써 가족구성원이라는 신분을 취득하였다. 생모가 출생과 더불어 친권자가 되도록 하는 독일(민법 제1626조의a 제3항)이나 영국(〈아동법〉 제2조 제2항)과 차이가 있다. 1977년 민법 개정 전까지는 동일 '호적'에 속하지 않은 생모는 아동의 친권자가 될 수 없다는 것이 대법원 판결이었으나(대법원 1968. 9. 24. 자 선고 67스6 결정), 대법원 1981. 9. 8. 선고 80다3271 전원합의체 판결은 위 민법 개정 이후에는 동일 호적에 속하지 않은 생모도 친권자가 될 수 있다고 판단하였다. 해석론으로 생모에게 친권을 인정하였지만, 혼외자의 경우 친권의 공백이 큰 것(독일 민법 제1791조의c처럼 지자체의 청소년관청(Jugendamt)이 당연 후견인이 되도록 하는 것과 유사한 규정이 없기 때문)은 호주제도의 전통에 연결되어 있다.

5  가령 독일민법 제1774조는 미성년후견은 가정법원이 직권으로 개시하도록 하는데, 지자체의 청소년관청 등 공공기관의 통지의무에 의해 작동될 수 있게 한다(MünchKomm & Spickhoff. §1774 Rn. 5 참조). 성년후견 개시는 피후견인이 될 사람 또는 후견법원의 직권으로 개시된다(제1896조)(MünchKomm & Schwab. BGB. §1896 Rn. 131). 지자체는 신청권은 없지만, 후견개시 절차에는 신청에 의해 의무적으로 참여해야 할 당사자이다(FamFG, 제7조, 제274조). 사건본인의 친족이라는 지위로 신청권이나 당연 참가자의 지위가 주어지지는 않는다(Dutta, A., Jacoby, F., & Schwab, D. (2021). FamFG. §274 Rn. 6 ff. 참조). 영국은 학대나 방임에 기한 아동보호사건은 지자체가

리나라에서는 확대가족이 담당하게 한 것이다.

둘째, 앞서 살펴본 영국과 독일에서는 적절한 사람을 선임하고, 그런 사람이 없을 때 지자체가 후견인이 되는데,6 민법은 (확대) 가족 구성원의 책임하에 처리하도록 하였기 때문에 친권자가 없는 아동이나 의사능력이 결여된 성인에 대해 확대가족 중 최근친이 자동적으로 후견인이 되도록 하였다(1960년 시행 민법 제932조, 제933조 참조).

이런 배경 때문에 전통적으로 가족의 역할이었던 아동·장애인·고령자의 돌봄 문제와 관련하여 가족 내에 법적 분쟁이 있더라도 법원은 사적 분쟁해결자로 기능하는 데 익숙했다. 확대가족을 포함한 가족 중심의 아동, 장애인, 노인 돌봄을 민법에서 제도화하였기 때문에 법원 또는 지자체가 부모 또는 가족을 대신하여 후견인이 된다는 서구적 국친사상(parens patriae)은 미발달하였다. 1998년 〈가정폭력범죄처벌법〉을 통해 비로소 가정문제에 국가가 개입하기 시작하였지만, 복지를 담당하는 정부부처와 지자체가 여기에 직접 개입하지 않고, 민간비영리법인에 위탁한 아동보호전문기관이나 노인보호전문기관이 개입하는 것도 이런 가족 중심주의 법제도와 무관하지 않다. 고아에 대한 후견인이나 아동복지시

---

법원 명령을 신청하고, 보호명령(care order)이 내려지면 지자체가 당연히 친권을 보유하기 때문에 독일이나 우리와 비교하기 적절하지 않다. 성년후견 사건의 경우 영국 역시 친족이라고 해서 신청권이 있는 것이 아니고, 본인, 지속적 대리인, 후견인, 법원 결정문에 있는 사람(당연신청권자)을 제외하고는 법원의 허가를 얻어 신청할 수 있다. 지자체도 허가를 받아 신청할 수 있다(Brammer, A. (2015). *Social Work Law*. Pearson Education Limited. p. 477 참조).

6   독일은 최후의 후견인으로 지자체를 예정하고 있다(민법 제1900조). 영국의 예는 킴벌리 데이튼, 앞의 책. 243면 이하 참조.

설의 장을 그의 신청으로 지자체의 장이 지정하는 것(〈보호시설에 있는 미성년자의 후견직무에 관한 법률〉 제3조)도 동일하다.

그러나 21세기 들어 후견신청권자에 지자체를 포함시키고(민법 제9조 이하), 〈성년후견제도〉 이용 지원사업을 통해 국가재정이 지원되는 공공후견제도를 도입하고(〈발달장애인권리보장 및 지원에 관한 법률〉 제9조, 〈치매관리법〉 제12조의3), 아동학대 조사를 지자체의 직접 책임으로 인정하고(〈아동복지법〉 제22조 이하), 지자체가 아동면접교섭을 지원(〈아동복지법〉 제15조의5)하도록 하는 등의 변화가 시작되었다. 비록 선진국에서와 같이 지자체가 당연히 친권자 없는 아동의 후견인이 된다는 관념은 우리에게 매우 낯설지만, 아동만이 아니라 장애인과 취약성인의 보호를 위한 우리나라 고유의 국친사상, 즉 국가개입 방식이 발전해 가고 있음을 알 수 있다.

## 가족 중심의 문제해결과 소극적 국가개입

한편 우리 법에 이미 자리 잡은 국친사상의 구현물도 있다. 친권상실 등 아동보호와 관련된 영역, 금치산·한정치산 선고 등 의사결정능력이 없거나 부족한 성인의 보호와 연계된 영역, 부재자 및 상속인부존재 등 사인의 재산이 방치되는 사안 등에 검사가 이들의 보호를 위해 가정법원에 대한 신청권한을 갖는 제도가 그것이다. 이 규정들은 모두 국가가 검사를 통하여 가족문제에 개입할 수 있는 통로로 기능한다.

소년법에서의 검사의 역할도 민법과 연계된 국친사상의 구현물이다. 형사처벌의 대상이 되지 않는 촉법소년 및 우범소년에 대해 검사가 보호처분을 신청할 수 있도록 하고, 법무부 산하의 소년분류심사원, 보호관찰소, 소년원 등을 운영하는 것이 바로 비행소년에 대한 국친사상의 구체화이다. 소년법의 역사를 보더라도 부모의 통제를 벗어난 비행아동에 대해 국가가 부모 대신 아동양육의 일환으로 보호처분을 하는 것에 주된 목적이 있었다.[7] 권위주의 시절의 보호처분이었기에 엄격한 징계가 중심이었을 뿐이다.[8]

이런 발전과정을 되짚어 보면, 촉법소년 및 우범소년에 대한 보호처분은 형사사법과는 무관하고,[9] 오히려 부모의 양육역량의 범위를 벗어나 있는 아동에 대한 양육지원의 방식으로 볼 수 있다. 부모 대신 이들을 훈육 또는 징계하기 위해 검사가 공익의 대표자로서 양육적 조치를 취하도록 법원에 신청하는 것이 소년보호사건 절차라고 볼 수 있다.

이런 절차는 2021년 폐지된 민법 제915조의 부모의 징계권 행사와 매우 흡사하다. 달리 말하면 부모가 소년법에 따라 보호처분을 할 권한을 가지듯이 (폐지된 민법 제915조 및 〈소년법〉 제4조 제3항), 검사가 부모 대신 법원에 징계를 요청하는 것에 대응하는 것이다. 소년법에서 검

---

[7] 일제강점기인 1923년 제정된 〈조선감화령〉은 비행소년에 대해 적용되는 법률이었고, 1942년 제정된 〈조선소년령〉은 범죄소년에 대한 별도의 형사절차법이었다. 1958년 제정된 〈소년법〉은 〈조선감화령〉과 〈조선소년령〉을 통합하여 단일 법률로써 소년의 비행과 범죄를 동시에 규율하는 것으로 발전하였다.

[8] 1958년 제정된 〈소년법〉 제30조의 보호처분은 보호자 또는 적당한 자의 감호에 위탁하는 것(1호처분), 사원, 교회, 기타 소년보호단체의 감호에 위탁하는 것(2호처분), 병원 기타 요양소에 위탁하는 것(3호처분), 감화원에 송치하는 것(4호처분), 소년원에 송치하는 것(5호처분)으로 구성되었다. 현재의 〈소년법〉의 보호처분 역시 보호관찰을 제외하면 이 틀에서 벗어나지 않고 있다.

[9] 형사미성년자인 촉법소년의 범죄는 '비행'으로 성격규정할 수밖에 없고, 우범소년은 개념상 범죄행위를 한 것이 아니므로 두 부류는 형사처벌의 대상이 될 수 없기 때문이다.

사의 송치와 보호처분의 집행은 검사가 공익의 대표자로서 민사법적 권한, 즉 부모의 역할을 대신하여 행사하는 것이기 때문에 한국적 국친사상의 대표적인 예이다.[10] 이렇게 본다면 우리나라는 자율성을 배우고 자기결정권 행사를 경험할 수 있는 가장 기본적 단위인 가족에서 자율성과 자기결정권이 침해되는 공간에 대해 매우 늦게, 매우 소극적으로 개입하고 있다고 할 수 있다.

### 새롭게 변화하는 부모-자녀 관계

산업화 이후 사회적 실재로서의 대가족이 해체되고 1인 가구, 핵가족, 나아가 1인 가구, 노인부부 가족의 증가로 더 이상 법제도로서 확대가족은 존립할 수 없게 되었다. 2005년 법제도로서의 호주제도의 폐지는 변화한 사회환경을 뒤늦게 반영한 것에 불과하다.

 2011년 민법 개정을 통해 미성년후견과 성년후견의 개시로 가정법원이 후견인을 선임하도록 한 것, 2012년 민법 개정을 통해 아동 입양을 가정법원의 허가를 받도록 한 것은 이런 사회변화를 수용하여 국가개입의 범위를 넓힌 것으로 평가할 수 있다. 〈발달장애인법〉(제9조)과 〈치매관리법〉(제12조의 3)에서 공공후견제도의 도입도 마찬가지이다. 2020년 개정된 〈아동복지법〉 제15조의 5에서 지자체가 면접교섭을 지원하도록 한 것, 지자체가 아동학대 조사를 담당하도록 한 것도 아동보호를 위한 국가개입의 폭을 넓힌 것이다. 비록 앞서 본 영국이나 독

---

10 공익의 대표자로서의 검사 역할에 대한 일반적 논의는 제철웅 외(2015), 〈공익의 대표자인 검사의 민사법상 역할수행 활성화 방안〉, 법무부 연구보고서 참조.

일처럼 지자체가 보호대상아동의 후견인이 되는 형태는 아니지만, 이런 변화는 우리나라에서도 독특하게 자리 잡은 국친사상이 확산되어 가고 있는 것이라고 볼 수 있다.

문제는 그것을 어떻게 시대환경에 적합한 형태로 발전시키는가이다. 아동 돌봄을 가족의 책임에서 사회적 양육으로 전환할 필요성과 아동보호를 위한 국가개입의 확대의 강조와 더불어 주목해야 할 부분은 인권, 특히 자기결정권의 존중, 그 구체화로서 아동권리의 존중의식이다. 사회환경의 이런 변화는 더 이상 전통적인 권위나 엄벌 위주의 사회질서 유지가 불가능해졌음을 보여 준다.

사회 일각의 저항에도 불구하고 2021년 민법 제 915조의 징계권이 폐지된 것은 거스를 수 없는 사회환경의 변화 방향성을 보여 준다. 1980년대와 1990년대를 살았던 전통적인 부모가 그랬듯이 체벌 및 징계를 통해 아동을 양육하는 것은 급격히 변화한 사회환경에는 더 이상 맞지 않다. 현명한 부모라면 그 어느 때보다 아동의 바람과 감정을 경청하고, 그들의 권리를 존중하는 방향으로 법정대리권을 행사하여야 한다. 아동이 자기 또는 타인에 상당한 위해를 끼칠 현재 또는 임박한 위험이 없다면 아동의 자유를 제한하거나 박탈하지 않도록 해야 한다. 아동의 바람과 감정을 최대한 존중하는 긍정적 양육을 실천하고, 가능한 한 최대한 아동의 자기결정권 행사를 지원할 때 비로소 아동은 자기 책임하에 사회적 연대의식을 가진 성인으로 성장할 수 있다. [11]

---

[11] 현대사회에서 국가의 사회적 부모로서의 역할이 중요하다는 것과 사회적 부모는 현명한 부모로서의 역할을 수행해야 한다는 관점으로는 제철웅(2019). "생물학적 부모, 법적 부모, 그리고 사회적 부모". 〈비교사법〉, 26권 2호, 14 이하, 36 이하; 제철웅·장영인

이처럼 자율성을 존중하고 자기결정권 행사를 지원하는 현명한 부모의 역할을 국가가 대신 수행해야 한다면, 아동만이 아니라 자기결정권 행사에 어려움을 경험하고 있는 장애인이나 노인의 경우에도 마찬가지로 자기결정권 행사를 지원하는 제도를 도입하는 데 소극적이어서는 안 된다.

---

(2020). "보호대상아동의 사회적 양육 관련 법제도의 문제점과 개선방안". 〈가족법연구〉, 34권 1호, 123 이하 참조.

## 새로운 자율성, 자기결정권 개념의 수용

다수의 선진국에서는 '자율성', '자기결정권'을 고립되어 있는 합리적 개인의 자율성, 자기결정권으로 이해했기 때문에 의사결정자가 사회적 관계의 영향하에 의사결정을 한다는 점을 간과하는 문제가 있었음을 앞서 지적하였다. 이에 반해 우리나라는 개인을 사회적 관계, 특히 가족의 일원으로서 인식하는 오랜 전통이 있었기 때문에 의사결정능력에 손상이 있는 개인의 의사결정을 가족이 대신하는 데 매우 익숙하다. 치매노인이나 중증장애가 있는 성인 자녀를 시설에 보내 돌보도록 하거나 치료를 받게 할 때 그 결정을 본인이 아니라 가족이 대신하는 것에 별다른 주저함이 없다. '자율성', '자기결정권'이라는 관념이 매우 미성숙한 상태인 것이다.

서구 선진국과 우리나라 사이에는 차이가 있을 수밖에 없지만, 근대적인 '자율성', '자기결정권' 개념이 개인의 복리에 미치는 긍정적 효과를 결코 간과해서는 안 된다. 한 개인의 신체, 마음, 정신, 소유물을 그 자신의 것으로 존중하고 그것에 관하여 주권을 행사할 수 있도록 하는 것은 인간이 존엄한 존재로 살아가는 데 필수적이다.

그러나 개인은 동시에 사회적 관계망에서 생활하고 타인과 교류하면서 생활하기 때문에 '관계성' 또한 중요한 부분이다. '자율성'과 '관계성'의 조화는 개인의 자율성과 자기결정권을 존중하면서 동시에 타인의 권리를 존중하면서 상호 연대의 정신으로 협력하고 지원하는 관계가 필요하다. 이런 관점에서 보면 우리나라의 경우 '사회적 관계망' 내에서의 '개별성'을 더욱 강조해야 할 시점이라고 할 수 있다.

'사회관계망'의 영향력을 전제하면서도 '개별성'을 침해하지 않도록 하는 것이 필요하다고 인식할 경우, 강력한 사회관계망의 영향력하에서 표출되는 노인이나 의사결정능력 장애인의 의사표시를 문자 그대로 '자기결정권'의 행사로 받아들이는 데에는 신중하여야 한다. 타인의 권리나 이익에 대한 배려 못지않게 중요한 것이 자신의 권리의 존중과 행사임을 지속적으로 교육하고 지원하는 역량 강화가 매우 중요하다.

이를 제도화하기 위해서는 의사결정능력 장애인을 조력하는 여러 관계자(후견인 포함)들이 자기 권리 행사의 소중함을 일상적 생활에서 경험하도록 지원하고, 사회적 관계망의 부당한 영향력 행사를 최소화하기 위해 노력하며, 특히 사회적 관계망에 있는 사람에 대한 사회적 교육의 실시 등에도 관심을 기울여야 한다. 나아가 의사결정능력 장애인에게 중요한 의사결정에서는 이해관계인으로부터 독립된 지위에 있는 사람에 의한 의사결정 지원이 필수적이다.

## 기존의 여러 제도를 의사결정 지원의 관점에서 새롭게 조망하기

자기결정권 존중과 자기결정권 행사를 지원(의사결정 지원)하는 것은 어떤 새로운 제도를 도입하여 실현할 수 있는 것은 아니다. 현행 사회제도가 자기결정권 존중을 저해한다 하더라도 완전히 새로운 사회제도를 도입하는 것은 현실에서는 불가능에 가깝다. 사회구성원의 인식은 그들의 경험에 기반하기 때문에 변화 역시 기존 제도의 결함이나 한계를 보완하는 데서 출발할 수밖에 없다.

즉 기존의 사회제도에 자기결정권 존중과 의사결정 지원이라는 '목적의식적 작용'을 더할 때 점차적으로 의사결정 지원의 제도화가 이뤄질 수 있을 것이다. 이와 관련하여 의사결정과 관련된 우리나라의 기존 제도에 대한 평가와 개선점을 아래에서 살펴본다.

### 임의후견의 정당성과 한계

자기결정권 행사에 어려움을 겪고 있거나 어려움을 예상하는 성인의 경우 미리 자신이 신뢰하는 대리인을 정해 그에게 자신의 의사결정을 지원하고 필요한 경우 대리하게 할 수 있다. 우리 법에서는 그 목적으로 '임의후견'이라는 제도를 둔다. 이 제도가 의사결정 지원제도로 활용될 수 있을까?

임의후견계약은 질병·장애·고령 등으로 인한 정신적 제약으로 장래 사무 처리를 하는 데 어려움을 겪을 것으로 예상되는 경우를 대비하여 자신을 위하여 법률행위 또는 준법률행위를 대리할 수 있는 권한을 부여하고, 여타의 사무 처리를 위임하는 대리권 수여부 위임계약[12]의 형식을 띠도록 하고 있다. 그런데 통상의 대리권 수여부 위임계약으로도 동일한 목적을 달성할 수 있다. 즉 재산관리 및 신상보호에 필요한 법률행위를 대리할 수 있을 뿐 아니라, 신체 접촉과 침습을 수반하는

---

12 이에 관한 상세한 것은 제철웅(2014). "개정 민법상의 후견계약의 특징, 문제점 그리고 개선방향". 〈민사법학〉, 66호, 115 이하 참조.

요양 및 의료 서비스에 대한 동의를 대리하게 할 수 있다.

임의후견계약이 통상의 대리권 수여부 위임계약과 다른 점이 있다면, 가정법원이 임의후견 감독인을 통하여 임의후견인의 활동을 감독하고, 임의후견인이 권한을 남용할 경우 임의후견인을 해임하거나(민법 제959조의 17 제2항) 임의후견인이 가정법원의 허가를 받아 후견계약을 종료할 수 있다(민법 제959조의 18)는 점이다. 또한 임의후견인이 활동하는 시점부터는 법정후견의 개시가 임의후견인 또는 임의후견감독인의 신청 없이는 불가능하도록 한 것도 통상의 위임계약과 차이가 있다.

임의후견계약은 그 계약의 체결을 공정증서로 해야 하는 것(민법 제959조의 14 제2항), 가정법원이 임의후견 감독인을 선임할 때 비로소 임의후견계약의 효력이 발생하는 것(민법 제959조의 14 제3항), 임의후견 감독인은 임의후견인의 가족이어서는 안 되는 것(민법 제959조의 15 제5항, 제940조의 5) 등의 제약이 있다. 이런 이유 때문에 임의후견계약은 고령 또는 장애로 일상생활, 치료, 요양을 위한 목적의 법률행위 대리권을 부여하려는 사람들은 이용하는 데 불편과 부담이 따른다.

선진국에서는 지속적 대리권의 이용이 압도적으로 많고, 후견 이용은 지속적 대리권 이용의 10% 남짓에 불과하다는 점에 비추어 보면, 우리나라의 임의후견제도가 〈장애인권리협약〉 제12조의 일반평석상의 장애인권리위원회가 권고하는 의사결정 지원수단으로 주로 활용되기에는 한계가 있다. 앞서 언급한 것처럼 우리나라는 '자율성'을 존중하는 문화가 아직 발전도상에 있기 때문에 국가가 일률적으로 정한 기준에 맞추는 것에 익숙하여 기존의 대리권 제도 활용보다는 규제가 있는 임의후견제도를 도입한 것이라고 볼 수 있다.

이런 제약이 있는 제도임에도 불구하고 임의후견제도는 관리할 재산이 많고, 본인이 지정한 지속적 대리인으로는 본인의 의사능력 쇠퇴 이후의 시점에서 재산관리에 어려움이 있을 것이라고 생각하는 사람들이 이용할 수 있다. 공증을 통해 위임계약의 내용에 대해 법률가의 사전점검을 받을 수 있다는 장점이 있으므로, 지속적 대리인의 활동을 감독할 장치를 스스로 설정하는 데 비용과 노력을 쏟는 것을 원치 않고 가정법원의 감독에 맡기고자 할 때 적절한 수단이 될 것이다.

## 요양 및 의료에 관한 사전 지시서

연명의료결정서 제도의 도입으로 우리는 사전 지시서 제도를 통해 의사결정능력이 크게 손상된 시점에서도 요양서비스나 의료서비스를 그 지시에 따라 제공하게 할 수 있을 것이다. 이 문제를 본격적으로 검토하려면 의료나 요양은 서비스제공자의 선의에 기반한 일방적 행위인지 아니면 서비스이용자의 동의 없이는 제공할 수 없는 것인지, 즉 자율성이 지배하는 영역인지를 검토할 필요가 있다. 이 논의에서는 연명치료중단과 관련된 사전 의료지시서는 논외로 한다.

연명치료의 중단은 생명의 상실로 직결되는데, 국가는 인간의 존엄성 중 가장 중요한 기본권인 생명에 관한 기본권을 보호할 책임이 있기 때문에, 그 인정 여부는 다양한 고려가 있어야 한다. 따라서 많은 나라에서는 특별법을 제정하여 이 문제를 해결하고 있다.[13] 대법원이 전원

---

13　영국에서는 연명치료에 관한 사전 의료지시서를 인정할 것인지를 두고 논란이 거듭되었

합의체 판결로 연명치료에 관한 사전 지시의 효력을 인정한 것[14]은 입법이 없는 상태에서 불가피하게 최소한의 범위에서 그 효력을 인정한 것으로 이해할 수도 있다. 그러나 연명치료의 중단이 아닌 통상 의료 및 요양 행위에 대한 사전 지시서는 이와 달리 일반적인 의사표시에서의 자유의 행사와 다를 바 없다.

요양 및 의료 행위에 수반되는 신체 접촉 또는 침습에 대한 동의는 상대방이 있는 의사표시이다. 이 의사표시는 상대방에게 도달하면 비로소 그 효력이 발생하는데, 상대방에게 전달하는 방식에는 아무런 제약이 없다. 서면으로 전달할 수도 있고, 제3자를 통해 전달할 수도 있다. 그러나 의사표시와 도달 사이에 상당한 시간 간격이 있다면, 또는 그 의사표시가 수회에 걸쳐 계속적이고 반복적으로 이루어져야 한다면, 그 의사표시는 서면으로 해야 한다. 그것이 바로 사전 지시서이다.

이런 성격의 요양 및 의료에 관한 사전 지시서는 상대방이 있는 동의 또는 부동의의 의사표시를 미리 해 둔 것이기 때문에, 철회 없이 서비스 제공자에게 전달되면 이로써 그 의사표시의 효력이 발생한다. 사전 지시서 작성자의 의도가 계속적이고 반복적으로 이를 활용하려는 것이라면 동일한 상황에 대해 지속적으로 활용될 수 있다. 현행법에서는 요양 및 의료에 관한 사전 지시서는 연명치료중단에 관한 사전 지시서와

---

기 때문에 1986년 이미 입법의 골격을 마련하였던 〈정신능력법〉의 제정이 2005년까지 미루어졌다. Bartlett, P. (2005). *Blackstone's Guide to the Mental Capacity Act 2005*. Blackstone Press. p. 16 참조. 독일 역시 연명치료에 관한 사전 의료지시서의 인정은 2013년 제3차 〈성년후견법〉 개정을 통해서 비로소 인정되었다.

14 연명치료중단에 관한 사전 지시의 효력은 대판(전) 2009. 5. 21. 2009다17417 전원합의체 판결 참조.

달리 아무 제한 없이 활용될 수 있다.

그런데 위의 사전 지시서는 미래에 제공될 서비스로 인한 신체 접촉 또는 침습에 해당되는 현재의 동의 또는 부동의이므로, 그 성격에 맞게끔 과거에 작성되었고 또한 현재(작성 시점에서는 미래) 검토하는 치료에 해당된 동의 또는 부동의라면 그 치료에 대한 본인의 준법률행위적 의사표시로서 효력을 갖는다. 그렇지 않을 경우 신체 접촉 또는 침습을 수반하는 당해 서비스에 대한 동의로 볼 수 없다. 따라서 유효한 사전 지시서가 되지 못할 위험을 회피하고자 한다면, 요양 및 의료에 관한 사전 지시서에 관하여 사자의 역할을 하는 사전 지시서 보유자에게 일정한 지침을 제시하여 본인을 위한 일정한 의사표시를 대신하도록 권한을 부여하는 것이 자기 보호의 공백을 회피할 수 있는 방법이다. 즉, 대리가 가능하다.

이런 의사표시는 대리가 가능하지 않은 일신전속적 의사표시로 이해할 것은 아니다. 일신전속적 의사표시를 대리할 수 없도록 하는 것은 본인을 보호하기 위해서나 법률상의 목적 달성을 위한 것이거나 사물의 본성상 대신해서는 안 되는 행위이기 때문이다. 가령 공직선거의 경우에는 투표를 대리하지 못하지만, 이사 선임 투표에서는 대리할 수 있다. 결혼의 의사표시를 대리할 수 없게 하는 것은 원치 않는 자와의 혼인을 막기 위해서이다. 그러나 자신의 의사결정능력 상실의 시점에서 제공될 신체 접촉 또는 침습적 요양 및 의료, 거주이전의 자유를 제한하거나 박탈하는 조치(거소의 결정)에 관한 동의권의 대신 행사를 타인에게 위임하는 것은 본인의 보호에 불가결하다.

연명치료의 중단을 제외하면, 요양 및 의료에 관한 사전 지시서는 지금도 아무 제한 없이 활용될 수 있다. 요양 및 의료에 관한 사전 동의 의사표시를 해 둘 필요가 있는 것은 신체 자유가 박탈되거나 신체 접촉 및 침습이 요구되는 요양 및 의료서비스 제공에 관한 사안들이다. 거주하고 싶은 장소, 섭취하기를 원치 않는 음식, 복용하기를 원치 않는 약물, 신체의 자유에 대한 제한과 구속(요양시설 등에서의 신체 억제대 사용 등), 신체 침습적 치료에 불가결한 동의 여부 등에 관하여 미리 사전 지시서를 작성해 두면, 그 사전 동의의 효력으로 후견인에 의한 의사표시를 대체할 수 있다.

사전 지시서에서 문제가 되는 것은 사전 동의가 법률적으로 효력이 있도록 작성하는 것, 사전 동의가 통상 필요하거나 예측되는 사안을 모두 망라할 수 있게 서면을 작성하는 것, 작성된 서면을 보관하여 요양 및 의료 서비스 제공자에게 전달하는 것 등이다. 이 일을 국가가 지원한다면 그것이 바로 〈장애인권리협약〉 제12조 제3항의 의사결정 지원이 될 것이다. 그 방법으로는 사전 요양지시서와 사전 의료지시서의 등록, 환자의 동의가 필요할 경우 요양 및 의료 서비스 제공자가 이를 열람할 수 있게 하는 것, 실질적으로 돌보는 친족이나 제3자가 이를 서비스제공자에게 전달할 수 있게 지원하는 것 등이 있다.

그럼에도 불구하고 사전 지시서의 경우 상황에 맞는 동의의 의사표시를 미리 모두 포함시키기 어렵다는 점, 전달에 어려움이 있다는 점 등의 단점을 쉽게 극복하기 어렵다. 이런 곤란을 해결해 줄 수 있는 방법이 대리인을 선임하여 그로 하여금 반복적·계속적으로 법률행위를 대리하거나 신체자유 박탈, 신체 접촉과 침습을 수반하는 요양 및 의료에 대한 동의의 의사표시를 대리하도록 하는 것이다.

### 지속적 대리권

의사결정능력이 없어진 시점에서도 본인이 해야 할 법률행위 및 준법률행위를 반복적·계속적으로 대리할 수 있는 지속적 대리권을 부여하는 것은 의사결정 지원 중 가장 핵심적인 수단이다. 지속적 대리권을 부여할 때 무엇보다도 환자가 본인의 필요성에 맞게 스스로 대리권의 범위를 정할 수 있고, 신뢰할 수 있는 사람을 대리인으로 지정할 수 있으며, 의사결정 대행의 방법도 본인에게 맞게 미리 정하고, 대리인의 활동 감독 방법과 수단까지 정할 수 있기 때문에, 지속적 대리인은 의사결정능력을 상실한 시점에서도 본인의 욕구와 선호도를 충실히 반영하여 의사결정을 대행할 수 있다. 이 점에서 UN 〈장애인권리협약〉 제 12조 제 2항, 제 3항의 요건에 충실히 부합한다.

그러나 현행법상의 지속적 대리권에는 다음과 같은 단점이 있다.

첫째, 지속적 대리권의 존재를 증명하기가 쉽지 않다. 일상 거래에서는 본인의 인감도장이 찍힌 위임장, 인감증명서, 주민등록증 사본 등을 통해 대리권의 존재를 증명한다. 그런데 지속적 대리권은 반복적·계속적으로 대리권을 행사하여야 하기 때문에 그때마다 대리권을 증명할 수 있는 방법이 있어야 한다.

둘째, 대리권은 통상 위임이나 고용 등과 같은 내부관계로 뒷받침되기 때문에 본인에게 보고할 의무가 있다. 본인은 대리인의 대리권 행사의 전말을 보고받음으로써 그의 활동을 관리·감독할 수 있다. 부적절한 대리권 행사가 있을 때에는 대리권을 철회할 수도 있다. 그런데 본인의 의사결정능력이 없어지거나 쇠퇴한 경우 본인의 관리·감독 능력이 현저히 저하할 수 있다는 단점이 있다.

첫 번째 단점은 비용이 들기는 하지만 사전증서의 인증을 통해 해결할 수 있다(〈공증인법〉 제57조 이하). 두 번째 단점은 복수의 대리인을 두고, 그중 일부는 본인의 관리·감독권한을 대행할 수 있게 위임함으로써 극복할 수 있다. 이때 관리·감독권한을 대행하는 대리권을 공익법인 또는 신뢰할 만한 법률가에게 부여할 수도 있다. 그러나 이를 위해서는 본인의 장래의 필요성에 가장 부합하는 권한을 가진 대리권 증서를 작성해 주고, 그 대리인이 선관주의의무로써 업무를 수행할 수 있게 관리·감독권한을 대리할 공익법인이나 유사한 기관, 개인을 활용하도록 관련 법률문서를 작성해 줄 유능한 법률가가 있어야 한다는 문제가 있다.

UN 〈장애인권리협약〉 제12조는 모든 협약국에게 의사결정능력 장애인이 스스로 권리행사를 할 수 있게끔 의사결정 지원체계를 갖추도록 보장하고(제12조 제3항), 그 의사결정 지원체계의 안전성을 담보할 의무가 있다고 한다(제4항). 국가가 지속적 대리권 양식서를 개발하여 등록하게 함으로써 대리권의 존재를 쉽게 증명할 수 있도록 하는 것, 대리인의 활동을 국가가 직접 또는 민간에 위탁하여 관리·감독하게 함으로써 의사결정능력 장애인의 부족한 관리·감독 역량을 보충하는 것, 즉 정당한 편의 제공을 하는 것이 이런 안전장치가 될 것이다. 영국의 영속적 대리권의 등록세도, 독일의 장래대리권의 등록제도, 캐나다 브리티시 콜롬비아주의 대리합의서 등록제도, 싱가포르의 영속적 대리권 등록제도 등이 바로 그 예이다. 영국의 공공후견인청, 브리티시콜롬비아주의 공공후견인청, 싱가포르의 공공후견인청 등은 그러한 관리·감독기능을 수행하는 기관이다.

우리나라의 경우에도 이미 현행법에서 인정하는 지속적 대리권을 의사결정능력 장애인의 권리행사를 위한 정당한 편의 제공 수단으로 활용할 필요가 있다. 이를 위해서 재산관리 및 신상보호에 관련된 법률행위 및 준법률행위를 대리할 권한을 미리 부여하는 지속적 대리권 증서를 등록하게 한 후, 등록기관이 발급한 증명서로 반복적·계속적 대리권을 증명하도록 하고, 대리인의 활동을 등록기관이 관리·감독하거나 민간에 위탁하여 관리·감독하는 것이 바로 〈장애인권리협약〉 제12조 제4항의 안전장치를 갖추는 길이다.

지속적 대리권에 대한 또 다른 정당한 편의 제공은 지속적 대리인의 의사결정이 본인의 생명이나 신체에 중대한 영향을 미칠 수 있는 사안일 때에는 설사 본인이 대리인에게 동의를 대행하게 하였다 하더라도 대리인의 대리행위의 적정성을 사법적으로 심사하게 하는 장치를 두는 것이다. 신체의 자유와 완전성을 침해하는 요양 및 치료에 관한 동의의 대리, 생명과 신체에 직접 중대한 영향을 미칠 수 있는 의료행위의 동의의 대리 등이 그 예이다. 다만 사법적 심사를 어떤 범위로 어떻게 할지는 본인이 대리인에게 어떤 지침을 제공하였는가에 따라 달라질 수 있다.

### 〈성년후견제도〉와 의사결정 지원

앞서 언급한 것처럼 성년후견(cura)의 원조라 할 수 있는 로마법에서는 후견인은 피후견인의 재산과 신상 전부를 사실상으로 그리고 법적으로 돌보는 권한을 가졌다. 이런 전통은 근대 유럽에서도 이어졌다. 독일에서도 1990년 민법 개정 이전에는 후견인은 재산과 신상을 보호하는 권한을 보유하고 있었다. 후견인은 미성년자의 후견인과 마찬가지로 피후견인의 재산관리 및 신상보호 권한을 가지며, 법정대리권은 그 일부의 권한에 속하였다.[15]

원래 영국법에서 후견은 법률행위를 할 수 없거나 스스로를 돌볼 수 없다고 판단되는 성인의 보호는 국가의 권한에 속한다는 국친사상에 기초한 인식에서 비롯되었다.[16] 그리하여 정신질환자의 재산관리와 신상보호를 보호법원이 담당하였다(2005년 〈정신능력법〉 제정 이전의 1983년 〈정신보건법〉 제7부 제95조). 보호법원은 재산관리 및 신상보호에 관한 자신의 권한에 근거하여 후견인(receiver)을 선임하여 그에게 일정한 권한을 부여하며 정신질환자의 재산관리와 신상보호를 담당하도록 하고, 정신질환자가 한 법률행위는 무효로 만듦으로써 스스로 법률행위를 하지 못하도록 하였다(1983년 〈정신보건법〉 제7부 제99조).[17]

그러나 오늘날 대부분의 선진국에서 후견은 더 이상 재산관리 및 신상보호를 내용으로 하지 않고, 피후견인의 의사결정을 대행하는 제도로 정착했다. 1990년 〈성년후견법〉 제정을 통해 〈행위무능력자제도〉를 폐지하고 〈성년후견제도〉를 민법에 도입한 독일은 제1차 〈성년후견법〉 개정을 통해 후견인의 고유한 임무는 법적 지원, 즉 피후견인의 의사결정을 대신하는 것에 있음을 분명히 하였다(독일 민법 제1897조 제1항).[18] 물론 후견인이 사실행위를 할 수도 있겠으나, 이는

---

15 이에 대해서는 Staudinger/Bienwald. BGB. Vorbem zu §§ 1896 ff., Rn. 4 ff. 참조.

16 Bartlett, P. 앞의 책. p. 1에서 후견의 국친사상이 사라져 간 과정을 서술하고 있다.

17 간단한 개관은 Ashton, G., & Letts, P. (2010). *Court of Protection Practice 2010*. Jordans. p. 31 참조.

후견인이 본인을 대리하여 타인으로 하여금 특정의 사실행위를 하도록 계약하는 것에 갈음하여 스스로 그 사실행위를 한 것으로 이해해야 할 것이다. 물론 거기에 준하여 후견인은 피후견인으로부터 비용상환을 받을 수 있다. 그렇기 때문에 후견인에게 부여하는 임무는 재산관리 및 신상보호 영역에서 피후견인이 하여야 할 각종의 의사표시이다 (1896조 제3항). 영국 역시 2005년 제정된 〈정신능력법〉에서 법정후견과 영속적 대리인은 의사결정능력이 없는 성인의 재산과 신상을 보호하는 기능을 하는 것이 아니라, 재산 및 신상 관련하여 본인이 하여야 할 의사결정을 대신하는 자로서 자리매김하였다 (〈정신능력법〉 제16조 이하 참조).

우리나라 역시 〈성년후견제도〉의 도입으로 후견인의 직무가 재산관리와 신상보호에 관련된 의사결정의 대행으로 축소되었다고 이해하는 것이 적절하다. 이렇게 이해할 경우 〈행위무능력자제도〉와 비교할 때 돌봄과 보호에서의 공백이 생기지 않는가라는 의문이 제기될 수 있다.

첫째, 〈행위무능력자제도〉하의 후견인이 하던 재산관리 관련 사실행위를 〈성년후견제도〉하의 후견인은 피후견인을 대리하여 재산관리

18 〈성년후견법〉 제정 직후에는 사회적 지원(soziale Betreuung)과 법적 지원(rechtliche Betreuung) 간의 구분이 모호하여, 후견인이 사실행위인 돌봄을 제공하는 것도 자신의 임무로 파악하기도 하였다고 한다. 사실행위는 후견인의 임무가 아니며 법적 돌봄, 즉 의사결정의 대행과 관련된 업무가 후견인의 임무임을 명확히 하기 위해 1999년 제1차 〈성년후견법〉 개정을 통해 제1987조 제1항에 '법적 후견'(rechtliche Betreuung)이라는 표현을 넣고, 제1901조 제1항을 추가하여 법적으로 돌보는 것(rechtlich zu besorgen)에 필요한 모든 활동이 후견인의 임무임을 규정하였다. 이에 대해서는 Staudinger/Bienwald. BGB. § 1897 Rn. 1 ff, § 1901 Rn. 2 f. 참조.

관련 계약을 체결하여 제3자로 하여금 재산관리 관련 사실행위를 하게 하면 되기 때문에 재산관리의 영역에서 보호나 돌봄에서의 공백이 발생하지 않는다.

둘째, 신상보호의 영역에서도 요양보호사, 요양원, 요양병원, 장애인 거주 시설, 기타 돌봄서비스 등이 다양하게 제공되기 때문에, 후견인이 법정대리권을 행사하여 요양서비스 계약을 체결할 수 있으므로, 보호와 돌봄에 공백이 발생하지 않는다. 즉 법정대리권에 기한 의사결정 대행만으로도 후견인은 피후견인이 자신의 재산과 신상을 스스로 돌보는 것과 동일한 효과를 실현할 수 있다.

그러나 신상보호 영역에서는 〈행위무능력자제도〉에서 잘 드러나지 않았던 문제가 전면에 등장하게 되었다. 즉, 후견인이 피후견인을 대리하여 신상보호 관련 요양계약 또는 의료계약 등을 체결하여 요양받을 장소가 변경되거나, 요양보호사 또는 의사가 요양 및 의료서비스를 제공할 때, 그 서비스가 피후견인의 신체의 자유를 박탈하거나, 신체에 대한 접촉 또는 침해를 수반한다면 후견인은 어떤 권한으로 그와 같은 조치를 취하게 하는지가 문제 된다. 성인의 거주 장소는 자신이 아닌 다른 누구도 정할 수 없고, 누군가가 타인의 거주 장소를 지정하여 거주하게 할 때 본인의 동의가 없다면 그것은 감금 내지 자유의 제한이 된다. 형법상의 감금죄, 권리행사방해죄는 별론으로 하더라도 불법행위가 될 수 있다.

성인의 동의 없이 신체에 대한 접촉이나 침습이 있다면 그것 역시 위법행위이다. 이때에도 민법 제750조의 다른 요건이 갖추어지면 불법행위가 될 수 있고, 또한 폭행죄와 상해죄로 규율될 수도 있을 것이다.

그 점에서 보면 본인이 하는 동의는 불법행위법상의 위법성을 조각하는 효과가 있으며, 감금죄, 권리행사방해죄, 폭행죄와 상해죄의 구성요건을 충족하는 것을 저지하는 법률효과도 있다. 즉, 본인의 동의는 준법률행위라 할 수 있다. 그렇다면 이런 행위에 대한 후견인의 동의는 어떤 권한에 근거한 것인가?

여기서 후견인이 행사하는 피후견인의 신체 자유 박탈에 대한 동의, 신체 접촉과 침습에 대한 동의가 본인의 동의를 대신하여 행사하는 것인지, 아니면 별개의 권한으로 하는 것인지를 검토해야 한다. 우리 민법은 제938조 제3항에서 '신상에 관한 결정권'을 후견인에게 부여하면 후견인이 그 결정권을 행사하는 것으로 규정한다. 그렇지만 이때의 결정권은 본인의 결정권을 대신 행사하는 것인가, 아니면 법률규정에 의해 후견인에게 본인의 신상에 관한 독자의 결정권이 부여된 것인가의 문제가 여전히 남는다.

먼저 신상에 관한 본인의 동의권을 대행할 권한이 부여되었다면, 그 권한에는 대리의 경우와 마찬가지로 본인의 이익을 위하여 행사하여야 할 내재적 의무가 부과된 것으로 볼 수 있다. 반면 법원의 결정으로 자기의 이름으로 피후견인의 신상을 결정할 독자의 권한이 부여되었다면 대리권과 달리 법률에 의한 독자의 권한이 후견인에게 부여된 것으로 볼 수 있다. 후자와 같이 이해할 경우 다시 법률로써 타인의 신상을 결정할 권한을 후견인에게 부여해도 되는가라는 보다 근본적인 의문에 직면한다.

그런데 제938조 제3항을 제947조의 2와 결합해서 보면 후견인에게 신상결정권이 부여되었다 하더라도 본인이 스스로 결정하는 것이며,

본인이 스스로 결정할 수 없을 때에만 비로소 후견인이 그 권한을 행사할 수 있다(민법 제947조의2 제1항). 이 점을 감안하면 후견인의 권한은 본인의 결정권한, 즉 동의권을 대신 행사하는 것으로 이해해야 할 것이다. 따라서 후견인은 선관주의의무로써 본인의 이익을 위하여 그 권한을 행사하여야 한다.

임의대리인이 대리할 수 있는 행위를 후견인도 법정대리할 수 있기 때문에 양자는 누가 대리인을 선임하였는가의 차이만 있을 뿐, 성질이 서로 다른 것이 아니다. 독일법에서도 이미 1990년 〈성년후견법〉의 제정 시점에서 대리인도 신체 접촉 또는 침습을 수반하는 요양 및 의료에 관한 동의권을 대리할 수 있다는 점을 널리 인정하였다. 혼인·유언작성·불임시술 등의 대리를 제외하고는, 후견인이 대행할 수 있는 모든 법률행위를 대리인도 대리할 수 있다고 본 것이다.

나아가 독일에서는 의료행위의 동의, 신체 자유 박탈적 요양 및 의료행위에 대한 동의도 대리할 수 있다고 보았다.[19] 독일은 제1차 〈성년후견법〉 개정 시 제1904조에서 침습적 의료행위 동의는 서면으로 작성하도록 하였고, 제3차 〈성년후견법〉 개정에서는 연명치료에 관하여도 후견인과 대리인 간에 차이를 두지 않았다.

우리 민법 제947조에서 신상에 관한 결정권을 인정한 것 역시 본인이 결정하여야 할 사항, 즉 본인의 동의권을 대리하는 것이 가능하다는 전제하에 이를 둘러싼 논란을 없애기 위하여 후견인에 대해 동의권의 대리행사를 인정한 것이라고 이해할 수 있다.[20] 요컨대 재산관리 및 신

---

19  이에 대해서는 Staudinger/Bienwald. BGB. (§1896~1921) § 1896 Rn. 127 ff.

상보호에서 후견인이 본인을 대리함으로써, 본인 스스로의 의사결정으로 사회생활을 영위하는 것과 동일한 효과를 실현할 수 있다는 전제하에 〈성년후견제도〉가 도입되었다고 이해할 수 있다.

---

20 거소결정권이나 서신개봉권한은 본인의 동의의 의사표시를 대신하는 것인데, 후견인이 자신이 거주하는 곳에 피후견인을 거주하게 하거나 자신이 직접 서신을 개봉할 경우에는 본인을 대리하여 자기에 대해 의사표시를 하는 것으로 이해하면 될 것이다. 이런 의사표시는 금지되는 자기대리나 쌍방대리에 포섭되지 않음은 물론이다.

## 자기결정권 행사 경험의 제도화

우리나라가 2006년 UN 〈장애인권리협약〉에 서명한 이후 법제도에 많은 변화가 일어났다. 2007년에는 〈장애인차별금지법〉과 〈노인장기요양보험법〉이 제정되었고, 중증장애인이 시설에서 나와 지역사회에서 생활하는 것을 보장하기 위한 다양한 입법적 논의가 시작되어 2011년에는 〈장애인활동지원에 관한 법률〉이 제정되었다. 그 이전까지 가족의 책임이었던 고령자와 장애인의 돌봄을 사회와 국가가 분담해야 한다는 사회적 요구가 높아진 결과이다.

2011년 민법 개정으로 〈행위무능력자제도〉가 〈성년후견제도〉로 개편된 것도 의사결정능력에 손상이 있는 고령자와 장애인에 대한 법적 돌봄에 사회적 돌봄의 차원을 더하고자 한 것이었다. 그 이전에는 금치산 또는 한정치산 선고가 있으면 배우자나 최근친이 자동적으로 후견인이 되던 것이 가정법원의 성년후견 개시 및 후견인 선임 심판으로 전환됨으로써 제3자가 후견인으로 선임될 수 있기 때문이다. 이런 변화는 우리 역사에 중요한 의미가 있다.

그러나 피후견인의 입장에서 보면 〈성년후견제도〉의 도입은 미미한 변화에 지나지 않는다. 우리나라의 〈성년후견제도〉는 피후견인의 보호보다는 그와 법률행위를 하는 제3자의 보호에 초점이 맞추어진 제도이기 때문이다. 의사결정능력에 손상이 있는 고령자나 장애인은 의사무능력일 것이라는 사회적 편견으로 그와 법률행위를 하는 것을 기피하는 경우가 많다. 이들이 지역사회에서 자기 권리를 행사하고 의무를 이행하면서 살아가는 데 큰 사회적 장벽이 있는 것이다. 〈성년후견제도〉는 피후견인과 법률행위를 하는 상대방을 안심시킴으로써 지역사회에서 필요로 하는 재화와 서비스를 지역사회 구성원으로부터 조달받으며 생활할 수 있는 가능성을 높일 수 있지만, 피후견인의 관점에서 본다면 〈성년후견제도〉는 종전의 〈행위무능력자제도〉와 후견인이 가족 아닌 제3자가 될 수 있다는 점에서만 차이가 있는 셈이다. 피후견인은 누가 후견인이 되느냐에 따라 자기 삶의 질이 바뀌는 피동적 운명에 놓일 뿐이다.

관점에 따라 다르게 볼 수 있겠지만 〈행위무능력자제도〉나 〈성년후견제도〉가 피후견인 자신의 이익에 부합하지 않는 것은 ① 후견인을 자신이 정하는 것이 아니라는 점, ② 후견인이 자신의 권리, 의사, 선호도를 언제나 확인해서 그것에 법적 효과가 부여될 수 있도록 대리권한을 행사하는 것이 아니라는 점, ③ 성년후견 또는 한정후견이 개시되면 300여 개의 결격조항으로 다양한 사회적 제약이 따르게 되어 법적으로는 살아 있는 주체로 인정받지 못하게 된다는 점, ④ 그 결과 피후견인의 사무와 관련된 의사결정과정에 자신의 참여가 거의 언제나 배제될 수밖에 없다는 점 때문이다. 이런 이유로 의사결정능력에 손상이 있는 고령자나 장애인의 자기결정권 존중과 자기결정권 행사의 지원에 대한 필요성이 높아졌다.

자기결정권을 존중한다는 것은 자신의 생명·신체·감정·정신 그리고 재산에 대해 자신이 주권자임을 인정하고, 사회적으로 의사능력이 없다고 의심되는 순간에도 자기결정권을 행사할 수 있도록 지원하는 것을 의미한다. 빈곤을 극복하기 위해 경제적 성장에 집착하고, 그 결과 민주주의와 다양성을 외면했던 성장지상주의 시대를 거치면서 이 땅의 기성세대는 국가가 설정한 제도의 틀에 자신을 맞추어 살아가는 데 익숙해졌다. 감성적 의식의 진화과정에 따르면[21] 이 과정을 통해 획일성에 익숙한 국민정서가 형성된다.

이런 획일적 국민정서는 의사결정능력에 손상이 있는 고령자나 장애인의 자기결정권을 침해하는 사회적 무기로 작동한다. 개인의 다양성을 고려하면, 가정법원이 정해 준 후견인이 아니라 자신이 정한 대리인을 통해 미래의 법적 위기에 대응하고자 하는 사람이 당연히 많을 것이다. 달리 말하면 국가가 민법 내에 특별규정으로 도입한 이질적인 후견계약이 아니라, 전통적으로 활용되어 온 위임계약을 통해 미래의 법적 위기를 자신의 계획에 따라 대비하고자 하는 사람이 당연히 많을 것이다.

보통법 국가에서는 본인이 의사무능력자가 되면 대리권이 소멸하지만, 독일법계 국가에서는 이런 경우에도 대리권은 소멸하지 않기 때문에 독일에서는 일찍부터 새로운 법제도의 도입 없이 민사대리권을 미래의 법적 위기에 대응할 수 있는 법적 수단으로 인정하였다. 그러나 국가의 획일화된 통제에 익숙한 사회에서는 민사대리권을 활용하고자 하는 사람들의 희망과 바람이 사회적으로 존중받지 못한다.

자기결정권 존중과 의사결정 지원은 다양한 선택지를 보장하는 것에서 출발한다. 새로운 제도를 도입하지 않더라도, 우리나라에 이미 마

---

21   Ginsburg, S., & Jablonka, E. (2019). *The Evolution of the Sensitive Soul.* MIT Press.

련되어 있지만 제대로 활용되지 않는 여러 제도를 효과적으로 이용할 수 있게 보장하는 것도 그 길로 나아가는 첫걸음이자 중요한 개혁이다. 국민의 의식은 직간접의 경험을 통해 형성되고 또 진화하기 때문에, 국민의 일부가 미래의 법적 위기를 자신의 계획에 따라 대비하고 실행하는 것을 경험하지 않고서는 새로운 의사결정 지원제도가 도입되기 어렵다. 또한 도입된다 하더라도 우리에게 익숙한 방향으로 왜곡될 수밖에 없다. 선진국에서 널리 활용되는 우수한 사회보장제도가 우리나라에 도입된 순간 한국식으로 변형되어 제대로 된 효과를 발휘하지 못한 과거의 많은 사례가 이를 증명한다.

우리 국민에게 이미 익숙한 위임장 형식의 민사대리권을 미래의 법적 위기를 대비하는 법적 수단으로 널리 활용할 수 있게 보장하는 것이 자기결정권 존중에 필수적이다. 이렇게 하면 우리 국민도 국가의 획일적 통제가 아니라 국가가 수평적 지위에서 지원하고 조력하는 형태의 의사결정 지원제도를 경험하고, 국가는 최후의 수단으로만 개입한다는 인식을 가질 수 있다. 그 과정을 통해 〈성년후견제도〉도 최후의 수단으로서 본인의 필요에 부합하여 활용해야 한다는 인식이 사회적으로 자리 잡을 수 있을 것이다.

획일화된 사회문화, 다양성을 존중하지 않는 사회문화, 국가의 감독과 통제가 있을 때 비로소 안심하는 사회문화에서는 자기결정권 존중을 실천하기란 불가능에 가깝다. 일상생활에서 자녀의 자기결정권을 존중하고, 자기결정권 행사를 적극 뒷받침하는 부모를 찾아보기 매우 어려운 것을 보아도 이를 짐작할 수 있다. 자기결정권 존중의 의미가 일상적으로 오해되고, 고령자와 장애인 돌봄에서 시민사회와 국가의 파트

너십보다는 국가책임을 강조하는 것이 국민들에게 설득력 있게 받아들여지는 것도 우리 사회가 자기결정권 존중과 거리가 멀다는 증거이다. 이럴 때일수록 우리에게 필요한 것은 이미 존재하는 익숙한 제도를 통해 자기결정과 선택, 국가와 시민사회의 파트너십을 새롭게 경험하는 것이다.

## 의사결정 지원과 올바른 실천

인권의 역사에서 보듯이, 좋은 법과 제도가 정비되더라도 그것이 물신화(物神化)되면 인간을 위해 존재하여야 할 법과 제도가 목적이 되고, 인간은 거꾸로 수단으로 전락할 수 있다. 의사결정 지원의 제도화는 다양한 방법으로 실현될 수 있지만, 그것만으로는 의사결정능력 장애인의 자기결정권 행사를 지원하는 제도가 정착할 수 없다. 개인에게 귀속되어야 할 권리와 의무는 그의 결정에 맡겨야 한다는 원칙을 본인의 의사를 알 수 없는 상태에서도 최대한 실현하려는 실무에서의 윤리가 정착되지 않고서는 의사결정 지원은 뿌리내릴 수도 지속될 수도 없다. 의사결정 지원이 뿌리내리기 위해서는 자기 권리를 존중하면서 상호 연대의 정신으로 타인과 공존하는 방법을 배우고 지속적으로 실천함으로써 생활 문화로 자리 잡을 수 있게 해야 한다.

# 노인돌봄현장과 자기결정권

# 5장

# 연명의료중단 등 결정의 헌법적 근거, 범위, 환자의 의사 확인*

박승호

(숙명여대 법과대학 교수)

## 들어가며

인간은 누구나 행복하게 살다가 편안하게 생을 마치기를 원한다. 그런데 인간은 살아가다가 뜻하지 않게 사고를 당하거나, 병에 걸리는 등의 이유로 편안하게 생을 마치지 못하고 삶의 마지막 단계에서 극심한 고통을 겪는 경우가 적지 않다. 또 이처럼 삶의 마지막 단계에서 극심한 고통을 겪는 환자들이 과거와 달리 현대 의학과 의료기술의 발전으로 이른바 연명의료를 받으며 인간존엄에 반하는 삶을 살게 되는 경우가 적지 않다.

2014년 기준 우리나라에서는 매년 26만 7,692명이 사망하는데, 사

---

* 이 글은 필자의 2018년 논문 "연명의료중단 등 결정에 관한 몇 가지 쟁점"(〈아주법학〉, 11권 4호)을 법 개정 등을 반영하여 약간 수정한 것이다.

고, 자살, 급성질환에 의한 사망자를 제외한 약 23만 명이 만성질환으로 사망하며, 그중 병원에서 임종하는 환자가 18만 명 전후로 추정된다. 실제로 한국인은 암 이외에 심장질환, 뇌혈관 질환, 당뇨, 만성 기도질환, 간질환 등의 다양한 질환으로 사망하며 이들 모두는 연명의료에 관한 결정이나 호스피스의 대상이 될 수 있다. [1]

소극적 안락사, 존엄사, 죽을 권리 등에 관한 학계의 논의는 생의 마지막 단계에서 극심한 고통을 겪는 환자가 편안하게 생을 마치게 해야 한다는 내용을 담고 있다. 현실에서는 존엄사를 허용하지 않는 상황이 지속되다가, 이른바 김 할머니 사건[2]에서 대법원은 지속적 식물상태에 있던 김 할머니에게 연명의료중단(인공호흡기 제거)을 허용하였다. [3] 하지

---

[1]  대한의학회(2016). 〈말기와 임종과정에 대한 정의 및 의학적 판단지침〉. 16면.
[2]  김 할머니 사건은 대한민국에서 이른바 존엄사의 허용 여부가 논쟁이 된 사건이다. 김 할머니는 2008년 2월 폐암 조직검사를 받다가 과다출혈로 식물인간이 되었다. 김 할머니는 지속적 식물인간상태에 있으면서 병원의 중환자실에서 인공호흡기를 부착한 채 살고 있었다. 할머니의 자녀들은 연명치료중단을 병원 측에 요청하였으나, 병원 측은 이를 거부하였다. 이에 자녀들은 연명치료중단을 요구하는(영양제공 중단은 요구하지 않았다) 소송을 제기하였고, 마침내 2009년 5월 21일 대법원에서 승소했다. 김 할머니는 인공호흡기를 뗀 뒤에도 튜브로 영양을 제공받으면서 생존하다가 2010년 1월 10일 사망하였다.
     이 사건에서 대법원은 "식물인간 상태인 고령의 환자를 인공호흡기로 연명하는 것에 대하여 질병의 호전을 포기한 상태에서 현 상태만을 유지하기 위하여 이루어지는 연명치료는 무의미한 신체침해 행위로서 오히려 인간의 존엄과 가치를 해하는 것이며, 회복 불가능한 사망의 단계에 이른 환자가 인간으로서의 존엄과 가치 및 행복추구권에 기초하여 자기결정권을 행사하는 것으로 인정되는 경우에는 연명치료중단을 허용할 수 있다"고 판시하였다(2009. 5. 21. 선고 2009다17417 전원합의체 판결).
[3]  그리고 연명의료중단 등 결정에 해당하는 경우는 아니지만 여호와의 증인 신도인 환자가 수술 전 타가수혈을 거부하였고 의사도 수혈하지 않아 환자가 사망한 사건에서 대법원은 이렇게 판시하였다. "어느 경우에 수혈을 거부하는 환자의 자기결정권이 생명과 대등한 가치가 있다고 평가될 것인지는 환자의 나이 등 제반 사정을 종합적으로 고려하여 판단하

만 어떤 경우에 연명의료거부·중단이 허용될 것인지는 입법적으로 명확히 규정하는 것이 필요하기에 여러 해 동안 논의를 거친 끝에 이루어진 사회적 합의에 따라 마침내 〈호스피스·완화의료 및 임종과정에 있는 환자의 연명의료결정에 관한 법률〉(〈연명의료결정법〉)이 제정·시행에 들어갔다. 하지만 이 법률에 대해 문제점들이 지적되고 있다.

여기서는 연명의료중단 등 결정의 헌법적 근거, 범위, 환자의 의사 확인에 한정하여 살펴보고자 한다. 여기서 다루는 문제와 관련된 〈연명의료결정법〉 규정들 중 최소한의 것만을 살펴보면 다음과 같다.

제1장은 총칙을 규정하고 있다.

제1조(목적) 이 법은 호스피스·완화의료와 임종과정에 있는 환자의 연명의료와 연명의료중단 등 결정 및 그 이행에 필요한 사항을 규정함으로써 환자의 최선의 이익을 보장하고 자기결정을 존중하여 인간으로서의 존엄과 가치를 보호하는 것을 목적으로 한다.

제2조(정의) 이 법에서 사용하는 용어의 뜻은 다음과 같다.
① '임종과정'이란 회생의 가능성이 없고, 치료에도 불구하고 회복되지 아니하며, 급속도로 증상이 악화되어 사망에 임박한 상태를 말한다.
② '임종과정에 있는 환자'란 제16조에 따라 담당의사와 해당 분야의 전문의 1명으로부터 임종과정에 있다는 의학적 판단을 받은 자를 말한다.

---

여야 한다. 다만 환자의 생명과 자기결정권을 비교형량하기 어려운 특별한 사정이 있다고 인정되는 경우에 의사가 자신의 직업적 양심에 따라 환자의 양립할 수 없는 두 개의 가치 중 어느 하나를 존중하는 방향으로 행위하였다면, 이러한 행위는 처벌할 수 없다."(대법원 2014. 6. 26. 선고 2009도14407 판결)

③ '말기환자'(末期患者)란 적극적인 치료에도 불구하고 근원적인 회복의 가능성이 없고 점차 증상이 악화되어 보건복지부령으로 정하는 절차와 기준에 따라 담당의사와 해당 분야의 전문의 1명으로부터 수개월 이내에 사망할 것으로 예상되는 진단을 받은 환자를 말한다.

④ '연명의료'란 임종과정에 있는 환자에게 하는 심폐소생술, 혈액투석, 항암제 투여, 인공호흡기 착용 및 그 밖에 대통령령으로 정하는 의학적 시술로서 치료효과 없이 임종과정의 기간만을 연장하는 것을 말한다.

⑤ '연명의료중단 등 결정'이란 임종과정에 있는 환자에 대한 연명의료를 시행하지 아니하거나 중단하기로 하는 결정을 말한다.

⑥ '연명의료계획서'란 말기환자 등의 의사에 따라 담당의사가 환자에 대한 연명의료중단 등 결정 및 호스피스에 관한 사항을 계획하여 문서(전자문서를 포함한다)로 작성한 것을 말한다.

⑦ '사전 연명의료의향서'란 19세 이상인 사람이 자신의 연명의료중단 등 결정 및 호스피스에 관한 의사를 직접 문서(전자문서를 포함한다)로 작성한 것을 말한다.

제 2장은 연명의료중단 등 결정의 관리체계를 규정하고 있다.

제 10조(연명의료계획서의 작성·등록 등)
제 12조(사전 연명의료의향서의 작성·등록 등)

제 3장은 연명의료중단 등 결정의 이행을 규정하고 있다.

제 15조(연명의료중단 등 결정 이행의 대상) 담당의사는 임종과정에 있는 환자가 다음 각 호의 어느 하나에 해당하는 경우에만 연명의료중단 등 결정을 이행할 수 있다.

① 제 17조에 따라 연명의료계획서, 사전 연명의료의향서 또는 환자가족의 진술을 통하여 환자의 의사로 보는 의사가 연명의료중단 등 결정을 원하는 것이고, 임종과정에 있는 환자의 의사에도 반하지 아니하는 경우

② 제 18조에 따라 연명의료중단 등 결정이 있는 것으로 보는 경우

제 16조(환자가 임종과정에 있는지 여부에 대한 판단)

제 17조(환자의 의사 확인)

제 18조(환자의 의사를 확인할 수 없는 경우의 연명의료중단 등 결정)

제 19조(연명의료중단 등 결정의 이행 등)

연명의료중단 등 결정의 헌법적 근거에 관하여는 대체로 생명권이나 자기결정권을 거론하며, 그 밖에 다른 견해들도 있다.

## 생명권

인간의 생명은 고귀하고, 이 세상에서 무엇과도 바꿀 수 없는 존엄한 인간 존재의 근원이며, 인간존엄성의 활력적 기초이다. 이러한 생명에 대한 권리는 비록 헌법에 명문의 규정이 없다 하더라도 인간의 생존본능과 존재목적에 바탕을 둔 선험적이고 자연법적인 권리로서 헌법에 규정된 모든 기본권의 전제로서 기능하는 기본권 중의 기본권이라 할 것이다. 그러므로 인간의 생명권은 최대한 존중되어야 하고, 국가는 국민의 생명을 최대한 보호할 의무가 있으며, 생명권의 주체라도 자신의 생명을 임의로 처분하는 것은 정당화될 수 없다.[4]

일반적으로 생명권은 대국가적 방어권과 국가의 생명보호의무를 내용으로 하며, 이러한 생명권은 자신의 생명에 대한 자유로운 처분권을 의미하지 않는다고 한다.[5] 또 생명권 제한에 관련하여, 생명에 대한 법

---

4  헌재 2009. 11. 26. 2008헌마385; 헌재 1996. 11. 28. 95헌바1.
5  예컨대, 계희열(2007). 《헌법학(중)》. 박영사. 274면 이하; 권영성(2011). 《헌법학원론》. 법문사. 410면 이하; 김종세(2010). "생명권에 대한 자기결정권과 국가의 보호의무". 〈법학연구〉, 38집, 4.

적 평가가 예외적으로 허용될 수 있으므로, 생명권 역시 헌법 제37조 제2항에 의한 일반적 법률유보의 대상이 된다. 6

그런데 죽음에 임박한 환자의 연명의료중단에 관한 자기결정은 생명 단축과 관련된 결정이므로 이를 기본권으로 인정하는 것은 필연적으로 생명권 보호에 관한 헌법적 가치질서와 충돌하는 문제를 야기한다. 7 연 명의료중단 등 결정에 관하여, 예컨대 인간답게 죽을 권리(존엄사)는 생명권의 보호에 반한다는 견해도 있지만, 연명의료중단 등 결정은 생 명권에 근거를 둔다는 견해도 있다. 생명권에 근거를 두는 몇 가지 견 해를 살펴본다.

첫째, 생명권의 포기는 원칙적으로 인정되지 않는다. 그러나 생명에 대한 개인의 처분권 인정은 현실적으로 안락사와 관련하여 예외적으로 인정되어야 한다. 단지 안락사의 남용을 방지할 방법이 문제이다. 8 생 명 연장을 위한 치료나 장치를 거부하여 일찍 죽음에 이르는 소극적 안 락사의 허용 여부는 환자의 진지한 자기결정이 중요한 기준이 된다. 하 지만 환자가 자신의 의사를 결정할 수 없는 상태이거나 의식불명이라면 추정적인 환자의 의사와 함께 다른 기준이 현저하게 강화되어야 할 것 이다. 적극적 안락사를 예외 없이 촉탁에 의한 살인으로 처벌하는 것은 극한상황에서조차 생명에 대한 처분권을 부인하는 것으로 환자를 오히

---

6   헌재 2010. 2. 25. 2008헌가23.
7   헌재 2009. 11. 26. 2008헌마385.
8   강태수(2001). "기본권포기론". 〈공법연구〉, 29집 2호, 152; 같은 취지, 정철(2009). "연명치료중단 판결의 헌법적 검토: 대법원 2009. 5. 21. 선고 2009다17417 판결". 〈서울 대학교 법학〉, 50권 4호, 117.

려 대상으로 파악하고, 죽음을 금기로 여기는 견해이다. 고통제거와 환자의 존엄을 위하여 예외적으로 일정한 요건하에서 위법성을 조각시키는 것이 타당하다.[9]

둘째, 의료영역에서 환자의 자기결정권은 의사에게 자신의 상병(傷病) 상태에 대하여 충분히 설명을 듣고, 그 정보를 기초로 의사의 침습행위를 승낙할 것인지 거부할 것인지를 결정할 수 있는 권리이다. 그 권리의 헌법상 근거는 생명권이고, 자신의 의사에 반하는 생명·신체에 대한 침습을 방어할 수 있는 권리이다. 이 생명권으로부터 소극적인 의미로 죽을 권리가 인정된다.[10] 만약 이 소극적으로 죽을 권리를 보장하지 않는다면, 법적으로 '살아야 할 의무'를 부과하는 것인데, 이것은 우리 헌법의 해석상 받아들이기 어렵다. 우리는 사는 동안 사회에 의무를 지는 것이지 살아야 할 의무를 지는 것은 아니기 때문이다.[11]

셋째, 인간답게 죽을 권리는 죽음의 단축뿐만 아니라 생명의 단축에 관한 권리를 의미하는 '죽음에 관한 자기결정권'으로 이해되어야 한다. 따라서 임종환자와 말기환자에게도 인정될 수 있다. 죽음의 과정이 시작된 임종환자는 생명권과 상관없이 인간답게 죽을 권리를 독자적인 권

---

9  강태수(1999). "객관적 가치로서의 생명과 개인의 자기결정에 대한 연구". 〈공법연구〉, 27집 2호, 271~272.

10  이석배(2017). "소위 〈연명의료결정법〉의 주요내용과 현실적용에서의 쟁점과 과제". 〈법학논총〉, 29권 3호, 315~316; 같은 취지, "죽음이 임박한 환자의 명시적 의사표시에 의하여 행해지는 연명치료의 중단은, 생명권의 특성 자체로부터 도출되는 권리". 엄주희(2013). "생명권의 헌법적 근거와 연명치료중단에서의 생명권의 보호범위". 〈헌법학연구〉, 19권 4호, 292~294.

11  이석배. 위의 논문. 315~316; 김종세. 앞의 논문. 6; 같은 취지, 정규원(2005). "연명치료중단". 〈의료법학〉, 6권 1호, 49~50.

리로 주장할 수 있고, 죽음의 과정이 시작되지 않은 환자는 생명권에 근거하여 죽음에 관한 자기결정권을 주장할 수 있다. 후자의 경우에 생명의 처분에 관한 결정의 '자유'가 생명권의 보호법익에 포함될 것을 전제로 한다.[12]

## 자기결정권

다수설과 판례는 자기결정권을 연명의료중단 등 결정의 헌법적 근거로 본다. 헌법재판소는 헌법 제10조에서 보장하는 개인의 인격권과 행복추구권에는 개인의 자기운명결정권이 전제되는 것이고, 이 자기운명결정권에는 성행위 여부 및 그 상대방을 결정할 수 있는 자기결정권,[13] 소비자의 소비에 관한 자기결정권,[14] 혼인의 자유와 혼인에 있어서 상대방을 결정할 수 있는 자유,[15] 개인의 신분관계·가족관계 형성에서의 자기결정권,[16] 사회적 인격상에 관한 자기결정권,[17] 임신과 출산에 관한 임부의 자기결정권(낙태의 자유),[18] 개인정보자기결정권[19] 등이 포함된다고 판시한 바 있다.

---

12   이준일(2015).《헌법학강의》. 홍문사. 449면.
13   헌재 1990. 9. 10. 89헌마82; 헌재 2001. 10. 25. 2000헌바60.
14   헌재 1996. 12. 26. 96헌가18.
15   헌재 1997. 7. 16. 95헌가6.
16   헌재 1997. 3. 27. 95헌가14.
17   헌재 2003. 6. 26. 2002헌가14.
18   헌재 2012. 8. 23. 2010헌바402.
19   헌재 2016. 3. 31. 2015헌마688.

요컨대 헌법 제 10조에 근거를 두는 자기결정권은 개인이 자신의 존엄성을 실현하기 위해 자신의 삶의 문제에 관하여 스스로 결정할 권리라 할 수 있다. 자기결정권도 헌법 제 37조 제 2항에 따른 제한을 받는다.

연명의료중단 등 결정에 관하여 헌법재판소는, "헌법 제 10조에서 규정하고 있는 인간의 존엄과 가치 및 행복을 추구할 권리는 생명권 못지 않게 우리 헌법상 최고의 가치를 이루고 있다 할 것이므로 죽음에 임박한 환자의 생명은 그의 인간으로서의 존엄과 가치 및 행복을 추구할 권리에 부합하는 방식으로 보호되어야 한다. … '연명치료중단, 즉 생명단축에 관한 자기결정'은 '생명권 보호'의 헌법적 가치와 충돌(한다) … 환자가 장차 죽음에 임박한 상태에 이를 경우에 대비하여 미리 의료인 등에게 연명치료거부 또는 중단에 관한 의사를 밝히는 등의 방법으로 죽음에 임박한 상태에서 인간으로서의 존엄과 가치를 지키기 위하여 연명치료의 거부 또는 중단을 결정할 수 있다 할 것이고, 위 결정은 헌법상 기본권인 자기결정권의 한 내용으로서 보장된다"[20]라고 판시하였다.

연명의료중단 등 결정에 관하여 대법원은 "회복불가능한 사망의 단계에 이른 후에 환자가 인간으로서의 존엄과 가치 및 행복추구권에 기초하여 자기결정권을 행사하는 것으로 인정되는 경우에는 특별한 사정이 없는 한 연명치료의 중단이 허용될 수 있다"[21]라고 판시하였다.

연명의료중단 등 결정에 관한 학술적 논의에서는, 예컨대 "죽음에 임박한 환자로서 회복불가능한 사망의 단계에 이르렀으며, 또 연명치료

---

20  헌재 2009. 11. 26. 2008헌마385.

21  대법원 2009. 5. 21. 선고 2009다17417 전원합의체 판결.

중단의 명시적 및 추정적 자기결정이 있다고 볼 수 있는 경우에는 이는 인간의 존엄과 가치에서 도출되는 자기결정권으로 보장된다"[22]라고 하거나, "헌법상 보장된 개별자유권은 모두 일정 생활영역에서 개인의 (행복추구권에 근거를 두는) 자기결정권을 보장하고자 하는 것이고 죽음에 임박한 환자는 자신의 정신적·신체적 완전성에 대하여 자기결정권을 가지며 환자의 자기결정권은 자신의 죽음에 관한 자기결정권, 이로써 '존엄한 죽음을 스스로 결정하고 선택할 권리', '연명치료의 중단 여부에 관한 자기결정권'도 포함한다"[23]라고 하였다.

## 기 타

### 생명을 연장할 권리

이 견해는 생명권과 구별되는 '생명을 연장할 권리'를 주장한다. 즉 생명과 관련되는 문제들을 모두 생명권 문제로 해결하려는 것은 생명권에 과부하를 야기하므로, 생명권에서 생명을 연장할 권리를 분리할 것을 제안한다.

생명을 연장할 권리는 자연적으로 살아 있는 상태로 회복할 가능성이 없을 때 인위적 생명 연장 여부 결정에 관한 기본권이다. 생명권에서 생명은 '자연상태의 생명'을 뜻하고, 생명을 연장할 권리에서 생명은 (인공적인) 기대수명이다. 생명권에서 생명은 회복가능성이나 치료가능성이

---

22  전광석(2010). 《한국헌법론》. 법문사. 242면.
23  한수웅(2014). 《헌법학》. 법문사. 595~604면.

있는 생명을 포함한다. 그러나 회복가능성이나 치료가능성이 없는 (그래서 자연상태에서는 곧 죽음에 이를 수밖에 없는) 생명은 생명권의 생명에 속하지 않고, 생명을 연장할 권리의 생명에 해당한다.[24]

생명을 연장할 권리는 생명 연장 여부를 결정하는 행위만을 보호대상으로 한다. 인위적 개입을 통해 연장된 생명은 생명을 연장할 권리가 아니라 생명권의 보호대상이다. 생명을 연장할 권리가 적용되는 영역에서 국가의 생명보호의무는 발생하지 않는다.[25] 생명을 연장할 권리의 헌법적 근거는 헌법 제10조(인간의 존엄과 가치 및 행복추구권)와 제37조 제1항(헌법에 열거되지 아니한 권리)이다. 생명을 연장할 권리도 헌법 제37조 제2항에 따라 제한될 수 있으며 그 제한에 대해서는 과잉금지원칙에 의한 심사를 해야 한다[26]고 하였다.


### 존엄한 삶의 권리

이 견해는 '존엄한 삶의 권리'를 주장한다. '존엄한 삶의 권리'는 죽어가는 과정에서 그 삶이 존엄한 방식으로 대우받기를 요구할 권리이다. 생명의 종결인 죽음을 의도하지 않기 때문에 헌법상의 생명권과 충돌하지 않는다. 또한 죽을 권리가 법적으로 인정될 경우에 야기되는 한계도 갖지 않는다. 그 때문에 적어도 연명의료 사안에서 한해서는 '죽을 권리'가 아닌, '존엄한 삶의 권리'를 헌법상의 권리로서 정면으로 인정해야 할 필요가 있다.[27]

---

24   허완중(2017). "생명권과 구별되는 생명을 연장할 권리". 〈법학논총〉, 37권 1호, 71~78.
25   위의 논문. 79, 87.
26   위의 논문. 80, 90.

연명의료중단에서 의도하는 것은 '존엄한 삶'이며, '자신의 생명을 자연적인 상태에 맡기는 것'이란 그로 인해 불가피하게 수반되는 부수결과인 것이다. 요컨대 연명의료중단은 (헌법재판소가 판시하듯이) "자연적인 상태에 맡기는 것이어서 인간의 존엄과 가치에 부합된다"라고 말할 게 아니라, "존엄한 삶을 의도하는 것이어서 인간의 존엄과 가치에 부합한다"라고 말해야 한다는 입장이다. [28]

## 신체 불훼손권

이 견해는 신체 불훼손권을 주장한다. 즉, 헌법상 자기결정권은 분명 기본권의 주체에 의하여 행사되어야 하는 기본권으로서 인간의 행위가능성을 보호하는 기본권이다. 기본권행사 능력이 없음에도 기본권을 보유한다고 하는 것은 적절하지 않다. 연명의료중단 등 결정의 헌법적 근거는 환자가 의사능력이 있는 경우에는 자기결정권이지만, 환자가 의사능력이 없는 경우에는 신체의 자유(헌법 제12조)에서 도출되는 '신체를 훼손당하지 아니할 권리'이다. [29] 다만, 환자가 '회복불가능한 사망의 단계'에 이른 경우라서 치료거부 내지 치료중단이 곧바로 환자의 사망으로 이어지는 경우에는 헌법 제10조에서 유래하는 '존엄하게 죽음을 맞이할 권리'도 환자의 기본권으로서 고려되어야 한다[30]고 하였다.

---

27  강철(2014). "생명의 고귀성과 삶의 존엄성". 〈공법연구〉, 43집 2호, 116.

28  위의 논문. 117.

29  허순철(2011). "헌법상 치료거부권: 의사무능력자를 중심으로". 〈법과 정책연구〉, 11집 2호, 18~20.

30  위의 논문. 21.

죽을 권리를 주장하는 몇몇 견해가 있다. 첫째, 인간의 의사에 반하여 죽을 것을 강요하는 것이 인간의 존엄에 반하는 것과 마찬가지로, 국가 또는 제 3자의 결정에 따라 생명을 유지하도록 강제하는 것 또한 인간의 존엄에 반한다. 죽을 권리와 생명권의 상관관계의 관점에서도, 죽을 권리가 인간의 존엄성의 직접적인 내용을 이룬다.[31]

죽음에 대한 결정 문제는 기본적으로 죽을 권리에 해당되는 영역과 죽일 권능에 해당되는 영역으로 구분하여 논의하는 것으로부터 시작해야 한다. 죽을 권리의 행사로서의 생명의 단절은 기본권으로 보장된다. 다만 헌법 제 37조 제 2항에 따라 제한될 수 있을 뿐이다.[32]

둘째, 생을 마감할 권리(특히 의사조력사할 권리)의 헌법적 근거는 우선 헌법 제 10조(인간존엄 및 인격권)이다. 의사조력사를 헌법상의 권리로 인정해야 할 이유는 그 가능성이 부당하게 차단될 경우 생의 고통, 여기서 초래되는 존엄하지 않은 죽음을 선택의 여지 없이(자살이라는 폭력적이고 상흔을 남기는 선택지는 제대로 된 선택지라고 할 수 없다) 강요받게 된다는 데 있다. 이는 인격적 존재로서 인간이 생의 마지막 단계에서 스스로의 삶을 어떻게 형성할지에 관하여 가져야 할 자율적 결정권을 박탈하는 것으로서 인간의 존엄성을 훼손하는 것이다. 헌법적 근거를 생명권에서 찾는 것도 가능하며 신체 불훼손권도 보완적 논거가 된다.[33]

---

31  황도수(2013). "죽을 권리와 죽일 권능". 〈세계헌법연구〉, 19권 2호, 128~129.
32  위의 논문. 130, 133.
33  김하열(2016). "생을 마감할 권리에 관한 헌법적 고찰: 의사조력사를 중심으로", 〈저스티스〉, 통권 152호, 28.

또 생을 마감할 권리는 헌법 제37조 제2항에 따라 제한될 수 있다. 현행법상 의사조력사에 관한 별도의 입법이 없고, 환자의 요청에 따라 의사조력사를 시행한 의사를 촉탁·승낙에 의한 살인죄나 자살방조죄로 처벌하는 형법 규정이 있을 뿐이다. 이 형법 규정은 생을 자율적으로 마감할 권리가 지닌 헌법적 의미에 대한 아무런 고려 없이 일률적으로 처벌만 할 뿐이어서 이 권리를 비례성 원칙에 위반하여 침해하고 있고 따라서 위헌이라고 하였다. [34] [35]

셋째, 존엄하게 죽을 권리는 죽을 권리, 자기결정권, 인간의 존엄성 등에 근거를 두고, 죽을 권리는 헌법 제37조 제1항(헌법에 열거되지 않은 권리)에 근거를 둔다. 존엄하게 죽을 권리는 ① 죽음의 방식과 시기를 결정할 수 있는 권리, [36] ② 죽음의 방식의 존엄성에 대한 요구, ③ 연명

---

[34] 위의 논문. 41, 51.

[35] 참고로, 독일 헌법재판소(2020. 2)와 오스트리아 헌법재판소(2020. 12)는 의사조력자살을 금지하는 것은 위헌이라고 판결하였다. 최근에 우리나라에서 시민 1,000명을 대상으로 한 서울대병원(윤영호 교수팀) 여론조사에서 76.3%가 조력존엄사에 찬성했으며, 2022년 6월 조력존엄사법(의사조력자살법)이 발의(안규백 의원 대표 발의)되었다. 이만우(2022). "'조력존엄사' 논의의 쟁점과 과제". 〈이슈와 논점〉, 1973호.

[36] 이 견해는 자살도 존엄하게 죽을 권리에 포함되는 죽음의 방식이며, 자살이 당사자의 진지한 성찰과 고뇌에 따른 것이라면, 또 그것이 권리남용에 해당하는 것이 아니라면, 존엄하게 죽음을 맞이하는 하나의 방식으로 인정할 수밖에 없을 것이라고 했다. 한상수(2010). "존엄하게 죽을 권리에 관한 연구". 〈공법학연구〉, 11권 3호, 170; 같은 취지, 이기헌(2014). "의사조력자살에 대한 고찰". 〈홍익법학〉, 15권 1호, 218 이하에서는, "사람은 누구나 죽을 권리를 가진다. 연명치료 중단과 의사조력자살은 행위태양은 다르지만 '의사의 도움을 받아 평온한 죽음을 맞을 기회를 부여한다'는 본질에는 차이가 없다. 자동차가 대기를 오염시키고, 사람을 다치게 하고, 범죄에 악용될 위험성이 있다고 해도 우리는 환경규제를 강화하고, 교통질서를 바로잡고, 차량관리를 강화할 뿐 자동차 생산을 금지하지는 않는다. 마찬가지로 의사조력 자살도 남용의 위험성이 제도가 지닌 장점을 능

치료거부권, ④ 조력요구권(타인의 조력을 받아서 죽을 권리) 등이 그 내용에 해당한다고 하였다. 37

___

가할 정도로 크지 않고 적절한 수준으로 통제가능하다면 이를 허용하여야 할 것"이라고 하였다.

그러나 이를 부정하는 견해들은, 예컨대, "자살 형태의 자신의 생명처분권을 자기결정권이라는 헌법상의 권리라고 할 수 없으며, 자율적인 개인의 요청에 따른 죽음에의 권리는 단지 한정된 범위 내에서 자연사할 권리, 존엄하게 죽음을 선택하고 결정할 권리"〔이인영(2016). "죽음관련 법제의 현안 과제에 관한 일고찰". 〈홍익법학〉, 17권 1호, 49〕라고 하거나, "헌법상 죽을 권리를 인정한 경우는 없다. 이른바 죽을 권리로서 논의되는 의사조력자살의 경우는 환자 스스로 자살하는 데 필요한 약품 등의 도움을 의사를 통해 제공하는 경우이며, 이 경우는 자살방조행위를 처벌하는 규정에서 보듯 헌법이 죽을 권리 인정을 통해 허용할 수 있는 경우가 아니다. 개인의 헌법상 권리로 인정될 수 있는 것은 환자의 (연명) 치료거부권으로서 이는 프라이버시의 권리 혹은 인간으로서의 존엄과 가치에 바탕을 둔 개인의 자기결정권의 일환이다."〔노동일(2009). "치료거부권, 죽을 권리 및 존엄사에 대한 재검토: 헌법적 관점에서". 〈공법학연구〉, 10권 2호, 23 이하〕라고 하거나, "자신의 생명에 대한 자유로운 처분권, 즉 죽을 권리가 헌법상 보장되는 것으로 볼 수는 없고 자신의 생명에 대한 처분은 도덕규범이나 종교규범이 효력을 가지는 영역으로 보아야 하는 것이다. 유럽인권재판소 역시 유럽인권협약 제2조에서 보장하는 생명에 대한 권리로부터는 죽을 권리가 도출될 수 없다는 입장을 확고히 취한다〔Pretty v. United Kingdom, ECHR(2002) No. 2346/02〕"〔재판관 이공현의 별개의견: 헌재 2009. 11. 26. 2008헌마385〕고 한다.

37  한상수. 위의 논문. 166~172; 같은 취지, "연명치료의 거부도 넓은 의미의 이른바 '죽을 권리'의 범주에 포섭시켜 논의하는 것이 논리적으로 불가능하다고 보이지는 않는다. 결국은 이른바 '죽을 권리'의 문제는 그것이 치료거부의 권리든 존엄사에 대한 권리든 의사조력자살권이든 극히 예외적인 경우에 죽음을 통해 인간의 존엄을 구현하려는 생명주체의 자기결정의 측면에서 바라볼 수 있지 않을까 생각한다〔김명식(2010). "미국헌법상 안락사와 존엄사에 관한 연구". 〈헌법학연구〉, 16권 1호, 51〕. "불가역적 질병으로 극심한 고통을 겪으면서 죽음을 기다리는 환자에게 스스로의 자율적 결정에 의해 마지막 날을 선택할 수 있는 권리가 주어지는 것이 인간의 존엄성과 생명존중의 사상과 배치되지 않는다는 적극적 안락사의 허용 주장은 분명 귀 기울여야 할 견해이다"〔권혜령(2009). "미국 연방헌법상 헌법에 열거되지 아니한 권리의 분석방법: 실체적 적법절차론과 수정 제9조에 의한 분석론". 〈공법학연구〉, 10권 1호, 22〕.

## 맺으며

연명의료중단 등 결정의 헌법적 근거는 경우를 나누어 살펴보는 것이 타당하다. 즉, 연명의료중단 등 결정 및 그 이행 시점에, 첫째, 환자 자신의 명시적(현실적) 의사가 존재하는 경우, 둘째, 명시적 의사는 없지만 객관적 자료에 의거하여 추정적 의사를 인정할 수 있는 경우, 셋째, 환자의 명시적 의사 및 추정적 의사가 존재하지 않고 환자가 의사능력이 없어 환자의 의사를 확인할 수 없는 경우로 나누어 살펴보아야 한다.

먼저, 환자의 명시적(현실적) 의사가 존재한다면, 이는 헌법재판소 판례와 마찬가지로 연명의료중단 등 결정은 헌법 제10조(인간의 존엄과 가치 및 행복추구권)에 근거를 두는 자기결정권이 헌법적 근거가 될 것이다.

연명의료중단 등 결정의 상황에서는 헌법재판소가 판시하듯이 생명단축에 관한 결정38이 행해지므로 국가의 생명보호의무와 자기결정권

---

38 '생명단축에 관한 자기결정권'은 곧 '죽음에 관한 자기결정권'이다. 이를 '인간답게 죽을 권리'라고 표현하든, '존엄하게 죽을 권리'라고 표현하든, '품위 있는 죽음을 맞이할 권리'라고 표현하든, 사실상 비슷한 내용을 달리 표현하는 것이라고 생각한다. 물론 죽을 권리를 넓게 보고 의사조력자살이나 적극적 안락사까지 포함시키는 견해도 있지만, 여기서는 흔히 ─ 의미에 불명확성이나 편견이 있지만 ─ 소극적 안락사(존엄사)라고 표현하는 것('연명의료중단 등 결정')을 다루는 것이며, 여기서는 '연명의료중단에 관한 자기결정권'이라고 표현한다. '생명단축에 관한 자기결정권'이라는 표현이 나타내듯이, 연명의료중단 등 결정은 ─ 시기 예측에 정확성이 존재하지는 않지만 ─ 환자의 사망을 예상하면서 이루어지는 것이다. 의료계에서도 예컨대 "연명치료중단은 인공호흡기계의 발달과 관련이 있다. … 인공호흡기를 떼면 환자가 사망할 수도 있다는 개연성 높은 가정적 상황이 전개된다. 이것은 과거에도 그랬고 지금도 의료현장에서 벌어지는 일이다"라고 한다. 김장한(2017). "〈환자연명의료결정법〉의 제정과 과제: 제10회 한국법률가대회 지정토론문". 〈저스티스〉, 통권 158-3호, 712.

이 충돌한다. 이러한 충돌은 양자 간에 적절한 조화점을 찾거나 이것이 어려우면 이익형량에 따라 해결될 수밖에 없다.39 생명이 귀중하다는 것을 아무도 부정하지 않지만 절대적 생명보호가 주장될 수 없으며, 생명권도 헌법 제37조 제2항에 따라 제한될 수 있다. 예컨대 정당방위에 의한 살인이 허용되거나, 임부의 생명과 태아의 생명이 충돌하는 경우처럼 상황에 따라 이익형량의 대상이 될 수 있으며, 또 〈모자보건법〉 제14조가 규정하는 경우처럼 임부의 자기결정권에 의해 인공임신중절이 행해질 수도 있다.

국가의 생명보호의무와 자기결정권이 충돌하는 문제에서, 〈연명의료결정법〉은 연명의료중단 등 결정의 상황에서 일정한 요건과 절차 등을 규정함으로써 일단 나름대로의 조화점40을 찾은 것으로 파악할 수 있다.

둘째, 환자의 추정적 의사에 의하는 경우, 객관적 자료가 어떠한 입증정도를 나타내는가에 따라 달라지겠지만 추정이 인정된다면, 역시 자기결정권이 헌법적 근거가 될 것이다. 다만, 환자의 추정적 의사를 인정하는 데 필요한 자료의 입증정도는 미국 크루전 사건41에서의 '명백하고 설득력 있는 증거'에 의한 입증정도가 요구되어야 한다.42

---

39  연명의료중단 등 결정과 관련된 이익형량에 대하여는, 고봉진(2010). "연명치료중단에서 이익형량의 구조와 내용". 〈법철학연구〉, 13권 2호, 155 이하 참조.

40  그러나 자기결정권 행사에 대해 과도한 제한이 가해졌고, 평등권(평등원칙)에도 반하는 문제가 있다. 이에 관하여는 후술한다.

41  Cruzan v. Director, Missouri Dept. of Health, 497 U.S. 261(1990).

42  같은 취지, 노동일(2011). "헌법상 연명치료중단에 관한 자기결정권의 행사방법과 그 규범적 평가". 〈경희법학〉, 46권 4호, 319; 정철. 앞의 논문. 128.

그래서 이른바 김 할머니 사건43에서 다수의견이 환자의 추정적 의사를 인정한 것에 대해 대법관 안대희, 양창수의 반대의견은 해당사안에서는 — 자료의 입증정도가 약하기 때문에 — '추정적 의사'44가 인정되지 않고 다수의견이 말하는 '추정적 의사'는 단지 '가정적 의사'이며 이것만으로는 연명치료중단을 인정할 수 없다고 한 것으로 판단된다.

　셋째, 환자의 명시적 의사 및 추정적 의사가 존재하지 않고 환자가 의사능력 또는 결정능력이 없어 환자의 의사를 확인할 수 없는 경우에는, 자기결정권을 헌법적 근거로 보는 것은 무리가 있을 것이다.

　이러한 경우에는 환자의 연명의료를 계속 유지하는 경우의 이익과 중단하는 경우의 이익 양자를 형량하여 결정해야 한다.45 이때 형량의 기준은 객관적으로 여러 가지 사정을 고려한 환자의 최선의 이익(법질

---

43　대법원 2009. 5. 21. 선고 2009다17417 전원합의체 판결.

44　원심이 원고의 진료중단을 구하는 의사가 추정되는 사유로 들고 있는 사정들은, ① 원고는 독실한 기독교 신자로서 15년 전 교통사고로 팔에 상처가 남게 된 후부터는 이를 남에게 보이기 싫어하여 여름에도 긴팔 옷과 치마를 입고 다닐 정도로 항상 정갈한 모습을 유지하고자 하였다는 것, ② 텔레비전을 통해 병석에 누워 간호를 받으며 살아가는 사람의 모습을 보고 "나는 저렇게까지 남에게 누를 끼치며 살고 싶지 않고 깨끗이 이생을 떠나고 싶다"라고 말하는 등 신체적 건강을 잃고 타인의 도움 등에 의하여 연명되는 삶보다는 자연스러운 죽음을 원한다는 취지의 견해를 밝혀 왔다는 것, ③ 3년 전 남편의 임종 당시 며칠 더 생명을 연장할 수 있는 기관절개술을 거부하고 그대로 임종을 맞게 하면서 "내가 병원에서 안 좋은 일이 생겨 소생하기 힘들 때 호흡기는 끼우지 말라. 기계에 의하여 연명하는 것은 바라지 않는다"라고 말하는 등 이 사건과 유사한 실제 상황에서 남편에 대하여 연명치료의 시행을 거부한 바 있다는 것 등이다. 대법원 2009. 5. 21. 선고 2009다17417 전원합의체 판결.

45　같은 취지, 이석배(2010). "결정무능력환자와 자기결정권".〈한국의료법학회지〉, 18권 1호, 21; 고봉진(2013). "연명치료중단의 정당화 입법: 국가의 보호의무와 연명치료중단".〈한국의료법학회지〉, 21권 2호, 162 이하.

서 일반의 관점)46이 될 것이며, 환자의 최선의 이익을 위하여 행해지는 연명의료중단 등 결정은 헌법 제10조 인간의 존엄과 가치에 부합하는 것이다.47

즉, 이러한 경우는 환자 개인이 자기결정권을 행사하는 것이 아니라, 환자의 최선의 이익을 위한 연명의료중단 등 결정이 환자의 인간의 존엄과 가치 실현에 더 적합하다고 입법자가 결단을 내린 것(〈연명의료결정법〉제18조)으로서 헌법 제10조에 부합한다고 평가되는 경우이다.

---

46 이른바 김 할머니 사건에 대한 대법원판결에서 대법관 안대희, 양창수의 반대의견도 연명치료의 중단은 반드시 환자의 자기결정권으로부터만 인정된다고 할 것은 아니고, 비록 예외적이기는 하지만, 법질서 일반의 관점에서 정당화될 수 있는 경우도 있으며, 그러한 경우는 환자(또는 그 가족 등 제3자)와 의료기관 간 진료계약 내용으로서 치료중지의무의 발생요건을 제시하는 것이 된다고 한다. 대법원 2009. 5. 21. 선고 2009다17417 전원합의체 판결.

47 같은 취지, "환자가 의식을 상실하여 환자의 직접적이고 명시적인 의사를 바로 확인할 수 없는 상황에서 환자의 주관적 의사의 확인을 지나치게 강조하는 것은 자칫 불가능한 요건을 요구하는 것이 될 수도 있다. 이 점에서 향후 입법 과정에서는 사전 의료지시서와 같은 방법뿐 아니라 일정한 범위 내에서는 가족들의 의사, 일반인의 합리적인 가치관, 환자에 대한 최선의 이익이라는 관점 등을 통하여 이를 인정할 수 있는 길을 마련하는 것이 바람직하다." 서울고등법원 2009. 2. 10. 선고 2008나116869 판결; "김 할머니 사건에서의 연명치료중단 결정은 환자의 자기결정권 행사로 새기기보다는 환자의 현재 상태와 추정적 의사 등을 모두 종합하여 볼 때 치료를 중단하는 것이 환자 본인에게 최선이 되기 때문에 정당화될 수 있다." 최지윤·김현철(2009). "무의미한 연명치료중단에 대한 환자의 자기결정권". 〈생명윤리정책연구〉, 3권 2호, 171.

## 대상환자의 범위: 임종과정에 있는 환자

〈연명의료결정법〉은 임종과정에 있는 환자, 즉 회생의 가능성이 없고, 치료에도 불구하고 회복되지 아니하며, 급속도로 증상이 악화되어 사망에 임박한 상태에 있고, 담당의사와 해당 분야의 전문의 1명으로부터 임종과정에 있다는 의학적 판단을 받은 자에 한정해서만 연명의료중단 등 결정 및 그 이행의 대상자로 규정한다.

먼저, '회생의 가능성이 없다'는 것과 '임종과정'이라는 것의 기준이 불명확하다.[48] 이에 관하여 대한의학회는 〈말기와 임종과정에 대한 정의 및 의학적 판단지침〉(2016)을 마련했다. 〈장기이식법〉제 18조 및 장기이식법 시행령 제 21조가 뇌사판정의 기준을 규정하듯이, 판단 기준을 법령에 규정하는 것이 필요하다는 견해가 있다.[49] 그런데 진료현장에서는 회생가능성의 판단이 100%와 0%로 명확히 구분되는 경우는 거의 없고 다만 확률을 예측할 수 있을 뿐이다. 중환자관리를 하는 전문가조차 환자의 회생가능성 예측 정확도가 80%를 넘지 못한다는 의료계의 지

---

48  물론 의학적 판단 기준이 100% 명확할 수는 없으며, 김 할머니 사건에서처럼 의학적 판단이 실제와 어긋나는 경우도 있다. 그러나 의사로서 최선을 다하였음에도 발생할 수 있는 그러한 의학적 불확실성은 법적으로 허용될 수 있을 것이다.

49  예컨대, 장한철(2016). "〈연명의료결정법〉의 문제점에 대한 고찰". 〈동북아법연구〉, 10권 2호, 390; 선종수(2017). "〈연명의료결정법〉의 문제점과 향후 과제". 〈형사법의 신동향〉, 55호, 177.

적50을 고려할 때, 뇌사판정의 경우와 달리 법령에 명시하는 것이 쉽지 않아 보인다.

그리고 대상환자를 '임종과정에 있는 환자'로만 한정한 것은 사실상 연명의료중단 등 결정에 관한 개인의 자기결정권을 과도하게 제한하는 것으로 비판의 대상이다.[51] 말기환자가 수개월 이내에 사망할 것으로 예상되는 환자이므로, 임종과정에 있는 환자는 수개월보다 훨씬 짧은 시기,[52] 즉 김 할머니 사건에서 대법관 이홍훈·김능환의 반대의견이

---

50  허대석(2021). 《우리의 죽음이 삶이 되려면》. 글항아리. 1, 21, 40면. 이 견해는 또 "만약 회생불가능하다는 판단을 담당의사가 아닌 법정이 결정한다면 엄청난 혼란이 올 것"이라고 한다.

51  예컨대 "미국, 유럽, 일본, 타이완 등에서는 말기와 임종기를 구분하지 않고 모두 말기(terminal)로 통일해서 적용한다. 임상현장에서 말기와 임종기를 구분하는 것은 쉽지 않다. 암 질환 이외의 만성질환에서는 악화와 호전을 되풀이하면서 환자가 임종에 이르기 때문에 말기/임종기 판정이 암 환자보다 훨씬 더 어렵다". 위의 책. 135, 127면; "말기와 임종기의 분리, 임종기에 제한적으로 허용되는 연명의료 유보 및 중단이 〈연명의료결정법〉의 가장 큰 문제로 여겨지고 있다. 임상적으로 말기와 임종기의 구분은 매우 어렵다". 김도경(2017). "호스피스·완화의료와 〈연명의료결정법〉". 〈대한내과학회지〉, 92권 6호, 492; "말기환자와 중증 뇌손상, 지속적 식물상태는 이미 우리 사회에서 작동하고 있던 기존에 절차에 따라 환자의 의사 및 의사추정, 병원윤리위원회 논의와 법원 판결을 통한 전통적인 갈등해결 방식을 따를 수 있도록 허용하여야 한다". 김장한. "'김 할머니' 사례로 살펴본 가정적 연명의료결정에 관한 연구". 〈의료법학〉, 17권 2호, 274 이하; "말기의 중증환자의 경우에도 연명의료결정의 길을 제도화하는 것이 입법목적에도 부합한다". 이재석(2016). "〈호스피스·완화의료 및 임종과정에 있는 환자의 연명의료결정에 관한 법률〉에 대한 비판적 고찰". 〈법학연구〉, 16권 4호, 242: 참고로 독일의 경우 연명의료중단 등 결정에 관하여, 독일 민법 제1901a조 제3항은 "제1항과 제2항은 피후견인의 질병의 종류나 질병의 진행단계에 상관없이 효력이 있다"라고 규정한다. 이에 관하여는 이희훈(2014). "독일의 연명치료중단 판례와 입법에 대한 비교법적 고찰". 〈토지공법연구〉, 64집, 437 이하 참조.

52  같은 취지, 김화(2016). "〈호스피스·완화의료 및 임종과정에 있는 환자의 연명의료결정에 관한 법률〉. 이른바 '웰다잉법'에 대한 비판적 고찰". 〈사법〉, 37호, 216.

말하듯이 몇 시간 또는 며칠 내와 같은 기간 내에 사망할 것으로 예상되는 환자를 상정한 것으로 추측된다. 53 그러나 이러한 제한은 임종과정에 있지는 않지만 말기환자로서 연명의료중단 등 결정을 원하는 환자의 자기결정권을 과도하게 제한한다. 54 기간 예상은 의학적 불확실성55 때문에 정확하지 못하다. 56

임상현장에서 말기환자와 임종과정에 있는 환자 간의 구분이 어렵다면, 말기환자의 경우 설혹 환자가 연명의료중단 등 결정을 원할지라도 뜻대로 할 수 없다는 커다란 문제가 있다. 환자의 확인할 수 있는 의사57가 연명의료중단 등 결정이라면, 그 자기결정권 행사를 존중하는 것이 마땅하다. 환자의 의사를 확인할 수 없는 경우라면, 이 경우는 후술하듯이 환자의 최선의 이익(법질서 일반의 관점)에 따라 결정되어야 할 것이다.

또한 대상환자를 '임종과정에 있는 환자'로만 한정한 것은 평등권(평등원칙)에 반한다. 즉, 임종과정에 있는 환자에게는 연명의료중단 등 결

---

53  그런데 서울대병원 허대석 교수는 〈연명의료결정법〉에 따른 임종과정에 있는 환자란 임종 2~3주 전 즈음에 있는 환자라고 한다. 〈메디칼타임즈〉. 2016. 12. 8.

54  같은 취지. 예컨대 이재석. 앞의 논문. 226.

55  "사고사 등의 특수 사례를 제외하고 모든 사망의 과정은 연속선상에서 일어난다. 따라서 그 과정을 인위적으로 말기와 임종기 등의 특정 시점으로 구분하는 것에는 불확실성이 내재될 수밖에 없다." 대한의학회(2016). 〈말기와 임종과정에 대한 정의 및 의학적 판단지침〉. 서문.

56  김 할머니 사건에서도 환자는 인공호흡기 제거 후 201일 더 생존하였다. 과잉진료 문제가 제기되기도 하였다.

57  "말기로 진단된 시점에는 대부분 의식상태가 명료하지만, 임종에 이르면서 서서히 의사표현을 할 수 없게 되고 의사 확인이 어려워진다. 따라서 어느 시점부터 의사를 확인할 수 없게 되었다고 신경학적으로 판단할지가 애매한 경우가 많다." 허대석. 앞의 책. 138면.

정을 인정하면서 말기환자에게는 연명의료중단 등 결정을 허용하지 않는 것은 — 차별로 인하여 관련 기본권에 중대한 제한이 초래되는 경우로서 — 말기환자의 자기결정권에 대한 중대한 제한이 초래되므로 이는 평등심사에서 엄격심사 대상이다. 따라서 비례원칙에 의한 심사가 행해진다면, 적어도 침해의 최소성 원칙에 위반된다는 결론을 피하기 어렵다. 즉, 말기환자와 임종과정에 있는 환자 간의 구분이 어렵고 절차적 안전판을 통하여 남용가능성을 차단할 수 있음에도 불구하고, 58 단순히 임종과정에 있는 환자에게만 연명의료중단 등 결정을 인정하는 것은 헌법 제11조(평등원칙)에 반하는 것으로서 법 개정이 필요하다. 59

그리고 뇌사상태에 있는 환자와 '지속적 식물상태'에 있는 환자의 경우가 문제 된다. 먼저 뇌사상태에 있는 환자와 관련하여, 〈장기이식법〉 제22조 제3항에 따르면 일정한 경우 뇌사상태에 있는 환자로부터 장기 등 적출이 가능하다. 예컨대 심장을 적출하면 해당 환자는 '사망한 자'가 되는 것은 분명하다. 60 따라서 뇌사상태에 있는 환자는 연명

58  정철. 앞의 논문. 130.
59  같은 취지, 김현조(2012). "독일 연방대법원 판결을 통해서 본 연명치료중단 관련 논의의 몇 가지 쟁점". 〈법학논고〉, 40집, 705 이하.
60  〈장기이식법〉 제4조 제5호 '살아 있는 사람'이란 사람 중에서 뇌사자를 제외한 사람을 말하고, '뇌사자'란 이 법에 따른 뇌사판정 기준 및 뇌사판정 절차에 따라 뇌 전체의 기능이 되살아날 수 없는 상태로 정지되었다고 판정된 사람을 말한다. 제6호 '가족' 또는 '유족'이란 살아 있는 사람·뇌사자 또는 사망한 자의 다음 각 목의 어느 하나에 해당하는 사람을 말한다. 다만, 14세 미만인 사람은 제외한다. 제21조(뇌사자의 사망 원인 및 사망 시각) ① 뇌사자가 이 법에 따른 장기 등의 적출로 사망한 경우에는 뇌사의 원인이 된 질병 또는 행위로 인하여 사망한 것으로 본다. ② 뇌사자의 사망 시각은 뇌사판정위원회가 제18조 제2항에 따라 뇌사판정을 한 시각으로 한다.

의료중단 등 결정이 가능한 경우이다.

다음으로, 말기보다 확장된 영역이라고 할 수 있는 지속적 식물상태에 있는 환자도 〈연명의료결정법〉상 연명의료중단 등 결정의 대상환자인지는 불명확하다. 지속적 식물상태에 있는 환자는 대상환자에서 제외된다는 견해[61]도 있고, 대상환자로 포함시켜야 한다는 견해[62]도 있다. 지속적 식물상태에 있는 환자는 회생가능성이 불분명하고 연명가능성도 높은 등 굉장히 다양한 의학적 상황을 포괄하므로 명쾌한 결론을 내리기는 어려울 것이다.[63]

하지만, 첫째, 회생가능성이 없다고 판단되는 경우라면 지속적 식물상태에 있는 환자도 (말기환자처럼) 대상환자에 해당한다고 보아야 할 것이다. 이런 경우라면 전술한 과도한 자기결정권 제한 및 평등권 위반이 모두 해당된다. 둘째, 회생가능성이 있다고 판단되는 경우라면 대상환자가 아니다.[64] 셋째, 회생가능성 판단이 애매한 경우에는 남용방

---

61  예컨대, 이승호(2016). "안락사 논의와 연명의료중단법률의 주요쟁점에 대한 소고". 〈일감법학〉, 35호, 197; 이재석. 앞의 논문. 227.

62  이석배(2017). "소위 〈연명의료결정법〉의 주요내용과 현실적용에서의 쟁점과 과제". 〈법학논총〉, 29권 3호, 321.

63  이른바 김 할머니 사건에서 김 할머니는 지속적 식물상태에 있는 환자였다. 김 할머니는 인공호흡기를 제거한 후 201일을 더 생존하였다는 사실을 보면 판단의 어려움이 드러난다. 이른바 '식물인간' 상태로 여러 해 동안 지내다가 회생한 몇몇 사례에 관하여는, 임종희(2017). "〈연명의료결정법〉의 문제점과 개선방안". 〈인문사회〉, 218권 2호, 1002, 각주 5 참조.

64  관련하여, 임종과정에 있는 환자라도 연명의료를 통하여 의식의 회복가능성이 있는 데도 연명의료중단 등 결정이 행해질 수 있는 여지가 있다는 비판이 있다. 김화. 앞의 논문. 217 이하; 같은 취지, 김학태(2017). "죽음의 의미와 결정에 관한 법윤리적 고찰". 〈외법논집〉, 41권 1호, 423 이하.

지를 위하여 의료기관윤리위원회 승인 및 법원의 허가를 받아 연명의료 중단 등 결정을 이행하도록 하는 것이 필요하다. 〈연명의료결정법〉은 이 문제에 관하여 태도가 불분명하므로, 현재 법 해석상으로는 대상환자가 아닌 것으로 판단된다. 이는 추후 법 개정을 통하여 보완이 필요하다. 65

## 대상 연명의료의 범위

〈연명의료결정법〉은 제2조 제4호에서 "'연명의료'란 임종과정에 있는 환자에게 하는 심폐소생술, 혈액투석, 항암제 투여, 인공호흡기 착용 및 그 밖에 대통령령으로 정하는 의학적 시술66로서 치료효과 없이 임종과정의 기간만을 연장하는 것을 말한다"라고 규정한다.

따라서 연명의료중단 등 결정의 대상이 되는 연명의료는 심폐소생술, 혈액투석, 항암제 투여, 인공호흡기 착용, 체외생명유지술(ECLS), 수혈, 혈압상승제 투여, 그 밖에 담당의사가 환자의 최선의 이익을 보장하기 위해 시행하지 않거나 중단할 필요가 있다고 의학적으로 판단하는 시

---

65  지속적 식물상태에 있는 환자와 관련하여, 〈연명의료결정법〉은 김 할머니 사건에서의 대법원 판례보다 대상환자의 범위를 좁힌 것이라는 점에서 추후 개정이 필요하다. 같은 취지, 이석배. 앞의 논문. 333.

66  〈연명의료결정법〉 시행령 제2조 "〈호스피스 · 완화의료 및 임종과정에 있는 환자의 연명의료결정에 관한 법률〉제2조 제4호에서 '대통령령으로 정하는 의학적 시술'이란 다음 각 호의 시술을 말한다. ① 체외생명유지술(ECLS) ② 수혈 ③ 혈압상승제 투여 ④ 그 밖에 담당의사가 환자의 최선의 이익을 보장하기 위해 시행하지 않거나 중단할 필요가 있다고 의학적으로 판단하는 시술".

술이다.

한편, 제 19조 제 2항은 "연명의료중단 등 결정 이행 시 통증 완화를 위한 의료행위와 영양분 공급, 물 공급, 산소의 단순 공급은 시행하지 아니하거나 중단되어서는 아니 된다"라고 규정한다. 이 규정은 이른바 일반 연명의료는 대상이 되는 연명의료에서 제외한 것이다.

이러한 규정에 대하여 한편으로는 "제 19조 제 2항(일반 연명의료 중단 금지)은 이 법률이 안락사를 허용하지 않고 있음을 분명히 한 것이다. 식물상태의 환자라 하더라도 영양분 공급을 중단하여 그 환자를 굶겨 죽일 수 있는 가능성을 근본적으로 차단함으로써 비록 임종이 확실한 환자라 하더라도 의도된 죽음을 배제하는 것이다. 이 내용이 이 법률 전체에서 가장 핵심적인 부분으로 여겨진다"[67]는 견해가 있다. 반면에 "임종과정에 있는 말기환자에게 인공호흡기를 달고 있는 것이나 인공 영양공급을 위한 관을 달고 있는 것이나 똑같이 고통스럽고 그 중단이 죽음을 앞당길 수 있다는 점에서 서로 달리 평가할 이유는 없다. 이는 환자의 자기결정권에 의하여 결정될 부분이다"[68] [69]라는 견해도 있다.

---

67  법률제정 관련 사회적 합의과정에 참여한 가톨릭 신부, 이동익(2016). "〈호스피스 및 연명의료결정에 관한 법률〉에 관한 소고". 〈국회입법조사처보〉, 2016년 봄호, 65.

68  김현귀(2015). "연명의료중단의 허용범위 제한에 관한 헌법적 검토". 〈헌법학연구〉, 21권 3호, 422 이하; 같은 취지, 김현조(2010). "독일 연방대법원 판결을 통해서 본 연명치료중단 관련 논의의 몇 가지 쟁점". 〈법학논고〉, 40집, 705; 또한 "인공영양공급의 문제도 인공호흡의 문제와 다르지 않다. 모든 동물의 몸은 소멸의 과정에 돌입하면 영양을 거부한다. … 이미 위루술에 의한 부작용과 그것이 대부분의 말기 환자에게 결코 이익이 되지 않는다는 것이 보고되고 있음에도 불구하고 그러한 관행은 계속되고 있으며 보호자 입장에서도 마지막 가는 길에 환자를 굶겨 죽일 수는 없다는 비과학적인 편견이 여전히 만연되어 있다. 죽어가는 환자에게 아무것도 하지 않는다는 것은 상당한 심리적 부담을 동반

환자가 명시적으로 일체의 연명의료에 대하여 거부의사를 밝힌 경우라면, 인공영양공급도 거부·중단 대상이 되는 것이 타당하다. 산소공급을 중단하면서 영양 공급은 중단하지 못하게 하는 것은 자기결정권의 과도한 제한이다. 그러나 이 문제는 우리나라 정서 또는 문화에 비추어 더 많은 논의가 필요하다.

---

한다. … 말기 환자들은 영양이 결핍되어 죽는 것이 아니다. 죽음의 단계에 들어섰기에 몸이 알아서 영양을 거부하는 것이다. … 활동을 거두어들이고, 먹기를 거두어들이고, 정신을 거두어들이고, 숨을 거두어들이는 것은 자연의 흐름이다. 말기환자에게 윗몸 일으키기를 시키지 않듯이 말기환자에게 인공영양을 주입해서는 안 된다." 이순성(2013). "존엄하게 죽을 권리에 관하여". 〈생명연구〉, 27집, 298~300. 또 "스스로 호흡할 수 없어 회복불가능한 환자에게는 인공호흡기를 제거하면서, 스스로 먹을 수 없는 환자의 경우에는 계속적으로 먹여 줘야 한다는 주장의 근거를 이해하기 어렵다." 김성룡(2010). "연명치료 중단의 기준에 관한 법적 논의 쟁점과 과제". 〈형사법연구〉, 22권 1호, 41.

69 예컨대 미국의 경우 낸시 크루전 사건에서 (명백하고 설득력 있는 증거가 필요하다면서 급식관제거 청구는 기각되었지만) 급식관 제거 자체는 헌법적으로 인정되었다. Cruzan v. Director, Missouri Dept. of Health, 497 U. S. 261(1990). (그러나 그 후 낸시의 가족들이 제출한 새로운 증거 — 낸시가 평소 연명치료를 거부한다는 말을 했다는 친구들의 증언 — 에 의해 새로이 진행된 소송에서 미주리주 법원은 명백하고 설득력 있는 증거가 있다고 판단하면서 급식관 제거를 결정하였고, 크루전은 그 후 12일 만에 사망하였다.) 또한 지속적 식물상태에 있던 환자에게 인공영양공급을 중단하여 미국을 떠들썩하게 했던 테리 샤이보 사건이 있다. 2005년 3월 24일 미연방대법원은 (2005년 3월 18일 플로리다주 법원의 결정에 의해 제거된 급식관 재연결을 청구하는) 상고허가 신청을 기각하였고 제거 후 13일이 지난 2005년 3월 31일 테리 샤이보는 사망하였다. 이에 관하여는, 박철(2010). "연명치료중단의 허용기준". 〈민사판례연구〉, 32권, 68 이하 참고.

연명의료중단 등 결정에 관한 환자의 의사 확인은 첫째, 환자 본인의 명시적(현실적) 의사가 있는 경우, 둘째, 환자의 의사를 추정[70]할 수 있는 경우, 셋째, 환자의 의사를 확인할 수 없는 경우 등으로 나눠 보아야 한다.

견해에 따라서는 연명의료계획서 또는 사전 연명의료의향서가 있는 경우를 환자의 명시적 의사가 있는 경우로 분류하기도 한다. 그러나 엄격하게 말하면 연명의료중단 등 결정 및 그 이행시점을 기준으로 볼 때, 해당 시점에 환자가 스스로 의사를 밝히는 경우만이 명시적 의사가 있는 경우로 보는 것이 타당하다.

연명의료계획서 또는 사전 연명의료의향서는 연명의료중단 등 결정 및 그 이행시점에 환자의 명시적(현실적) 의사가 없기에 그 의사를 추정하는 자료로 사용되는 것이다. 연명의료계획서는 의사가 형식적 작성 주체이지만 환자와 함께 작성하고 환자가 '충분한 설명에 의한 동의'를 한 것으로 판단되기 때문에, 환자의 명시적 의사가 있는 경우라고 분류해도 일견 타당하다.

그러나 엄격하게 보면, 연명의료계획서는 말기환자 등의 의사에 따

---

70  한편, 자기결정권을 통하여 인정되는 '추정적 의사' 이론은 환자 자기 자신이 죽을 권리를 행사하는 경우와 제3자가 환자의 생명을 단절시키는 죽일 권능을 행사하는 경우를 혼용시키는 결과를 초래한다는 지적이 있다. 황도수(2013). "'죽음 문제'에 관한 우리나라와 미국 판례이론의 비교연구". 〈미국헌법연구〉, 24권 2호, 432.

라 작성되는 것이므로, 즉 이행시점 이전에 작성되는 것이므로, 연명의료중단 등 결정 및 그 이행시점에서의 환자의 의사는 아니다. 따라서 연명의료중단 등 결정 및 그 이행시점에 환자가 의사능력이 없을 때, 환자의 의사를 추정할 수 있는 강력한 입증자료가 되는 것으로 보는 것이 타당하다.

또 사전 연명의료의향서도 19세 이상인 사람이 보통 상대적으로 건강할 때 직접 작성한 것이다. 따라서 연명의료중단 등 결정 및 그 이행시점에서의 환자의 의사가 아닌 것은 분명하다.[71]

### 환자의 명시적(현실적) 의사

연명의료계획서 또는 사전 연명의료의향서가 없지만, 연명의료중단 등 결정 및 그 이행 시점에 — 예컨대 임종과정에 있는 환자일지라도 흔하지는 않겠지만 경우에 따라서는 의사능력을 갖추고 있을 수도 있으므로[72] — 환자의 명시적(현실적) 의사가 존재하는 경우에는, 환자의 의

---

71  한편, 의료실무상 환자는 건강할 때에 표시한 의사를 바꾸는 경우가 많기 때문에 사전 연명의료의향서의 효력을 상대적으로 평가하는 견해가 있다. 장병주(2017). 〈〈연명의료결정법〉과 연명의료중단: 연명의료 결정에 관한 독일법과의 비교를 중심으로〉. 〈재산법연구〉, 33권 4호, 172.

72  제 15조 제 1호는 연명의료중단 등 결정을 이행할 때, 연명의료계획서를 통하여 환자의 의사로 보는 의사가 연명의료중단 등 결정을 원하는 것이고, 임종과정에 있는 환자의 의사에도 반하지 아니하는 경우라고 규정하는데, 이는 이행시점에 환자의 의사가 명시적으로 존재해야 한다는 것인지 의문을 제기할 수 있다. 대부분의 경우 이행시점에 환자는 의사능력이 없는 경우일 텐데 환자의 의사에 반하지 아니해야 한다는 것을 규정한 것은 개정할 필요가 있는 것으로 보인다. 이미 환자의 의사로 보는 의사가 연명의료계획서 등으

사에 따라 이행되면 될 것이다.[73]

그런데 이러한 경우에 대한 법 규정이 없다. 법 해석상 허용되는 것으로 판단할 수도 있지만, 담당의사의 입장에서는 책임문제에서 벗어나야 할 필요가 있으므로, 명확성을 위하여 예컨대 환자 가족, 후견인, 다른 의사, 의료기관윤리위원회 등의 증인 입회하에 이행하게 하는 규정을 두어야 한다.

## 환자의 추정적 의사

### 연명의료계획서[74]가 있는 경우

제17조 제1항 제1호는 "의료기관에서 작성된 연명의료계획서가 있는 경우 이를 환자의 의사로 본다"라고 규정한다. 따라서 연명의료계획서가 있으면 연명의료중단 등 결정을 이행할 수 있다.

다만 '충분한 설명에 의한 동의'가 실현되어야 한다. 그런데 연명의료

---

로써 존재하고 이런 경우에 이행할 수 있게 하려고 법을 제정한 것인데, 거기에 부가하여 임종과정에 있는 환자의 의사에도 반하지 아니하는 경우라는 추가적 요건을 규정한 것은 납득하기 어렵다. 환자의 명시적(현실적) 의사가 있는 경우를 따로 규정하는 것이 타당해 보인다.

73  같은 취지, 박미숙·강태경·김현철(2016). 《일명 '웰다잉법'(존엄사법)의 시행에 따른 형사정책적 과제》. 한국형사정책연구원, 118면; 김화(2016). "〈호스피스·완화의료 및 임종과정에 있는 환자의 연명의료결정에 관한 법률〉, 이른바 웰다잉법에 대한 비판적 고찰". 〈사법〉, 37호, 217 이하; 물론 연명의료계획서 또는 사전 연명의료의향서를 이용하는 것이 가능한 경우도 있을 수 있지만, 그렇지 못한 경우가 문제 될 것이다.

74  국립연명의료관리기관에 따르면, 2022년 9월 19일 17시 기준으로 연명의료계획서 등록자는 9만 6,818명이다. https://www.lst.go.kr/main/main.do.

계획서도 이행시점 이전에 작성되는 것이므로 이행시점에서의 환자의 의사는 아니다. 따라서 이행시점에 환자가 의사능력이 없을 경우는 환자의 '최선의 이익'도 함께 고려해야 할 것이다. [75]

### 사전 연명의료의향서[76]가 있는 경우

제 17조 제 1항 제 2호는 "담당의사가 사전 연명의료의향서의 내용을 환자에게 확인하는 경우 이를 환자의 의사로 본다. 담당의사 및 해당 분야의 전문의 1명이 다음 각 목을 모두 확인한 경우에도 같다. 가. 환자가 사전 연명의료의향서의 내용을 확인하기에 충분한 의사능력이 없다는 의학적 판단, 나. 사전 연명의료의향서가 제 2조 제 4호의 범위에서 제 12조에 따라 작성되었다는 사실"이라고 규정한다.

여기서도 '충분한 설명에 의한 동의'가 실현되어야 한다. 그런데 제

---

[75] 그런데 최경석(2014). "김 할머니 사건에 대한 대법원 판결의 논거 분석과 비판: '자기결정권 존중'과 '최선의 이익' 충돌 문제를 중심으로". 〈생명윤리정책연구〉, 8권 2호, 239 이하에서는, 비첨과 칠드리스의 견해를 원용하여 자기결정권존중과 최선의 이익을 분명하게 구별하면서, 〔대법원 다수의견〕이 환자의 최선의 이익을 판단할 필요는 없었다고 한다. 그러나 연명의료중단 등 결정 및 그 이행 시점에 환자 본인의 명시적(현실적) 의사가 없는 경우라면, 모든 사례에서 해석의 여지가 있고 증거의 신뢰도가 정도의 차이를 보인다는 게 현실인 점을 고려할 때, 비첨과 칠드리스의 이분법이 개념적으로 분명한 만큼 실효성이 있는 것인지 의심스럽기 때문에, (여기서 다루는) 추정적 의사 확인 시에는 환자의 최선의 이익이라는 관점이 정도의 차이가 있겠지만 고려될 수 있다고 본다. 이러한 관점은 뷰캐넌과 브록의 관점이다. 김정아(2017). "연명의료 대리결정에서의 자율성의 두 관념: 〈호스피스·완화의료 및 임종과정에 있는 환자의 연명의료결정에 관한 법률〉 제 18조를 중심으로". 〈한국의료윤리학회지〉, 20권 1호, 59 이하.

[76] 국립연명의료관리기관에 따르면, 2022년 9월 19일 17시 기준으로 사전 연명의료의향서 등록자는 144만 187명이다. https://www.lst.go.kr/main/main.do.

12조 제2항은 사전 연명의료의향서의 "등록기관은 작성자에게 그 작성 전에 다음 각 호의 사항을 충분히 설명하고, 작성자로부터 내용을 이해하였음을 확인받아야 한다"라고 규정함으로써, '의사'가 아니라 '등록기관'을 설명의 주체로 규정한다. 이는 '충분한 설명에 의한 동의'가 정상적으로 실현될 수 있을지 의문을 낳는 내용이다. 최소한 등록기관에서 (소속 여하를 떠나) 근무하는 '의사'가 설명해야 한다는 식으로 개정할 필요가 있다.

사전 연명의료의향서는 19세 이상인 사람이 연명의료중단 등 결정 이전에, 상대적으로 건강할 때 작성하는 것으로, 미래에 발생할 상황을 가정하고 작성하는 것이다. 하지만 실제 이행시점의 상황은 작성시점의 상황과 많이 다를 수 있다는 문제가 있다. 따라서 이행시점에 환자가 의사능력이 없을 경우는 환자의 '최선의 이익'도 함께 고려해야 할 것이다.

한편, 사전 연명의료의향서를 19세 이상인 사람만 작성할 수 있게 하는 것은 19세 미만인 사람들의 자기결정권을 과도하게 제한하는 것이고 평등권(평등원칙)에 반한다. [77]

예컨대 〈병역법〉의 적용대상은 18세이고, [78] 형법의 적용대상은 14세이며, [79] 〈소년법〉의 (촉법소년) 적용대상은 10세이고, [80] 혼인적령은

---

[77] 연명의료계획서 작성의 경우 환자의 연령제한이 없다(〈연명의료결정법〉 제2조 제8호).

[78] 〈병역법〉 제8조(병역준비역 편입) "대한민국 국민인 남성은 18세부터 병역준비역에 편입된다." 제20조(현역병의 모집) 제1항 "병무청장이나 각 군 참모총장은 18세 이상으로서 군에 복무할 것을 지원한 사람에 대하여 대통령령으로 정하는 바에 따라 병무청장이나 각 군 참모총장이 실시하는 신체검사를 거쳐 육군·해군 또는 공군의 현역병으로 선발할 수 있다. 이 경우 병무청장은 각 군 참모총장과 협의하여 체력검사·면접·필기·실기 등의 전형을 실시할 수 있다."

18세이며,[81] 유언적령은 17세이고,[82] 대법원도 14세 10개월의 청소년에게 의사능력을 인정한 판례[83]가 있다.

더욱이 〈장기이식법〉 제4조 제6호는 가족 또는 유족으로서 14세 이상으로 규정하고 있고, 제12조 제1항과 제2항은 (장기 등의 기증에 관한 가족 또는 유족의) 동의의사표시는 미성년자가 선순위자일 경우 성년인 다음 순서의 가족 또는 유족과 함께 동의할 수 있으며, 뇌사자의 장기 등 적출에 관한 (가족 또는 유족의) 거부의사표시는 미성년자가 선순위자라면 독자적으로 할 수 있도록 규정하고 있으며, 제22조 제1항에서는 미성년자도 본인의 장기 등의 적출에 동의(16세 이상인 미성년자의 장기 등과 16세 미만인 미성년자의 말초혈 또는 골수를 적출하려는 경우에는 본인과 그 부모가 함께 동의) 할 수 있도록 규정하고 있다.

따라서 사전 연명의료의향서를 19세 이상인 사람만 작성할 수 있게 규정한 합리적인 이유를 찾기 어렵다.[84] 연령을 14세 정도로 대폭 낮출 필요가 있다.[85] 미성년자를 보호하고자 하는 취지라면 법정대리인, 후

---

79  형법 제9조(형사미성년자) "14세 되지 아니한 자의 행위는 벌하지 아니한다."

80  〈소년법〉 제4조(보호의 대상과 송치 및 통고) 제1항 제2호 "형벌 법령에 저촉되는 행위를 한 10세 이상 14세 미만인 소년."

81  민법 제807조(혼인적령) "만 18세가 된 사람은 혼인할 수 있다."

82  민법 제1061조(유언적령) "만 17세에 달하지 못한 자는 유언을 하지 못한다."

83  만 14세 10개월의 청소년에게 의사능력을 인정한 판례. "〈청소년성보호법〉 제16조에 규정된 반의사불벌죄라고 하더라도, 피해자인 청소년에게 의사능력이 있는 이상, 단독으로 피고인 또는 피의자의 처벌을 희망하지 않는다는 의사표시 또는 처벌희망 의사표시의 철회를 할 수 있고, 거기에 법정대리인의 동의가 있어야 하는 것으로 볼 것은 아니다." 대법원 2009. 11. 19. 선고 2009도6058 전원합의체 판결.

84  같은 취지, 김화. 앞의 논문. 224.

85  후술하는 내용에서 미성년자에 대하여도 마찬가지이다.

견인, 또는 성년인 가족이나 근친 등의 동의를 얻도록 하거나 법원의 허가를 얻도록 하는 것으로 충분할 것이다.

사전 연명의료의향서를 등록하는 기관에 관하여, 제 11조〈사전 연명의료의향서 등록기관〉 제 1항은 "보건복지부장관은 대통령령으로 정하는 시설·인력 등 요건을 갖춘 다음 각 호의 기관 중에서 사전 연명의료의향서 등록기관(이하 '등록기관'이라 한다)을 지정할 수 있다. ① 〈지역보건법〉 제 2조에 따른 지역보건의료기관, ② 의료기관, ③ 사전 연명의료의향서에 관한 사업을 수행하는 비영리법인 또는 비영리단체(〈비영리민간단체 지원법〉 제 4조에 따라 등록된 비영리민간단체를 말한다), ④ 〈공공기관의 운영에 관한 법률〉 제 4조에 따른 공공기관, ⑤ 〈노인복지법〉 제 36조 제 1항 제 1호에 따른 노인복지관"이라고 규정한다.

사전 연명의료의향서 작성에 관하여, 제 12조〈사전 연명의료의향서의 작성·등록〉는 사전 연명의료의향서는 등록기관으로부터 충분한 설명을 듣고 이를 이해한 후 작성자 자신이 직접 문서(전자문서 포함)로 작성해야 하며, 사전 연명의료의향서는 연명의료중단 등 결정, 호스피스의 이용, 작성 연월일, 그 밖에 보건복지부령으로 정하는 사항이 포함되어야 하고, 작성자는 사전 연명의료의향서 작성 후 언제든지 그 의사를 변경 또는 철회할 수 있으며, 일정한 경우(본인이 직접 작성하지 아니한 경우, 본인의 자발적 의사에 따라 작성되지 아니한 경우, 제 2항 각 호의 사항에 관한 설명이 제공되지 아니하거나 작성자의 확인을 받지 아니한 경우, 사전 연명의료의향서 작성·등록 후에 연명의료계획서가 다시 작성된 경우)에는 사전 연명의료의향서의 효력이 없다는 것 등을 규정하고 있다.

## 환자가족 2명 이상의 진술

제 17조 제 1항 제 3호는 "제 1호 또는 제 2호에 해당하지 아니하고 19세 이상의 환자가 의사를 표현할 수 없는 의학적 상태인 경우 환자의 연명 의료중단 등 결정에 관한 의사로 보기에 충분한 기간 동안 일관하여 표시된 연명의료중단 등에 관한 의사에 대하여 환자가족(19세 이상인 자로서 다음 각 목의 어느 하나에 해당하는 사람을 말한다) 2명 이상의 일치하는 진술(환자가족이 1명인 경우에는 그 1명의 진술을 말한다)이 있으면 담당의사와 해당 분야의 전문의 1명의 확인을 거쳐 이를 환자의 의사로 본다. 다만, 그 진술과 배치되는 내용의 다른 환자가족의 진술 또는 보건복지부령으로 정하는 객관적인 증거가 있는 경우에는 그러하지 아니하다. 가. 배우자, 나. 직계비속, 다. 직계존속, 라. 가목부터 다목까지에 해당하는 사람이 없는 경우 형제자매"라고 규정한다.

여기서 '충분한 기간 동안'은 어느 정도의 기간인지, '일관하여'는 한 번이라도 마음이 바뀐 적이 있으면 해당하지 않는 것인지 불분명하므로 더 명확히 표현할 필요가 있다.

환자가족으로서 19세 이상인 자만 한정한 것도 19세 미만인 가족(특히 직계비속)을 합리적인 이유 없이 차별하는 것으로 보인다. 예컨대 환자가 18세의 딸과 17세의 아들을 둔 상태라고 할 경우, 환자가족 2명(예컨대 배우자와 직계존속 1명)의 일치하는 진술이 있으면, 18세의 딸과 17세의 아들이 모두 그에 반대할지라도 연명의료중단 등 결정이 이행될 수 있다는 것은 선뜻 납득하기 어렵다. 전술했듯이 19세라는 연령을 대폭 하향할 필요가 있다. 또한 환자가족 중에 피성년후견인이나 피한정후견인이 있을 경우 어떻게 해야 하는지에 대해서도 보완이 필요하다.

보건복지부령으로 정한 '객관적 증거가 있는 경우'란 환자 본인이 직접 작성한 문서, 녹음물, 녹화물 또는 이에 준하는 기록물에서 본인이 연명의료중단 등 결정에 관한 의사를 직접적으로 표명하는 경우를 말한다.[86]

환자가족 2명 이상의 일치하는 진술이 있어도 이와 배치되는 다른 환자가족의 진술이 없어야 한다면 이는 사실상 환자가족 전원의 합의와 다르지 않은 경우가 대부분일 것이기 때문에, 이 규정은 아래에서 보는 제 18조(환자의 의사를 확인할 수 없는 경우의 연명의료중단 등 결정)와 차별성이 크지 않으므로 제 18조에 규정되어야 할 사안이라는 견해[87]가 있다. 하지만 제 18조의 경우는 후술하듯이 환자의 의사를 확인할 자료(근거)가 전혀 없는 경우에 적용되는 규정이므로, 연명의료계획서 및 사전 연명의료의향서는 없지만 충분한 기간 동안 일관하여 표시된 환자의 의사가 있는 경우와는 다른 경우라고 하는 것이 타당하다.

예컨대 환자가 평소에 가깝게 지내는 자녀 2명에게는 의사를 표시하였지만, 다른 자녀들과는 관계가 소원하여 그런 의사를 표시하지 않은 경우, 다른 자녀들은 모른다고 할 뿐 배치되는 진술을 못 한다면, 이 규정은 그대로 적용될 수 있을 것이다. 죽음을 잘 거론하지 않으려 하는 우리나라의 문화를 고려할 때,[88] 평소의 가족 간 대화를 통해 의사표시가 이루

---

86  〈연명의료결정법〉 시행규칙 제 13조 제 3항.

87  홍완식 (2017). "〈연명의료결정법〉에 대한 입법평론". 〈입법학연구〉, 14집 1호, 19.

88  〈연명의료법〉 시범사업 3주째, 서울대병원 허대석 교수는 "서울대병원의 경우 1일 평균 2~3명의 환자가 연명의료계획서 작성대상이 되기 때문에 거의 매일 시도하지만 지난 3주간 단 한 건도 작성하지 못했다. 환자의 가족들은 환자가 충격을 받을 것을 우려해 약 90%가 말도 꺼내지 못하게 막았고, 10% 정도 환자에게 말을 꺼냈지만, '귀찮다', '나한테 그런 걸 왜 묻느냐', '가족에게 물어봐라'는 식의 답변만 받았을 뿐"이라고 하였다. 〈메

어질 가능성이 있기 때문에,[89] 이 규정은 나름대로 존재의 의의가 있다.

다만 추정적 의사를 인정하기 위해 '명백하고 설득력 있는 증거'를 요한다고 할 때, 이 규정이 적용되려면 입증이 초점이 될 것으로 판단된다. 그러나 이러한 입증에 대한 판단을 담당의사와 해당 분야 전문의 1명이 하도록 한 것만으로는 남용 가능성을 차단하기에 부족하고 적어도 의료기관윤리위원회의 승인이 필요할 것이다.[90]

## 환자의 의사를 확인할 수 없는 경우

환자가 의사능력이 없고 연명의료중단 등 결정에 관한 환자의 명시적 의사도 없으며 추정적 의사도 없는 경우에, 즉 환자의 의사를 확인할 아무런 자료(근거)도 없는 경우에 어떻게 할 것인지가 가장 문제 되는 경우이다.

이에 관해서는 제18조가 규정하고 있다. 즉, 제18조(환자의 의사를 확인할 수 없는 경우의 연명의료중단 등 결정) 제1항은 "제17조에 해당하지 아니하여 환자의 의사를 확인할 수 없고 환자가 의사표현을 할 수 없는 의학적 상태인 경우 다음 각 호의 어느 하나에 해당할 때에는 해당 환자를 위한 연명의료중단 등 결정이 있는 것으로 본다. 다만, 담당의사 또는 해당 분야 전문의 1명이 환자가 연명의료중단 등 결정을 원하지 아니하였다는 사실을 확인한 경우는 제외한다. 1. 미성년자인 환자의 법정대리인(친권자에 한정한다)이 연명의료중단 등 결정의 의사표시

디칼타임즈), 2017. 11. 15.

89 같은 취지, 이승호. 앞의 논문. 202.

90 같은 취지, 박미숙·강태경·김현철. 앞의 연구보고서. 116.

를 하고 담당의사와 해당 분야 전문의 1명이 확인한 경우, 2. 환자가족 중 다음 각 목에 해당하는 사람(19세 이상인 사람에 한정하며, 행방불명자 등 대통령령으로 정하는 사유에 해당하는 사람91은 제외한다) 전원의 합의로 연명의료중단 등 결정의 의사표시를 하고 담당의사와 해당 분야 전문의 1명이 확인한 경우, 가. 배우자, 나. 1촌 이내의 직계 존속·비속, 다. 가목 및 나목에 해당하는 사람이 없는 경우 2촌 이내의 직계 존속·비속, 라. 가목부터 다목까지에 해당하는 사람이 없는 경우 형제자매"라고 규정한다.

이러한 경우에는 환자가 자기결정권을 행사할 수 없다. 환자 본인의 의사가 없다면 환자의 '최선의 이익'을 위한 판단이 행해져야 한다. 제1조(목적)에 '환자의 최선의 이익을 보장'한다는 표현이 있지만 해당 규정(제18조)에 환자의 최선의 이익을 위하여 결정해야 한다는 것을 별도로 명시할 필요가 있다. 즉, 연명의료중단 등 결정을 하는 경우의 환자의 이익과 반대의 경우를 형량하여 어느 쪽이 환자에게 최선의 이익이 되고 궁극적으로 환자의 인간의 존엄과 가치가 실현될 것인지에 따라 최종결정이 행해져야 할 것이다. 물론 의심스러운 경우에는 생명보호에 우위가 주어지는 것이 마땅하다.

---

91　〈연명의료결정법〉시행령 제10조(환자의 의사를 확인할 수 없는 경우의 연명의료중단 등 결정) ① 법 제18조 제1항 제2호에서 '행방불명자 등 대통령령으로 정하는 사유에 해당하는 사람'이란 다음 각 호의 어느 하나에 해당하는 사람을 말한다.
　　1. 경찰관서에 행방불명 사실이 신고된 날부터 1년 이상 경과한 사람
　　2. 실종선고를 받은 사람
　　3. 의식불명 또는 이에 준하는 사유로 자신의 의사를 표명할 수 없는 의학적 상태에 있는 사람으로서 해당 의학적 상태에 대하여 전문의 1명 이상의 진단·확인을 받은 사람

### 미성년자인 환자의 법정대리인(친권자)

환자가 미성년자인 경우 법정대리인(친권자)이 연명의료중단 등 결정의 의사표시를 하게 되어 있는데, 여기에도 문제점이 있다. 보통의 경우 미성년자의 법정대리인(친권자)은 미성년자를 제대로 보호할 수 있는 사람일 것이다. 따라서 미성년자인 환자가 연명의료중단 등 결정 시점에 의사능력이 없을 경우 법정대리인(친권자)이 의사표시를 하도록 하는 것은 일견 타당성이 있다.

그런데 예외적인 경우이긴 하지만 법정대리인(친권자)에 의한 아동학대(치사·살해)의 가능성이나, 부모가 자식을 버리고 연락도 없이 살아 온 경우를 가정하면 남용가능성을 차단할 필요가 있다. 이러한 경우라면 자녀에 대해 연명의료중단 등 결정을 해야 할 상황이 발생했을 때 법정대리인(친권자)이 과연 환자의 최선의 이익을 고려할 것인지 의심스럽기 때문이다.

따라서 이러한 경우를 대비한 규정이 필요하다. 즉, 미성년자인 환자가 연명의료중단 등 결정 시점에 의사능력이 없다면 의료기관윤리위원회의 승인 또는 법원의 허가를 추가요건으로 규정할 필요가 있다.

친권자가 2명인 경우에는 2명의 합의가 있어야 할 것이며,[92] 친권자가 없는 경우에는, 불명확하지만 제18조 제2호에 의거해, 가족이 있다면 환자 가족 전원의 합의로 연명의료중단 등 결정을 할 수 있다고 할 것이다.[93] 가족이 아무도 없다면 후술하는 무연고자의 경우에 해당할 것이다.

---

92 이승호. 앞의 논문. 202.

93 같은 취지, 박미숙·강태경·김현철. 앞의 보고서. 120; 참고로, 신생아도 자기결정권이 있으며 친권자의 진료동의는 신생아의 자기결정권을 대리행사하는 것이 아니라 친권

## 환자가족 전원의 합의

환자가족 전원의 합의에 의한 경우, 〈연명의료결정법〉 제18조 제1항 제2호는 19세 이상인 가족만 합의를 할 수 있게 규정한다. 그러나 19세보다 연령을 대폭 하향하여 의사능력이 인정되는 가족이라면 모두 포함시키는 것이 타당하다.

예컨대 직계존속과 배우자는 모두 사망하고 홀로 18세 딸 및 17세 아들과 살던 환자라면, 환자에게 좋은 관계로 지내지 못하던 형제가 있다면, 딸·아들은 반대하는데 형제들은 찬성한다면, 또는 그 반대의 경우라면, 형제들의 합의에 따라 최종결정이 행해져야 하는가? 부당하다. 미성년자라도 가족의 합의에 참여할 수 있게 규정하는 것이 타당하다.

가족 전원의 합의가 (법령이 규정하는) 행방불명자 등 제외사유에 해당하지 않고도 현실적 이유 때문에, 예컨대 연락불능, 나쁜 관계 등의 사유로 이루어질 수 없다면 어떻게 할 것인가? 그냥 연명의료를 계속 유지해야만 하는가? 이러한 현실적 사유가 있다면 이를 소명하여 법원

---

에서 파생되는 것이다. 친권자가 존재하지 아니하거나 친권자가 친권을 남용하여 긴급하고 필수적인 진료행위를 거부하는 경우, 의료인이 의사능력이 없는 자녀의 진료행위에 대한 의사를 추정하여 필요한 진료행위를 할 수 있다. 부모가 자신들의 종교적 신념에 기초하여 신생아 자녀의 수술에 수반되는 수혈을 거부한 사안에서, 정당한 친권 행사의 범위를 넘어서는 수혈 거부의 의사는 효력을 인정할 수 없고, 수술이 시행되어야 할 필요성이 절실하고 긴급하므로 병원 측은 환자에 대하여 수혈을 시행할 수 있고, 친권자들이 이에 동의하지 않는 경우 이러한 진료행위에 대한 방해의 배제를 구할 수 있다고 한 판례가 있다(서울동부지방법원 2010. 10. 21. 자 2010카합2341 결정). 환자의 최선의 이익이라는 논거가 아니라 의사추정이라는 논거를 제시했는데, (신생아의 경우는 의사추정조차 불가능한 경우로 규정하고 있는) 〈연명의료결정법〉 시행 후에도 이러한 논거제시가 유지되기는 어려울 것이다. 같은 취지, 노동일(2011). "헌법상 연명치료중단에 관한 자기결정권의 행사방법과 그 규범적 평가". 〈경희법학〉, 46권 4호, 322 이하.

의 허가를 구하고 법원이 결정하도록 하는 것이 타당할 것으로 판단된다. 이를 법에 명시할 필요가 있다.

환자가족은 환자가 가장 신뢰할 수 있는 존재이지만 동시에 환자의 죽음과 이해관계(예컨대 상속, 의료비 부담 등)를 가진 사람이다. 따라서 환자가족 전원의 합의는 환자에게 이익이 되는 장치인 동시에 환자에게 피해를 줄 수도 있는 장치이다. 이런 점을 고려할 때, 남용가능성을 차단하기 위해 환자가족 전원의 합의가 있을지라도 — 비록 의사 2명의 확인이 있어야 하지만 그와 별도로 — 의료기관윤리위원회의 승인 또는 법원의 허가를 추가적 요건으로 규정할 필요가 있다. [94]

### 무연고자의 문제

이른바 무연고자의 경우도 문제가 되는데, 법에는 아무런 규정이 없다. 이 경우는 법원의 허가를 요하는 것으로 하되 담당의사 또는 의료기관윤리위원회의 결정으로 법원에 허가를 신청하고 법원의 결정에 따르도록 법을 개정하는 것이 적절해 보인다.

---

94  같은 취지, 원혜욱 · 백경희 (2017). "호스피스 · 완화의료와 임종과정에 있는 환자의 연명의료결정에 관한 법률의 문제점에 관한 검토: 독일의 법제 및 판례와의 비교를 중심으로". 〈법제연구〉, 52호, 187 이하.

## 나오며

연명의료중단 등 결정은 자기결정권과 국가의 생명보호의무가 충돌하는 문제이다. 삶의 마지막 단계에서 극심한 고통을 겪는 환자의 경우에 국가의 생명보호의무는 환자의 자기결정권보다 우위에 설 수 없다. 오랜 논의를 거쳐 이루어진 사회적 합의에 의거하여 〈연명의료결정법〉이 제정·시행되고 있으나 이 법에 대해 문제점들이 지적되고 있다. 이 장에서는 연명의료중단 등 결정의 헌법적 근거, 범위, 환자의 의사 확인 등의 문제에 한정하여 살펴보았다.

연명의료중단 등 결정의 헌법적 근거에 관하여는 생명권, 자기결정권, 생명을 연장할 권리, 존엄한 삶의 권리, 신체 불훼손권, 죽을 권리 등이 거론된다. 연명의료중단 등 결정의 헌법적 근거는 경우를 나누어 살펴보아야 한다.

첫째, 환자의 명시적 의사가 있는 경우에는 자기결정권(헌법 제10조)이 헌법적 근거이다. 둘째, 환자의 추정적 의사가 있는 경우에도 자기결정권이 헌법적 근거이다. 셋째, 환자의 의사를 확인할 수 없는 경우에는 환자의 자기결정권 행사가 없기 때문에 자기결정권을 헌법적 근거로 보는 것은 무리이고, 모든 자료와 사정을 종합적으로 고려한 후 환자의 최선의 이익이라는 관점에 의거하여 연명의료중단 등 결정이 이행되어야 하고 이것은 인간의 존엄과 가치 실현으로서 헌법 제10조가 근거이다.

연명의료중단 등 결정의 범위에 관하여는 대상환자와 대상 연명의료로 나누어 볼 수 있다. 먼저, 〈연명의료결정법〉은 대상환자를 '임종과정에 있는 환자'로 한정하였다. 이는 예컨대 말기환자의 자기결정권을 과도하게 제한하고 평등권(평등원칙)에 반한다. 말기환자와 임종과정에 있는 환자는 구별하기 어렵기 때문이다. 또, 이러한 경우는 차별적 취급으로 인하여 관련 기본권에 대한 중대한 제한을 초래하므로 평등심사에서 엄격심사 대상이다.

따라서 비례원칙에 따른 심사가 행해지면 적어도 침해최소성 원칙에 반한다. 더불어 뇌사자는 대상환자에 해당하고, 지속적 식물상태에 있는 환자는 불명확하지만 법 해석상 제외되는데, 이는 개선이 필요하다.

다음으로 연명의료중단 등 결정의 대상이 되는 연명의료는 심폐소생술, 혈액투석, 항암제 투여, 인공호흡기 착용, 체외생명유지술(ECLS), 수혈, 혈압상승제 투여, 그 밖에 담당의사가 환자의 최선의 이익을 보장하기 위해 시행하지 않거나 중단할 필요가 있다고 의학적으로 판단하는 시술이다. 또한 인공영양공급중단에 관하여도 진지한 고려가 필요하다.

환자의 의사 확인과 관련해서는 3가지로 나누어 살펴볼 수 있다.

첫째, 환자의 명시적(현실적) 의사가 있는 경우이다. 이는 연명의료중단 등 결정 및 그 이행 시점에 환자의 명시적(현실적) 의사가 있는 경우이며, 환자의 의사에 따라 연명의료중단 등 결정 및 그 이행이 이루어지면 된다.

둘째, 환자의 추정적 의사가 있는 경우이다. 이는 연명의료계획서가 있거나, 사전 연명의료의향서가 있거나, 환자가족 2명 이상의 일치하는 진술이 있는 경우로서, 연명의료중단 등 결정 및 그 이행에는 '충분한 설명에 의한 동의'와 '명백하고 설득력 있는 증거'가 필요하다.

셋째, 환자의 의사를 확인할 수 없는 경우이다. 환자의 의사를 확인할 자료가 전혀 없는 경우에는 일정한 경우 환자의 최선의 이익을 위하여 연명의료중단 등 결정 및 그 이행이 이루어질 수 있다.

〈연명의료결정법〉은 환자의 최선의 이익을 보장하고 자기결정을 존중하여 인간으로서의 존엄과 가치를 보호하는 것을 목적으로 하고 있다. 이 목적이 실현되기 위해서는 '미끄러운 비탈길'론이 경계하는 것에도 주의를 기울여야 하며, 더불어 경제적 이유 때문에 환자의 죽음이 초래되는 것을 방지하기 위해서는 사회보장제도(특히, 건강보험제도)가 더욱 강화되어야 한다.

# 6장

# 노인환자에 대한 공동의사결정 지원의 필요성

이정은

(서울특별시 서울의료원 변호사)

## 들어가며

2015년 몽고메리 대 라나크셔 보건국(Montgomery v. Lanarkshire Health Board) 사건[1]에서 영국 대법원은 의사의 환자에 대한 정보 제공과 이에 따른 환자의 유효한 동의 기준을 다시 세웠다. 판례는, 치료에 동반되는 위험이 환자에게 고지되어야 하는지 여부는 더 이상 의학계의

---

[1] 몽고메리 대 라나크셔 보건국(Montgomery v. Lanarkshire Health Board Scotland, 2015) UKSC 11. 질식분만에 따른 합병증의 결과로 중증장애아를 출산하게 된 원고가, 담당의사로부터 자신처럼 당뇨병을 가진 여성의 경우 질식 분만에서 태아의 어깨 디스토시아(태아의 어깨가 넓어 산모의 골반을 통과하기 어려운 등의 난산 또는 이상분만) 의 위험이 더 크고, 이로 인해 산모와 태아가 심각한 건강상 위험에 놓일 수 있다는 설명을 들었더라면 제왕절개 방식의 출산을 선택하였을 것이라는 이유로 손해배상을 청구한 사례이다.

의견이 아니라 "치료에 동반되는 어떤 위험에 대해 합리적 환자가 중요하다고 여길 가능성이 있거나, 의사가 환자가 중요하다고 여길 것이라는 점을 합리적으로 인지하거나 인지해야 하는 경우"인지 여부, 즉 환자를 기준으로 결정된다고 판시했다. 이 판결은 의료계에 만연하던 가부장주의의 종결이자 환자와 의사 관계의 패러다임 전환이라고 평가받는다.

우리나라에서도 2016년 12월 20일 〈의료법〉상 설명의무가 명문화되고, 2017년 6월 21일 시행된 이래[2] 환자의 '설명 들을 권리'에 대한 의식이 급격히 강화되고 있다. 최근의 의료분쟁에서 설명의무 위반 여부가 큰 비중을 차지하는 사실도 이를 잘 보여 준다.[3] 단기간 내에 설명·동의 절차가 형식적으로나마 자리를 잡은 것은 그 자체로 큰 성과이다.

그러나, 자원이 한정된 의료현장에서 설명과 동의의 질은 환자의 특성에 따라 큰 차이를 보일 수밖에 없다. 특히 신체능력, 이해력, 의사소통능력 등이 낮아 가족과 의료진에게 의존 필요성이 큰 노인환자에

---

2 〈의료법〉(시행 2016. 12. 20)(법률 제 14438호, 2016. 12. 20, 일부개정)
제 24조의 2(의료행위에 관한 설명) ① 의사·치과의사 또는 한의사는 사람의 생명 또는 신체에 중대한 위해를 발생하게 할 우려가 있는 수술, 수혈, 전신마취(이하 이 조에서 '수술 등'이라 한다)를 하는 경우 제 2항에 따른 사항을 환자(환자가 의사결정능력이 없는 경우 환자의 법정대리인을 말한다. 이하 이 조에서 같다)에게 설명하고 서면(전자문서를 포함한다. 이하 이 조에서 같다)으로 그 동의를 받아야 한다. 다만, 설명 및 동의 절차로 인하여 수술 등이 지체되면 환자의 생명이 위험하여지거나 심신상의 중대한 장애를 가져오는 경우에는 그러하지 아니하다.

3 손락훈(2020). "의료분쟁사건 발생 사유, 절반이 '설명의무'". 〈메디포뉴스〉. 2020. 1. 4. https://medifonews.com(2022. 11. 28. 접속).

대해서는 설명·동의 절차가 요식적으로 행해질 가능성이 높아진다. 이는 자칫 노인환자라는 특정 그룹의 문제로 보일 수 있다. 하지만 급격한 고령화가 진행되는 우리 사회에서 이는 사실 미래에 노인이 될 모두의 의료적 자기결정권이 근본적으로 침해될 수 있는 문제로서 매우 적극적으로 논의될 필요가 있다.

이러한 문제의식에서, 이 장에서는 먼저 논의의 전제로서 우리 법과 판례를 중심으로 의료행위에서 설명·동의 원칙의 기본적 내용을 검토한다. 특히 설명의 상대방이자 동의 주체인 환자 본인이 직접 설명·동의 절차에 참여하여야 함을 확인한다. 그러나 실제 의료현장에서는 노인환자가 의료적 의사결정과정에서 소외됨으로써 윤리적·임상적으로 타당하지 못한 결과가 도출되는데, 그 원인으로서 노인환자의 내외재적 특성, 예를 들어 신체적·정신적 건강 악화, 가족 개입, 의료계의 관행, 제도적 한계를 검토하고 노인환자 본인이 아닌 타인의 결정에서 환자 본인의 의사나 이익이 제대로 반영되기 어려운 문제가 있다는 점도 함께 살펴본다. 끝으로 이에 대한 실천적 개선 제언으로서 노인환자의 양질의 동의를 취득하기 위한 공동의사결정 지원 방안을 구체적으로 제시하고자 한다.

의료행위에서 설명·동의의 원칙

## 설명·동의의 원칙이란

〈의료법〉및 관계 법령은 의사가 환자에게 의료행위를 하는 경우 해당 환자에게 의료행위의 필요성, 내용, 위험성 등을 설명하고 사전에 동의를 받을 의무(이른바 '설명·동의의 원칙')를 명시한다.[4] 환자는 누구나 헌법상의 인격권과 행복추구권에 의하여 보호되는 자기결정권에 기초하여 신체에 대한 침습을 동반하는 의료행위 시행 여부 등 자신의 생명과 신체의 기능을 어떻게 유지할 것인지에 대해 결정할 권리가 있다.[5] 의사는 환자의 이러한 자기결정권을 보장하기 위하여 환자에게 의료서비스에 관한 충분한 설명을 제공하고 동의를 받아야 한다.[6][7] 또한 의사-환자 사이 진료계약의 관점에서 의사의 설명의무는 계약상의 의무 내지 신체 침습 등에 대한 승낙을 얻기 위한 전제가 된다.[8][9]

---

4 〈보건의료기본법〉제12조, 〈의료법〉제24조, 제24조의 2, 〈응급의료에 관한 법률〉제 9조, 〈장기 등 이식에 관한 법률〉제22조, 제23조, 〈생명윤리 및 안전에 관한 법률〉제 16조, 제24조, 제37조, 제42조, 제48조, 제51조, 〈연명의료결정법〉제3조 등.

5 대법원 2009. 5. 21. 선고, 2009다17417, 전원합의체 판결.

6 헌법 제10조. "모든 국민은 인간으로서의 존엄과 가치를 가지며, 행복을 추구할 권리를 가진다. 국가는 개인이 가지는 불가침의 기본적 인권을 확인하고 이를 보장할 의무를 진다."

7 〈보건의료기본법〉제12조(보건의료서비스에 관한 자기결정권). "모든 국민은 보건의료인으로부터 자신의 질병에 대한 치료방법, 의학적 연구대상 여부, 장기이식(臟器移植) 여부 등에 관하여 충분한 설명을 들은 후 이에 관한 동의 여부를 결정할 권리를 가진다."

8 대법원 1979. 8. 14. 선고 78다488 판결. 후두종양 제거 수술을 한 의사들이 수술 후 환

표 6-1 의료행위에 대한 설명·동의 원칙

| | 설명 상대방 (동의의 주체) | 설명의 주체 | 내용 | 형식 |
|---|---|---|---|---|
| 원칙 | 환자 본인 | 의사 (응급의료 시 응급의료종사자) | 의료행위 전 과정 | ① 서면 (수술 등) ② 구두 |
| 예외 | (환자가 의사결정능력이 없는 경우) 환자의 법정대리인 | | | |
| | 환자가 의사결정능력이 없고 법정대리인마저 부재한 경우) 응급환자의 동행인 | 응급의료종사자 | 응급처치 | 구두 |
| 면제·면책 | ① 설명·동의 절차로 환자 생명이 위험해지거나 심신상 중대 장애가 예상되는 경우 ② 환자의 승낙이 명백히 예상되는 경우 ③ 환자의 자기결정권이 문제 되지 않는 경우10 ④ 설명이 역기능으로 작용하는 경우 ⑤ 환자가 이미 알고 있거나 상식적인 내용 등 | | | |

자의 목이 쉴 수 있는 가능성을 설명한 것만으로는 환자에게 발성기능장애가 발생한 이 사건에서의 설명의무를 다하였다고는 볼 수 없다고 보아 환자의 승낙권 침해에 따른 불법 행위 성립을 인정한 사례.

9 "일반적으로 의사는 환자에게 수술 등 침습을 가하는 과정 및 그 후에 나쁜 결과 발생의 개연성이 있는 의료행위를 하는 경우 또는 사망 등의 중대한 결과 발생이 예측되는 의료 행위를 하는 경우에 있어서 응급환자의 경우나 그 밖에 특단의 사정이 없는 한 진료계약 상의 의무 내지 침습 등에 대한 승낙을 얻기 위한 전제로서 당해 환자나 그 법정대리인에 게 질병의 증상, 치료방법의 내용 및 필요성, 발생이 예상되는 위험 등에 관하여 당시의 의 료수준에 비추어 상당하다고 생각되는 사항을 설명하여 당해 환자가 그 필요성이나 위험 성을 충분히 비교해 보고 그 의료행위를 받을 것인가의 여부를 선택할 수 있도록 할 의무 가 있다." 대법원 1995. 1. 20. 선고 94다3421 판결; 대법원 2007. 5. 31. 선고 2005다5867 판결 등.

10 "… 설명의무는 모든 의료과정 전반을 대상으로 하는 것이 아니라 수술 등 침습을 과하는 과정 및 그 후에 나쁜 결과 발생의 개연성이 있는 의료행위를 하는 경우 또는 사망 등의 중 대한 결과발생이 예측되는 의료행위를 하는 경우 등과 같이 환자에게 자기결정에 의한 선 택이 요구되는 경우를 대상으로 하는 것이다. 따라서 환자에게 발생한 중대한 결과가 의 사의 침습행위로 인한 것이 아니거나 또는 환자의 자기결정권이 문제 되지 아니하는 사항 에 관한 것은 위자료 지급대상으로서의 설명의무 위반이 문제 될 여지는 없다고 봄이 상 당하다." 대법원 1995. 4. 25. 선고 94다27151 판결; 대법원 2010. 5. 27. 선고 2007다

의료행위에서의 설명·동의 원칙은 환자에게 충분한 정보를 제공할 의사의 의무와 이를 기초로 자신의 신체에 대해 결정할 환자의 권리로 구성되며,[11] 양자는 필연적으로 불가분의 관계에 있다. 현행법상 의료행위에 대한 설명·동의 원칙의 기본적 내용은 〈표 6-1〉과 같다.

## 설명의 주체와 상대방

설명의 주체는 담당 의사·치과의사 또는 한의사가 됨이 원칙이다. 판례는 당해 수술 등의 처치의가 아닌 주치의 또는 다른 의사를 통한 설명도 충분하다고 본다.[12] 다만, 수술 등에 대한 동의 내용 중 수술 등의 방법이나 의사가 변경되는 경우라면 변경 사유와 내용을 서면 통지하여야 한다.[13] 간호사나 의료기관 사무직원이 설명했더라도 의사가 직접 설명하지 않았다면 설명의무 위반이 성립할 수 있다.[14]

　설명의 상대방이자 동의 주체가 환자 본인이 됨은 매우 중요한 원칙이다.[15] 의사는 환자가 의사결정능력이 있는 한 환자 본인에게 설명하

　　25971 판결; 대법원 2010. 5. 27. 선고 2007다25971 판결; 대법원 2016. 9. 23. 선고 2015다66601 66618 판결 등.

11　Jessica Wilen Berg(2012), "All for one and one for all: Informed consent and public health". *Houston Law Review*, 50(1), 5~6.

12　대법원 1999. 9. 3. 선고 99다10479 판결.

13　〈의료법〉 제 24조의 2 제 4항.

14　강현구(2019). "'의사가 직접 설명하지 않으면 설명의무 위반'. 〈의약뉴스〉. 2019. 1. 15. http://www.newsmp.com(2022. 11. 16. 접속).

15　동의능력이 없는 환자에 대한 설명은 무효이기 때문이다. 김천수(1996). "의료행위에 대한 동의능력과 동의권자". 〈민사법학〉, 13·14호, 226.

고 동의를 받아야 하므로, 의료현장에서는 의사가 환자의 의사결정능력을 판단하는 우선적 주체가 된다. 동의능력 여부는 치매 환자를 비롯한 고령의 인지 장애인, 정신질환자, 미성년인 환자의 경우에서 주로 문제가 될 수 있다.

의료관계법령이 동의능력 판단 기준을 별도로 둔 것은 아니므로[16] 환자의 동의능력은 인지능력, 정신적 성숙도, 의료행위의 내용과 위험성 등을 종합하여 환자가 스스로 자신에게 행해질 신체의 침해에 대해 이해하고 판단할 수 있는지로 판단하는 수밖에 없다. 다만, 의료행위에 대한 동의능력은 권리의무 변동에 대한 인식능력, 다시 말해 행위의 법률적 효과를 이해하고 단독으로 유효하게 법률행위를 할 수 있는 행위능력과는 다른 개념이다.

동의능력은 행위능력보다는 완화된 기준으로 판단하는 것이 적절하다.[17] 예를 들어 행위능력이 없어 단독으로 민법상 계약을 체결할 수 없는 미성년자라 하더라도 일정 기준을 충족한다면 부모의 동의가 없이 자신의 선택으로 낙태수술에 동의할 수 있다. 고령 치매환자로서 피성년후견인 선고를 받았더라도 자신의 잔존능력을 존중받아 암 치료방법에 대한 설명을 듣고 직접 동의할 수도 있을 것이다.

판례는 다음과 같이 환자가 의사결정능력이 있는 경우에는 환자 본

---

16  동의능력은 환자마다 구체적·개별적으로 판단해야 한다. 이는 심리학적·정신의학적 문제이며 그 밖에 동의의 대상인 의료행위에 대한 위험성 등 의학적 지식도 종합적으로 고려해야 할 문제이기 때문이다. 그러므로 일률적 규정으로써 평가하기 어려운 측면이 있다.

17  김천수(1996). 위의 논문. 230; 김민중(2009). "〈성년후견제도〉의 도입에 관한 논의에서 의료행위와 관련한 과제". 〈저스티스〉, 통권 112호, 212.

인이 아닌 자녀, 배우자, 형제 등 가족에 대한 설명의 효력을 인정하지 않는다.

환자가 성인으로서의 판단능력을 가지고 있는 이상 인척에 불과한 시숙의 승낙으로써 환자의 승낙에 갈음하는 것은 허용되지 아니한다고 할 것이므로, 환자에 대한 치료행위로서 마취담당 의사의 마취는 환자에 대한 설명의무를 다하지 아니함과 아울러 환자의 승낙권을 침해하여 이루어진 위법한 행위이다.[18]

원고가 성인으로서 판단능력을 가지고 있는 이상 친족인 원고의 오빠 소외 6의 승낙으로써 원고의 승낙에 갈음하는 것은 허용되지 아니한다.[19]

(설명)의무의 상대방은 원칙적으로 당해 환자 또는 그 법정대리인이라 할 것이고, 수술청약서에 당해 환자와 더불어 그 배우자도 서명하였다거나 의사가 당해 수술에 관하여 그 배우자의 동의가 필요하다고 인식하고 있었다는 사정만으로 의사가 당해 환자 외에 그 배우자에 대하여도 수술을 받을 것인지의 선택을 위한 조언설명의무를 부담하는 것은 아니라고 할 것이다.[20]

망인의 처 병(丙)이 망인을 대신하여 수술 부위의 감염가능성 등의 내용

---

18  대법원 1994. 11. 25. 선고 94다35671 판결.
19  대법원 1997. 7. 22. 선고 96다37862 판결.
20  대법원 2014. 12. 24. 선고 2013다28629 판결. 원칙적으로 환자의 배우자를 설명의 상대방으로 인정하지 않는다고 본 판례.

이 기재된 수술동의서에 서명·무인하였다는 것만으로는 을(乙)이 망인에 대하여 수술에 관한 설명의무를 충분히 이행하였다고 보기 어려우므로, 갑(甲) 재단과 을(乙)은 망인의 정신적 고통에 따른 위자료를 지급할 의무가 있다.[21]

다만, 환자가 의사결정능력이 없는 경우에는 예외적으로 환자의 법정대리인이 환자를 대신하여 의료행위에 대하여 설명을 받고 동의할 수 있다. 설명·동의 절차를 이유로 수술 등이 지체되면 환자의 생명이 위험해지거나 중대한 장애가 예견되어 시간적 여유가 없는 경우, 의료행위에 대한 환자의 승낙이 명백히 예상되는 경우,[22] 환자가 이미 알거나 상식적인 내용에 대한 설명을 생략한 경우,[23] 설명이 역기능으로 작용할 가능성이 있는 경우,[24] 환자의 자기결정에 의한 선택이 요구되지 않

21  부산고법 2012. 7. 5. 선고 2011나9792 판결.
22  "환자가 의사로부터 설명을 듣지 아니하였지만 만약 올바른 설명을 들었더라도 의료행위에 동의하였을 것이라는 이른바 가정적 승낙에 의한 면책은 항변사항으로서, 환자의 승낙이 명백히 예상되는 경우에만 예외적으로 허용된다." 대법원 1994. 4. 15. 선고 92다25885 판결, 대법원 2002. 1. 11. 선고 2001다27449 판결 등.
23  "의료진의 설명은 의학지식의 미비 등을 보완하여 실질적인 자기결정권을 보장하기 위한 것이므로, 환자가 이미 알고 있거나 상식적인 내용까지 설명할 필요는 없다." 대법원 2011. 11. 24. 선고 2009다70906 판결.
24  "진료계약으로부터 당연히 예측되는 위험성이 경미한 침해행위를 제외하고는 긴급한 사태로서 환자의 승낙을 받을 시간적인 여유가 없거나 설명에 의하여 환자에게 악영향을 미치거나 의료상 악영향을 가져오는 경우 등 특별한 사정이 없는 한(고딕은 필자) 담당의사로서는 원칙적으로 … 환자에게 설명을 하고 환자의 개별적인 승낙을 받을 의무가 있고 …." 대법원 1997. 7. 22. 선고 96다37862 판결.
"의사의 후유증 위험에 대한 설명이 환자를 직접적으로 위태롭게 하는 신체적·정신적 반응 또는 치료목적을 좌절시키는 반응을 일으킬 염려가 있었다고 인정할 만한 증거를 찾아

는 경우[25] 등에는 설명의무가 면제(내지 면책) 된다.

## 설명의 내용과 시기

설명의무는 〈의료법〉상 명시된 수술, 수혈, 전신마취 외에 검사, 진단, 치료, 투약 등 진료의 전(全) 과정에서 각 요구된다.[26] [27] 의료행위 시행 전에 설명하고 동의를 받아야 함이 원칙이고, 사전설명이 불가능했던 경우라면 사후 설명을 제공하여야 한다.[28]

---

볼 수 없으므로 … 이른바 의사의 치료특권의 차원에서 설명의무가 면제되어야 한다는 주장은 받아들일 수 없다." 대법원 1995. 1. 20. 선고 94다3421 판결.

[25] "의사의 설명은 모든 의료과정 전반을 대상으로 하는 것이 아니라 수술 등 침습을 과하는 과정 및 그 후에 나쁜 결과 발생의 개연성이 있는 의료행위를 하는 경우 또는 사망 등의 중대한 결과발생이 예측되는 의료행위를 하는 경우 등과 같이 환자에게 자기결정에 의한 선택이 요구되는 경우만을 대상으로 하여야 하고, 따라서 환자에게 발생한 중대한 결과가 의사의 침습행위로 인한 것이 아니거나 또는 환자의 자기결정권이 문제 되지 아니하는 사항에 관한 것은 위자료 지급대상으로서의 설명의무 위반이 문제 될 여지는 없다." 대법원 1995. 4. 25. 선고 94다27151 판결.

[26] "의사의 환자에 대한 설명의무가 수술 시에만 한하지 않고, 검사, 진단, 치료 등 진료의 모든 단계에서 각각 발생한다 하더라도 설명의무 위반에 대하여 의사에게 위자료 등의 지급의무를 부담시키는 것은 의사가 환자에게 제대로 설명하지 아니한 채 수술 등을 시행하여 환자에게 예기치 못한 중대한 결과가 발생하였을 경우에 의사가 그 행위에 앞서 환자에게 질병의 증상, 치료나 진단방법의 내용 및 필요성과 그로 인하여 발생이 예상되는 위험성 등을 설명하여 주었더라면 환자가 스스로 자기결정권을 행사하여 그 의료행위를 받을 것인지 여부를 선택함으로써 중대한 결과의 발생을 회피할 수 있었음에도 불구하고, 의사가 설명을 하지 아니하여 그 기회를 상실하게 된 데에 따른 정신적 고통을 위자하는 것이므로 …." 대법원 1995. 4. 25. 선고 94다27151 판결.

[27] "의사는 긴급한 경우 기타의 특별한 사정이 없는 한 … 설명함으로써 환자로 하여금 수술이나 투약에 응할 것인가의 여부를 스스로 결정할 기회를 가지도록 할 의무가 있고 …." 대법원 1994. 4. 15. 선고 92다25885 판결.

판례는 설명의무를 그 목적과 내용상 진료행위의 본질적 구성부분에 해당하는 지도설명의무와 의료행위에 대한 환자의 선택권을 보장하기 위한 조언설명의무를 별개로 판단하는 것으로 보인다. [29] 지도설명의무의 이행으로서 진료의 각 단계에서 치료를 위해 준수하여야 할 요양방법이나 건강관리 방법을 충분히 설명하지 않는 것은 진료행위의 본질적 구성부분에 해당하는 주의의무 위반에 해당하고, 이러한 설명의무 위반과 환자의 상해·사망과 같은 중대한 결과 사이 상당인과관계가 인정되는 경우 이에 대한 모든 손해를 청구할 수 있다. [30] 반면 조언설명의무 위반으로 환자가 진료 과정에서 선택의 기회를 잃고 자기결정권을 행사할 수 없게 된 경우에는 설명의무 위반과 중대한 결과 사이 상당인과관계까지 요하는 것은 아니고 전(全) 손해가 아닌 위자료만이 문제될 뿐이다. [31]

---

[28] "치료가 급박한 나머지 치료방법 및 약제사용에 관한 사전설명이 사실상 불가능하였다면 사후에라도 원고들에게 그와 같은 부작용의 발생 가능성을 알려야 할 의무가 있는데도 … 솔루메드롤을 투약한 뒤 사후에도 부작용의 발생 가능성에 대한 설명을 하지 아니한 과실로 인하여 발생한 것일 뿐만 아니라 ….." 서울고등법원 1992. 5. 12. 선고 91나55669 제5민사부판결. 사전 및 사후 설명의무를 인정한 것으로 보인다.

[29] 의사의 설명의무에 대한 판례를 설명의무에 대한 증명책임과 배상 범위를 중심으로 유형화한 연구로는 김일룡(2021). "의사의 설명의무에 대한 판례의 유형화와 그 검토: 증명책임과 배상범위를 중심으로". 〈의생명과학과법〉, 26호, 27~64 참고.

[30] "시각 이상 등 그 복용 과정에 전형적으로 나타나는 중대한 부작용을 초래할 우려가 있는 약품을 투여함에 있어서 그러한 부작용의 발생 가능성 및 그 경우 증상의 악화를 막거나 원상으로 회복시키는 데에 필요한 조치사항에 관하여 환자에게 고지하는 것은 약품의 투여에 따른 치료상의 위험을 예방하고 치료의 성공을 보장하기 위하여 환자에게 안전을 위한 주의로서의 행동지침의 준수를 고지하는 진료상의 설명의무로서 진료행위의 본질적 구성부분에 해당한다 할 것." 대법원 2005. 4. 29. 선고 2004다64067 판결.

[31] 대법원 2007. 5. 31. 선고 2005다5867 판결.

## 설명의 방식과 입증책임

수술, 수혈, 전신마취 등이나 응급의료의 경우 설명 후 서면으로 동의받을 것을 요한다.[32] 진료의 모든 단계의 각 내용에 대해 서면동의를 받는 것은 현실적으로 불가능하고 또 적절치 않으므로 의사는 많은 내용을 환자와 상호작용하며 구두로 설명하고, 이는 진료기록에 남는다. 설명의무 이행에 대한 입증책임은 의사가 부담하는데, 의료소송 실무상 수술동의서가 가장 우선적으로 비중 있게 검토되고 그 밖에 진료기록 등이 중요한 입증 자료가 될 수 있다. 다만 판례는 환자 본인이 수술동의서에 서명하고 날인하였다는 사실 자체만으로는 의사가 설명의무를 다하였다고 보기 어렵고 설명 흔적 등을 통해 실질적으로 수술 등에 대한 위험성과 부작용을 포함하여 충분한 설명이 시행되었음을 입증할 것을 요한다.[33] [34]

---

32  〈의료법〉 제24조의 2, 응급의료에 관한 법률 제9조.

33  "수술 전날에 환자의 시숙이 '수술을 함에 있어 의사의 병 내용설명을 숙지하고 자유의사로 승낙하며 수술 중 및 수술 후 경과에 대하여 의사와 병원 당국에 하등 민형사상의 책임을 묻지 아니하기로 하고 수술시행을 승인한다'는 내용의 부동문자로 인쇄된 수술승인서 용지에 서명 날인한 사실만으로는, 환자에 대한 수술 및 그 준비로서의 마취를 함에 있어서 병원의 의료팀이나 마취담당 의사가 환자나 그 가족에게 '가' 항의 수술, 특히 전신마취가 초래할 수 있는 위험성이나 부작용에 대하여 설명의무를 다하였다고 볼 수 없으며 …." 대법원 1994. 11. 25. 선고 94다35671 판결.

34  "'본인은 위 내용을 충분히 이해·동의하며, 이에 따른 의학적 처리를 주치의 판단에 위임하여 수술을 하는 데 동의합니다'라는 내용이 부동문자로 인쇄되어 있는 수술동의서에 이름을 쓰고 서명한 사실이 인정되나, 위 동의서 중 중요한 내용에 밑줄 또는 강조 표시가 없고, 특별한 체크 표시가 없는 점, 피고들이 제출한 진료기록부에도 원고에게 당해 수술의 부작용, 후유증 등에 관한 설명을 하였다는 아무런 기재가 없는 점, 위 수술동의서에는 코

충분한 설명·동의로 인정되는 기준은 일률적이지 않고 해당 의료행위의 필요성, 긴급성, 환자의 상태, 설명의 상대방 등에 따라 구체적·개별적으로 판단될 수 있다. 판례는 단순 치료를 목적으로 하지 않는 미용성형술35이나 시력교정술36과 같이 긴급성과 불가피성이 약한 경우, 의료행위에 전형적으로 수반되는 치명적인 위험성·부작용이 있는 경우,37 임상시험 단계의 신기술을 적용한 경우,38 한센병 환자에 대한

---

성형술 이후 발생하는 감염으로 인한 코모양의 변형과 관련된 아무런 설명이 없는 점을 종합하면, 후유증 및 합병증 등이 부동문자로 인쇄된 위 수술동의서 등을 환자에게 제시하고 환자로부터 그 서명을 받은 것만으로는 설명의무를 다하였다고 볼 수 없고 ….” 서울중앙지방법원 2015. 6. 25. 선고 2014나57470 판결, 대법원 2015. 10. 15. 2015다225950 참고.

35 대법원 2013. 6. 13. 선고 2012다94865 판결. “미용성형술은 외모상의 개인적인 심미적 만족감을 얻거나 증대할 목적에서 이루어지는 것으로서 질병 치료 목적의 다른 의료행위에 비하여 긴급성이나 불가피성이 매우 약한 특성이 있으므로 이에 관한 시술 등을 의뢰받은 의사로서는 의뢰인 자신의 외모에 대한 불만감과 의뢰인이 원하는 구체적 결과에 관하여 충분히 경청한 다음 전문적 지식에 입각하여 의뢰인이 원하는 구체적 결과를 실현시킬 수 있는 시술법 등을 신중히 선택하여 권유하여야 하고, 당해 시술의 필요성, 난이도, 시술 방법, 당해 시술에 의하여 환자의 외모가 어느 정도 변화하는지, 발생이 예상되는 위험, 부작용 등에 관하여 의뢰인의 성별, 연령, 직업, 미용성형 시술의 경험 여부 등을 참조하여 의뢰인이 충분히 이해할 수 있도록 상세한 설명을 함으로써 의뢰인이 필요성이나 위험성을 충분히 비교해 보고 시술을 받을 것인지를 선택할 수 있도록 할 의무가 있다. 특히 의사로서는 시술하고자 하는 미용성형 수술이 의뢰인이 원하는 구체적 결과를 모두 구현할 수 있는 것이 아니고 일부만을 구현할 수 있는 것이라면 그와 같은 내용 등을 상세히 설명하여 의뢰인에게 성형술을 시술받을 것인지를 선택할 수 있도록 할 의무가 있다.” 대법원 1987. 4. 28. 선고 86다카1136 판결.

36 “원추각막은 발생의 빈도가 매우 낮기는 하나 당사자에게는 심각한 결과를 초래할 수 있으며 시력교정수술은 치료를 목적으로 하는 다른 수술과는 그 의미가 다르므로 환자의 선택권이 충분히 존중되어야 한다는 점 등을 고려하면, 이러한 경우 피고로서는 원고에게 양 수술의 장단점을 충분히 설명하여 선택할 기회를 부여하였어야 함에도 이를 행하지 아니한 과실이 있다.” 서울중앙지방법원 2008가합107110 판결.

정관절제수술과 임신중절수술39에서 보다 충분한 설명의무가 요구된다는 점을 인정하여 설명의무 위반을 인정하였다. 반면 환자의 승낙이 명백하게 예상되는 경우, 40 의료행위가 긴급하고 불가피한 경우, 41 진료계약으로부터 당연히 예측할 수 있는 경미한 위험이 있을 뿐인 경우, 42 설명이 오히려 환자에게 악영향을 미치는 경우, 43 제왕절개를 하

37  서울중앙지법 2006. 7. 26. 선고 2005가합29820 판결.

38  "의료행위가 임상시험의 단계에서 이루어지는 것이라면 해당 의료행위의 안전성 및 유효성(치료효과)에 관하여 그 시행 당시 임상에서 실천되는 일반적·표준적 의료행위와 비교하여 설명할 의무가 있다." 대법원 2010. 10. 14. 선고 2007다3162 판결.

39  "(환자가) 수술에 동의 내지 승낙하였다 할지라도, 갑 등은 한센병이 유전되는지, 자녀에게 감염될 가능성이 어느 정도인지, 치료가 가능한지 등에 관하여 충분히 설명을 받지 못한 상태에서 한센인에 대한 사회적 편견과 차별, 열악한 사회·교육·경제적 여건 등으로 어쩔 수 없이 동의 내지 승낙한 것으로 보일 뿐 자유롭고 진정한 의사에 기한 것으로 볼 수 없는 점 등을 종합해 보면, 국가는 소속 의사 등이 행한 위와 같은 행위로 갑 등이 입은 손해에 대하여 국가배상책임을 부담한다." 대법원 2017. 2. 15. 선고 2014다230535 판결.

40  대법원 1994. 4. 15. 선고 92다25885 판결.

41  이하 판결에 대한 반대 해석으로서. "미용성형술은 외모상의 개인적인 심미적 만족감을 얻거나 증대할 목적에서 이루어지는 것으로서 질병 치료 목적의 다른 의료행위에 비하여 긴급성이나 불가피성이 매우 약한 특성이 있으므로 이에 관한 시술 등을 의뢰받은 의사로서는 … 의뢰인이 충분히 이해할 수 있도록 상세한 설명을 함으로써 의뢰인이 필요성이나 위험성을 충분히 비교해 보고 시술을 받을 것인지를 선택할 수 있도록 할 의무가 있다." 대법원 2013. 6. 13. 선고 2012다94865 판결.

42  "진료계약으로부터 당연히 예측되는 위험성이 경미한 침해행위를 제외하고는 긴급한 사태로서 환자의 승낙을 받을 시간적인 여유가 없거나 설명에 의하여 환자에게 악영향을 미치거나 의료상 악영향을 가져오는 경우 등 특별한 사정이 없는 한 담당의사로서는 원칙적으로 … 환자에게 설명을 하고 환자의 개별적인 승낙을 받을 의무가 있고 …." 대법원 1997. 7. 22. 선고 96다37862 판결.

43  "의사의 후유증 위험에 대한 설명이 원고를 직접적으로 위태롭게 하는 신체적, 정신적 반응 또는 치료목적을 좌절시키는 반응을 일으킬 염려가 있었다고 인정할 만한 증거를 찾아볼 수 없으므로, 위와 같은 염려가 있었음을 전제로 하여 이른바 의사의 치료특권의 차원

지 않을 상황에서 질식분만에 대한 위험을 설명하지 않은 경우,44 해당 의료행위에 대한 의학지식의 전문성 등을 종합하여 판단할 때 환자가 이미 알고 있거나 상식적인 내용45에 대해서는 설명의무 위반을 인정하지 않은 사례가 있다.

종합해 보면, 치료가 불가피하지 않아 환자의 선택권이 충분히 보장될 필요가 있는 경우에는 설명의무가 강화되는 반면, 환자의 생명·신체 보호라는 이익을 위한 의료행위의 필요성은 크고 이에 동반되는 위험성이나 부작용은 경미하고 상식적인 경우 설명의무가 약화되는 것으로 이해할 수 있다.

## 설명의무 위반의 책임

설명의무 위반에 대한 의사의 책임을 살펴보면, 설명의무 위반으로 환자가 선택의 기회를 상실하고 자기결정권을 침해받은 것에 대한 정신적 고통이 인정되는 경우 위자료 지급의 책임이 인정될 수 있다. 나아가 설명의무 위반과 환자의 상해 또는 사망과 같은 중대한 결과 사이에 상

에서 설명의무가 면제되어야 한다는 소론 주장도 받아들일 수 없는 것이다." 대법원 1995. 1. 20. 선고 94다3421 판결; 대법원 1997. 7. 22. 선고 96다37862 판결.

44 "제왕절개수술을 실시할 상황이 아니라면 질식분만이 가장 자연스럽고 원칙적인 분만방법 이므로 의사가 산모에게 질식분만을 실시할 경우 발생할 수 있는 위험 등을 설명하지 않았다고 하여 설명의무를 위반하여 산모의 자기결정권을 침해하였다고 할 수는 없다." 대법원 2011. 3. 10. 선고 2010다72410 판결; 대법원 2010. 6. 24. 선고 2007다62505 판결.

45 "환자가 이미 알고 있거나 상식적인 내용까지 설명할 필요는 없고, … 환자가 이미 알고 있는 내용인지는 해당 의학지식의 전문성, 환자의 기존 경험, 환자의 교육수준 등을 종합하여 판단할 수 있다." 대법원 2011. 11. 24. 선고 2009다70906 판결.

당인과관계가 인정되어 설명의무 위반이 진료상 주의의무 위반과 동일하게 평가되는 경우, 즉 과실이 인정되는 경우에는 그 결과로 인한 재산적 손해 등 전(全) 손해에 대한 책임이 인정될 수 있다.[46] 또한 개정된 〈의료법〉에 따르면 의사가 의료행위나 수술 집도의 변경 등에 대한 설명의무를 소홀히 하는 경우 300만 원 이하의 과태료 대상이 될 수 있다(2017. 6. 21. 시행).[47]

한편, 의사가 설명의무를 위반한 채 의료행위를 하였다가 환자에게 상해 또는 사망의 결과가 발생한 경우에서 설명의무 위반과 이와 같은 악(惡) 결과 사이에 상당인과관계가 존재한다면 의사에게 업무상 과실치사상의 죄책이 인정될 수 있다.[48] 이때는 같은 업무에 종사하는 일반적인 의사의 주의 정도를 표준으로 해당 의사가 악결과가 발생할 것을 예견·회피할 수 있었음에도 하지 못하였는지를 판단하여야 하며, 사고 당시의 의학 수준, 의료환경과 조건, 의료행위의 특수성 등을 고려하여야 한다.[49]

---

46 대법원 2013. 4. 26. 선고 2011다29666 판결.
47 현행 〈의료법〉(법률 제 17787호, 2020. 12. 29. 일부개정) 제 92조(과태료)
  ① 다음 각 호의 어느 하나에 해당하는 자에게는 300만 원 이하의 과태료를 부과한다.
  1의 3. 제 24조의 2 제 1항을 위반하여 환자에게 설명을 하지 아니하거나 서면동의를 받지 아니한 자
  1의 4. 제 24조의 2 제 4항을 위반하여 환자에게 변경 사유와 내용을 서면으로 알리지 아니한 자
48 대법원 2011. 4. 14. 선고 2010도10104 판결; 대법원 2015. 6. 24. 선고 2014도11315 판결; 대법원 2015. 10. 29. 선고 2014다22871 판결 등.
49 대법원 1984. 6. 12. 선고 82도3199 판결; 대법원 2006. 10. 26. 선고 2004도486 판결; 대법원 2008. 8. 11. 선고 2008도3090 판결 등.

## 맺으며

이상에서 우리나라 법과 판례를 중심으로 의사의 충분한 설명에 따른 환자의 동의(*informed consent*), 이른바 설명·동의 원칙의 기본적 내용에 관하여 개괄적으로 살펴보았다. 설명·동의 원칙의 핵심은 환자의 자기결정권을 보장하는 것이므로 특히 설명의 상대방이 환자 본인이 되어야 함이 매우 중요하다.

그러나 실제 의료현장에서는 노인환자가 본인에 대한 의료적 의사결정에서 소외되어 타인의 결정에 따르게 되는 문제가 자주 발생한다. 또 다른 문제는 현행 제도상 이처럼 환자 외의 자가 대행결정을 하는 경우 노인환자 자신의 의사나 이익이 제대로 반영되기 어려운 문제가 발생할 수 있다는 점이다. 이하에서 자세히 살펴본다.

## 의료적 의사결정과정에서 노인환자 소외 요인

### 신체적·정신적 건강 악화

노인들의 노화에 따른 신체적·정신적 건강 악화는 의료행위에 대한 설명·동의 절차에서 소외되는 원인이 된다. 2017년부터 2021년까지 우리나라 전체 사망자 중 65세 이상 인구가 차지하는 비율은 평균 약 77.5%에 달하며, 이들의 사망 원인은 암, 순환계 질환, 호흡계 질환, 뇌혈관 질환, 폐렴 등의 질환이 대부분이다(통계청, 2022). 즉, 거의 모든 사람들은 죽음에 이르기까지 질병을 경험하고, 이에 따른 심리적 위축과 스트레스 역시 경험한다.[50]

실제로 한 연구결과에 따르면, 노인들이 사회적·심리적으로 가장 불안감을 크게 느끼는 요소는 신체적 건강인 것으로 나타났다.[51] 심리적으로 위축된 노인환자들은 자신이 받을 의료행위에 대한 이해도가 떨어지고 수동적 태도를 갖게 되는 악순환이 생겨난다.

노인환자가 신체적·정신적 건강 악화로 인해 의사결정능력이 결여되는 사례가 많아지면서 법정대리인이 의료행위에 대한 설명을 대신 듣고 동의를 하는 경우가 많아졌다. 설령 환자의 의사결정능력이 온전하더라

---

50  Phibbs, S., & Hooker, K. (2018). "An exploration of factors associated with ageist stereotype threat in a medical setting". *The Journals of Gerontology: Series B*, 73(7), 1160~1165.

51  채수미(2016). "노년기의 사회·심리적 불안과 정신건강". 〈보건복지포럼〉, 239권, 87.

도 신체적 문제로 이에 대해 말하거나 쓰는 방식으로 표현하기 어려워 의료진이나 가족들이 의사결정능력을 제대로 평가하기 어렵거나, 의사표현 내용을 신뢰하기 어려워 이를 평가 절하하는 등의 문제가 생길 수 있다.

## 가족의 개입

의료현장에서 노인환자의 가족은 환자 본인의 의사를 배제 내지 축소하는 다른 큰 요인이다.[52] 특히 노인환자들은 의료행위 결정 시 가족 중 배우자뿐만 아니라 자녀들의 영향도 많이 받는 것으로 보인다.[53] [54]

---

52  환자의 의료적 결정에 가족이 참여하거나 부당한 압력을 행사하는 문제는 아시아뿐만 아니라 서구 문화권에서도 찾아볼 수 있다. 관련하여 호주, 중국, 말레이시아, 인도, 한국, 태국, 미국에 거주하는 290명을 대상으로 한 연구결과, 의료적 의사결정에서 환자가 그 문화적 배경에 따라 가족의 개입을 원할 것이라는 편견과 달리 환자 각 개인마다 다르게 평가될 필요가 있다는 점에서, Alden, D. L. et al. (2018). "Who decides: Me or we? Family involvement in medical decision making in eastern and western countries." *Medical Decision Making*, 38(1), 14~25. 벨기에에서 폐암 환자들을 대상으로 의료적 의사결정에 가족이 참여하는 것에 대한 선호도를 조사한 연구로는, Pardon, K. et al. (2010). "Preferences of patients with advanced lung cancer regarding the involvement of family and others in medical decision-making". *Journal of Palliative Medicine*, 13(10), 1199~1203 등 참고.

53  황혜영·양숙자(2016). "연명의료에 대한 노인환자와 보호자 간 인식 비교". 〈한국의료윤리학회지〉, 19권 4호, 500. 노인환자의 결정 대리인으로 가장 적절한 이에 대한 질문에서 '보호자' 다음으로 '자녀'를 선택한 비율이 가장 높았다. 권복규·고윤석·윤영호 외(2010). "우리나라 일부 병원에서 환자, 보호자, 의료진의 연명치료 중지 관련 의사결정에 대한 태도 연구". 〈한국의료윤리학회지〉, 13권 1호, 8.

54  국내에서 노인 입원환자를 담당한 간호사들의 경험에 대한 연구에서 "치료에 대한 결정권이 노인환자 자신이 아닌 자녀에게 있어 환자마다 자녀 결정에 따라 치료의 질과 양이 달라지는 점이 화가 난다"는 간호사들의 공통적 진술이 있었다. 이가언·조정금·함승희·정명윤(2014). "병원 간호사의 노인 입원환자 간호경험". 〈노인간호학회지〉, 16권 3호, 222~226.

단순히 치료를 받는 데서 나아가 거주지 변동을 동반하는 요양병원 입원 이유에 대한 조사 결과 자녀나 다른 가족들이 느끼는 부양 부담이 완화되기 때문에 입원을 선택하는 경우가 많았고, 퇴원하더라도 자녀가 달가워하지 않거나 돌봐줄 형편이 되지 않아 입원을 유지하는 경우로서 이른바 사회적 입원55이 큰 비율을 차지하였다. 56 65세 이상 노인들의 사전 연명의료의향서 작성 동기에 대한 질적 연구에서 가장 많은 응답 내용도 '자식들을 위해서', '자식들을 고생시키고 싶지 않아서', '자식들에게 의료비 부담을 주고 싶지 않아서' 등이었다. 57

〈의료법〉상 설명의무 규정이 2016년 12월 20일 신설되어 2017년 6월 21일 시행된 이래 수술, 수혈, 전신마취를 시행하는 경우 의사가 환자에게 설명 후 서면동의를 받는 절차는 환자와 의사 모두에게 더 이상 생소하지 않은 듯하다. 다만, 여전히 고령의 노인환자의 경우 의사가 환자 대신 보호자에게 실질적으로 설명하고 동의를 받은 후 환자에게 형식적 서면동의만 받거나, 심지어 보호자에게 서면동의를 받는 사례가 여전히 문제가 된다. 58 59 60 환자가 의사결정능력이 있는 한, 이는 유

---

55 임상적 측면에서 입원하여 치료받을 필요성은 크지 않으나 개인적·사회적 요인으로 입원하거나 입원을 지속하는 현상으로 '부적절한 입원'에 해당한다(delayed discharge, bed blocking). 손예리·김규나·서영준(2022). "노인환자 및 보호자에 의한 입원서비스 결정 여부가 재원일수와 진료비에 미치는 영향". 〈한국병원경영학회지〉, 27권 1호, 31~ 32 참고.

56 강군생·김정선(2017). "노인의 사회적 입원으로 인한 요양병원에서의 삶의 변화". 〈한국노년학〉, 37권 1호, 103~123, 114~115 참고.

57 장경희·강경희·김두리·임효남·김광환(2019). "사전 연명의료의향서 작성 동기에 관한 연구". 〈한국산학기술학회논문지〉, 20권 10호, 243~249.

58 강현구(2019). "보호자 동의 구할 때 환자 자기 결정권 고려해야". 〈의약뉴스〉, 2019.

효한 동의로 볼 수 없고 판례도 가족의 동의를 환자 본인에 갈음하여 인정하고 있지 않음은 앞서 확인한 바와 같다.

## 의료계의 '노인차별'과 '퍼터널리즘'

노인환자의 이러한 가족 개입 상황은 일부 의료인들의 노인에 대한 (학습된) 부정적 인식, 노인차별(ageism)[61] 등으로 논의되는 관행과 결합되어 더욱 심화되기도 한다. 노인 암 환자를 진료하는 의사들을 대상으로 의사가 노인환자의 암을 진단한 경우 그 진단 사실을 가장 먼저 누구에게 알리는지에 대한 한 연구결과 71.2%의 압도적 비율로 환자 본인이 아닌 환자의 배우자나 자녀에게 먼저 고지한 후 노인환자 본인에게 그 사실을 알리는 것으로 나타났다.[62] 65세 이상 인구의 주요 사망 원인 중 하나인 암 질환 진단 사실은 한 개인의 여생을 계획하는 데 매우 중요한 사안임에도 이를 가장 먼저 알게 되는 것은 대부분 본인이 아닌 가족이라는 점은 시사하는 바가 크다.

---

12. 9. http://www.newsmp.com(2022. 10. 27. 접속)

59  "… 연령이 71세 이상군에서는 본인의 의견은 물론 (의료행위에 대한) 최종 의사결정도 아들이 하는 경우가 43명 중 15명이나 되었다." 유명숙(2006). "사전 동의(Informed Consent)에 관한 입원환자의 경험". 〈간호행정학회지〉, 12권 2호, 261.

60  마찬가지로 의료계 현장에서 침습적 의료행위에 관하여 직계가족 등의 동의를 구하는 것이 일반화되어 있다는 점에 대해서는 박인환(2012). "새로운 성년후견제 시행에 따른 신상관계법령의 정비". 〈재산법연구〉, 29권 3호, 17~18.

61  Frank, J. (2006). "Caring for elderly parents: Family relationships, ageist medical care, and the search for a dignified end to life". *Journal of Health Politics, Policy and Law*, 31(1), 225~226.

62  임연옥 외(2016). "의사의 노인 암 환자에 대한 차별: 암 진단 고지와 치료 설명을 중심으로". 〈대한임상건강증진학회지〉, 16권 2호, 108.

환자의 암 진단 사실을 환자보다 먼저 알게 된 가족은 환자가 치료를 포기하거나 삶에 대한 의욕을 상실할 것에 대한 우려 또는 간병에 대한 부담으로 환자에게 병명이나 그 위중도 등을 비밀로 하거나 암을 '복잡한 병'과 같이 완곡하게 표현해 줄 것을 의사에게 요청하는 경우가 많다. 치료비와 간병을 주로 부담하는 가족의 이와 같은 요청은 (의료진의 의지와 별개로) 대체로 수용되는 것으로 나타났다. 63

의료인과 노인환자 간의 소통의 어려움, 이로 인한 업무 과중, 학습된 편견, 부정적 인식 역시 노인들을 설명·동의 절차로부터 소외시키는 요인이다. 64 노인 입원환자 간호 경험에 대한 국내 연구결과 간호사들은 노인에게 부정적 태도를 보였다. 노인환자에 대한 간호 업무가 일반 환자에 비해 과중한 것이 주된 이유였다. "기왕 병력이 많아 업무가 손이 많이 간다", "청력이 좋지 않거나 이해력이 부족해 같은 내용을 반복해서 설명해야 해서 힘들다", "낙상 위험에 늘 불안하다"라고 답변하였고, 측은한 마음을 가지면서도 고집불통이거나 낮추어 반말하는 태도에 공통적으로 불쾌감을 경험한 것으로 나타났다. 65

의사들 역시 일반 암 환자와 노인 암 환자를 다르게 대하거나 노인환

63  허대석(2021). 《우리의 죽음이 삶이 되려면》. 글항아리, 99면; 위의 논문. 105; 암과 같은 질병의 진단 사실을 환자가 알기 전 의사가 가족과 먼저 소통하는 모습은 문화와 시대적 차이가 있지만 사우디아라비아, 싱가포르, 일본, 스페인, 이탈리아 등에서도 나타난다는 연구결과로는, Mystakidou, K. et al. (2004). "Cancer information disclosure in different cultural contexts". *Support Care Cancer*, 12, 148~150 참고.

64  유형준(2018). "노인환자와 소통하기". 〈의사신문〉, 2018. 6. 11. http://www.doctors times.com(2022. 10. 27. 접속); 박선재(2017). "노인환자와 대화, 제대로 하고 있나요?". 〈메디칼업저버〉. 2017. 11. 6. http://www.monews.co.kr(2022. 10. 27. 접속).

65  이가언·조정금·함승희·정명윤. 앞의 논문. 224~225.

자에 대해 부정적 태도를 보였다. 가족 내에서도 권위 있는 노인에게는 예외적으로 암 진단 사실을 직접 알리지만 혼자 온 일반 노인에게는 가족 동행을 요청하였고, 중년 암 환자에 비해 치료방법, 치료 부작용, 예후 또는 치료비 등에 대해 훨씬 적은 정보를 전달하였다.[66] 그 이유는 요컨대 "경험상 노인은 학력이 낮고 청력과 같은 신체기능 저하, 인지능력 저하로 대화가 어렵고 의사의 설명을 이해할 수 없으며 치료방법을 스스로 결정할 수 없는 존재로 인식하기 때문"인 것으로 나타났다.[67]

'퍼터널리즘'(paternalism, 온정적 간섭주의)란 라틴어 'pater'(아버지)가 어원으로 아버지가 자녀를 위해 선(善)을 행하는 간섭 행위를 의미한다.[68] 의료계에서는 오래전부터 의사가 의학적 지식을 가진 우월적 지위에서 환자의 선호와 무관하게 의료적 결정을 내리는 관행이 만연해왔다.[69] 이는 특히 의사결정능력이 결여된 노인환자에 대하여 쉽게 정당화되곤 한다. 소통이 어렵고 의학적 지식을 이해시키기 어려운 노인환자에 대해 의사가 직접 의료적 결정을 내리는 것이 간편하기 때문이다. 그러나 퍼터널리즘하에서 의사의 권위와 환자의 자율성은 필연적으로 반비례 관계에 놓이므로 응급의료와 같이 불가피한 상황이 아닌 이상 그 타당성을 인정하기 어렵다.[70]

---

66 임연옥 외. 앞의 논문. 104~110.
67 위의 논문. 104~105.
68 김상득(2016). "의료행위에 있어서 온정적 간섭주의의 정당화 물음". 〈한국의료윤리학회지〉, 19권 4호(통권 49호), 448; 류화신(2005). "의료분야의 퍼터널리즘(paternalism)에 대한 민사법적 강제: 대법원 2005. 1. 28. 선고 2003다14119 판결에 대한 평석을 겸하여". 〈한국의료윤리교육학회지〉, 8권 1호(통권 13호), 38 참고.
69 김상득. 앞의 논문. 448 참고.

다수의 연구결과에 따르면 노인이 의료행위에 대한 정확한 정보를 전달받기 원치 않는다거나 의사결정의 주체가 되길 원치 않는다는 것은 사실과 다르다. 국내 연구에서 가족이나 의료진의 우려와 달리 대부분의 노인환자는 본인이 치료의 주체가 되어 정확한 진단 내용과 의견을 알고, 치료 계획을 세우길 분명히 원하였다. [71] [72] [73] 노인환자만을 대상으로 한 것은 아니지만, 평균 연령 56세의 말기 암 환자를 대상으로 "만약 본인의 상태가 의학적으로 회복이 어려운 상황이 되었다면 그에 대한 이야기를 솔직하게 듣기 원하십니까?"라는 질문에 단 3%의 환자들만이 "듣고 싶지 않다"라고 응답하였고, 나머지 약 97%의 환자들은 단계적으로 또는 곧바로 정확한 진단 내용을 듣기 원한다고 응답하였다. [74]

　해외의 노인 암 환자들의 치료방법 선택 과정에 대한 연구에 따르면, 환자들은 치료로 인해 신체나 인지기능이 급격히 나빠질 것을 걱정하면서 생애 마지막 순간까지도 일상에서 최대한 독립성과 자율성을 유

---

70　시대 흐름에 따른 의사-환자 관계의 변화에 대해서는 이 장의 4절 2) 참고.

71　"(노인 암 환자들은) 자신의 문제를 스스로 해결하기를 원하며 자신이 주체가 되는 삶에 의미를 부여하고 있었고 이는 치료선택 의사결정과정에 많은 영향을 주었다." 김은영·홍세진(2021). "노인 암 환자 치료선택 의사결정 경험: 질적 메타합성 연구". 〈노인간호학회지〉, 23권 4호, 424~425.

72　노인환자 역시 진료와 관련하여 정확한 정보를 전달받고 적극적·주체적 의사결정을 하기 원한다는 점에서, 이영수(2008). "노인환자 진료의 윤리적 문제". 〈대한내과학회지〉, 75권 2호, 698; 임연옥 외. 앞의 논문. 109; 이상목·김성연·이형식(2009). "암환자의 의학적 의사결정과정". 〈한국의료윤리학회지〉, 12권 1호(통권 21호), 11 등 참고.

73　임연옥 외. 위의 논문. 109.

74　권복규 외. 앞의 논문. 1~16.

지하며 살아가는 것에 중요한 가치를 둔다.[75] 프랑스에서 2007년 70세 이상 고령의 노인 입원환자를 대상으로 입원 중 어느 정도의 정보를 제공받고자 하는지 질의했다. 그 결과 단 4.5%만이 의학적 정보를 받고 싶지 않다고 답했고, 32.6%는 진단이나 치료 결정에 앞서 완전히 충분하게 정보를 제공받은 후 자신의 동의 여부를 활용하기를 원하였다. 대상환자의 77%는 생명에 지장이 있는 상황이라면 이를 명확하게 고지받기를 원한다고 답했다.[76]

임상적 관점에서도, 노인환자가 진단 직후부터 자신의 암 진단 사실을 알고 적용 가능한 치료법을 스스로 선택한 경우 치료를 포기하는 비율이 낮아 완치율과 만족도가 더 높았다.[77] 이러한 점은 의사와 환자가 동등한 주체가 되는 '공동의사결정' 과정을 거친 경우 일반 환자에게 나타나는 만족도 증가와 같은 긍정적인 정서적 인지 효과로서 치료 결정과 준수는 물론 삶의 질과 정신적 기능의 향상[78] [79]이 노인환자에게도 마찬가지로 나타남을 잘 보여 준다.

75 Husain, L. S. et al. (2008). "Choices in cancer treatment: A qualitative study of the older women's (＞70 years) perspective". *Psychooncology*, 17(4), 415~416; Sattar, S. et al. (2018). "Chemotherapy and radiation treatment decision-making experiences of older adults with cancer: A qualitative study". *Journal of Geriatric Oncology*, 9(1), 48~50 참고.

76 Paillaud, E. et al. (2007). "Medical information and surrogate designation: Results of a prospective study in elderly hospitalised patients". *Age and Ageing*, 36(3), 274~279.

77 임연옥 외. 앞의 논문. 109.

78 Stiggelbout, A. M. et al. (2015). "Shared decision making: Concepts, evidence, and practice". *Patient Education and Counseling*, 98(10), 1177.

79 Coulter, A., & Collins, A. (2011). "Making shared decision-making a reality: No decision about me without me". *The King's Fund*, 7, 35~36.

환자 본인이 아닌 이에게 특별한 사정 없이 환자에 대한 진단내용 등을 고지하는 것은 엄밀히 의료인의 비밀유지의무 위반에 해당한다(〈의료법〉 제19조, 제88조, 형법 제317조). 즉, 환자라면 고령 여부와 무관하게 누구나 자신의 의료적 정보를 보호받아야 함이 분명하다.

그러나 실제 의료현장에서 진단명과 같은 노인환자의 의료적 정보는 타인의 판단에 따라 본인 외의 사람에게 먼저 고지되고, 이와 관련한 의료행위에 대한 설명은 실질적으로 가족 등 타인에게 시행되는 문제가 심각한 상황이다. 그 원인으로는 노인환자의 신체적·정신적 건강 악화, 가족의 개입, 임상 현장의 노인차별 관행과 퍼터널리즘의 유기적 작용을 들 수 있다.

이는 의사로부터 충분한 설명을 들은 후 동의의 주체가 되어야 할 노인환자가 자기결정권에 기하여 치료 여부·치료방법을 선택하고 앞으로의 삶의 계획을 세우는 데 있어 매우 큰 방해가 됨은 물론 치료 효과마저 저해한다.

## 타인 동의의 문제점

부득이 법정대리인이 동의 권한을 갖는 경우에도 아래와 같은 이유로 노인환자의 진정한 의사나 이익이 제대로 반영되지 못하는 문제가 발생할 수 있다.

성년후견이 개시되지 않은 대부분의 상황에서는 환자의 가족이나 친지 등 '보호자'가 법정대리인의 역할을 수행한다. 그러나 환자를 대신하여 법정대리인이 의료적 의사결정을 하는 경우 일반적 기대와 같이 환자의 이익이 제대로 대변되기보다는 보호자들의 이익이 추구되는 경우가 발생할 수 있다.

특히 과거 전통적인 유교적 가족관에 따라 자녀들의 부양을 기대하던 노년층은 급격한 사회 변화에 따른 자녀세대의 노인 부양의식 약화에 대비하지 못해 노후 준비에 미흡하고, 경제적으로 매우 빈곤한 상태에 놓여 있다.[80][81] 이는 의료적 결정 상황에서, 빈곤한 노인환자 대신 그 비용을 부담하는 보호자의 의견이 반영되기 쉬운 구조로 해석할 수 있다.

또한 보건복지부가 발간한 〈2021년 노인학대 현황 보고〉에 따르면, 노인학대 가해자의 약 70%가 그 배우자, 아들, 며느리, 딸 등 친족이다.[82] 이 통계는 노인환자들을 대신해 동의의 주체가 되는 법정대리인이 반드시 노인환자의 이익에 따라 결정을 내리지 않고 오히려 이익에 반하는 결정을 내릴 수도 있음을 시사한다.

---

80  장민(2019). 〈우리나라 노인 빈곤율 현황과 시사점〉. 한국금융연구원, 5~6.
81  시민건강연구소(2021). "노인 두 명 중 한 명이 가난하다". 〈프레시안〉. 2021. 10. 18. https://www.pressian.com(2022. 11. 2. 접속)
82  보건복지부(2022). 〈2021 노인학대 현황보고서〉. 13.

환자-가족 의사소통 부족

법정대리인을 의료계약에서 환자의 대리인으로 볼 때, 대리인의 동의는 환자의 최선의 이익을 위한 것이어야 한다.[83] 환자가 사전에 밝힌 의사를 알 수 없는 경우에는 환자가 의사결정능력이 있었던 때 선호했던 치료방법 등을 참고해 추정 판단을 시도할 수 있으나,[84] 그 전제가 되는 환자-법정대리인 간 사전 소통이 매우 미흡하다.[85]

　말기 환자의 연명치료와 관련된 의사결정 과정에 대한 국내 연구에서 환자들은 자신의 의학적 회복이 어려운 경우 결정대행자로서 보호자인 가족을 주로 원하면서도, 환자 중 20%만이 보호자들과 진료나 회복이 어려운 상황에 대해 충분한 대화를 나누고 있다고 생각했다. 실제로 보호자들은 환자의 인생관, 가치관, 회복이 어려울 경우의 바람 등에 대해 충분히 알고 있지 못하는 것으로 나타났다.[86] 같은 연구에서 환자와 보호자를 가까이 관찰하는 담당 의료인에게 치료 중지와 관련된 의

---

83　이석배(2009). "응급의료거부죄의 해석과 정책". 〈형사정책〉, 21권 1호, 283.

84　안재윤·류현욱·최한주·김형일·정진우·배현아(2021). "응급실에서 자의 퇴원을 요구하는 환자에 대한 최선의 진료 지침". 〈대한응급의학회지〉, 32권 1호, 2.

85　"서울대병원 내과에서 말기 암 환자 20명을 상대로 가족 간 소통을 조사한 결과, 임종기에 가족과 대화를 하는 환자는 7명에 불과하고 그 나머지는 소통이 전혀 부재했다. 그러다가 사망 2~3일 전 환자의 의식 상태가 나빠지면 가족과 의료진이 급하게 연명의료 여부를 결정한다." 허대석. 앞의 책. 99.

86　만약 본인의 상태가 의학적으로 회복이 어려운 상황에서 의식을 잃게 된다면 향후 치료 방침 결정을 위한 대리인으로 누구를 지정하겠냐는 질문에 환자의 59%는 배우자, 30%는 자녀를 들었다. 그러나 정작 보호자들은 "환자분의 인생관, 삶의 가치관, 회복이 어려운 상태에서의 소망 등에 대해 어느 정도나 알고 계시다고 생각하십니까?"하는 질문에 대해 "충분히 알고 있다"는 응답은 20%에 불과하였으며 66%는 "어느 정도 알고 있다", 12%는 "잘 모른다"라고 응답하였다. 권복규 외. 앞의 논문. 6~9.

사결정에서 보호자가 환자 본인의 의사를 충실하게 반영하고 있다고 생각하느냐고 묻자 "매우 그렇다"는 응답은 3%에 불과하였다. [87]

## 법정대리인 간 의견 충돌 시 판단 기준 미비

현행법상 다수의 법정대리인이 환자의 의료행위에 의견을 달리하는 경우 그 우선순위에 대한 판단 기준이 미비하다. [88] 일례로 여호와의 증인 신도인 환자가 인공고관절 교체 수술을 앞두고 의료진에 대한 책임면제 각서 작성을 통해 사망 위험이 있는 응급상황이 발생하더라도 타가수혈을 거부하는 의사를 수술 직전까지 재차 분명히 해 두었음에도 실제 응급상황 발생 시 타가수혈을 반대한 같은 종교 신도인 남편과 타가수혈을 강력하게 요청한 자녀들 사이에 의견이 충돌하여 수혈 여부 결정 절차가 지연되고 결국 환자가 사망하여 수술의가 업무상과실치사로 기소된 사례가 있다. [89]

이 경우에는 환자 본인이 사전에 책임면제각서를 통해 자신의 진지한 의사결정을 남긴 사정 등이 종합적으로 고려되어 피고인 의사에게 무죄가 선고되었다. 그러나 이와 달리 환자 본인의 사전 의사가 불분명한 경우, 법정대리인 간의 의견이 강하게 충돌한다면 의료진으로서는 과연 누구의 의견을 채택해야 하는지 큰 어려움에 당면하게 된다.

---

87  위의 논문. 9.
88  이에 대한 입법적 해결의 필요성에 대해서는, 이정은(2022). "응급의료에서의 설명·동의 원칙과 응급의료거부죄". 〈의료법학〉, 23권 1호, 69~71 참고.
89  대법원 2014. 6. 26. 선고 2009도14407 판결.

### 법정대리인의 지위 부여 기준

노인환자가 의사결정능력이 없는 경우 법정대리인이 환자와 동일하게 설명을 듣고 동의의 의사표시를 할 수 있는 전권을 부여받게 된다. 그러나 전술한 바와 같이 가족 등 법정대리인이 언제나 환자와 이해관계를 같이하거나 환자의 의사를 잘 이해하는 것은 아니라는 점을 고려한다면, 법정대리인에게 환자의 동의 주체로서의 지위를 부여하는 데 더욱 엄격한 기준이 적용될 필요가 있다. 이하에서는 의료행위에 대한 설명·동의 절차에서 노인환자의 자기결정권 보호를 위한 제도적 장치가 잘 작동하는지 검토해 본다.

## 현행 제도의 한계

### 성년후견제도

2013년 새로이 시행된 성년후견제도는 의료행위와 같이 신상(身上)에 관한 내용은 피성년후견인의 상태가 허락하는 범위 내에서 혼자 결정하는 것을 원칙으로 하고(민법 제947조의 2 제1항), 피성년후견인이 침습적 의료행위에 대해 동의할 수 없는 경우에 한하여 가정법원의 심판으로 권한을 부여받은 성년후견인이 대신 동의할 수 있다(제938조 제2항, 제947조의 2 제3항). 다만, 피성년후견인이 의료행위의 직접적 결과로 사망 또는 상당한 장애를 입을 위험이 있거나 정신병원 등에 격리가 필요한 경우에는 가정법원의 사전허가를 요한다(제947조의 2 제2항, 제4항).

현행 성년후견제도는 사실상 의료현장에서 노인환자와 보호자 그리고 의사가 의사결정을 내리는 데 큰 도움이 되지 못한다. 의료영역에서

성년후견제도의 실효성에 대해서는 개정 민법 시행 전후에 걸쳐 지속적으로 문제제기가 있었다. 90

우선, 오직 의료행위 동의 여부를 결정하기 위해 환자 또는 보호자가 시간과 비용을 들여 성년후견개시 심판을 청구하는 경우란 거의 없고, 설령 청구한다 해도 주로 단기간에 결정을 필요로 하는 의료행위에 대해 신속한 법원의 판단을 기대하기는 어렵다. 91

성년후견이 이미 개시된 경우라 해도, 피성년후견인이 원칙적으로 자신의 신상에 관하여 결정권을 갖지만 그 예외가 되는 '상태'란 과연 어떻게 판단해야 하는지 문제된다. 의료현장에서 환자의 의사결정능력은 결국 담당의가 일차적으로 판단할 문제이지만, 성년후견이 개시된 후

---

90  "민법 개정안이 보건의료영역에서 의사결정과 관련하여 임의후견제도를 도입한 점은 진일보한 것으로 평가되지만 개별 사례에서 의료행위와 관련된 의사능력의 판단 주체나 절차에 대해서는 규정하고 있지 않은 점, 중요한 의료행위의 경우는 그 결정의 의학적 합리성이나 당사자들 간의 의견 일치 여부를 불문하고 법원의 허가를 얻도록 함으로써 시간이나 비용 측면에서 비효율적이라는 점 등 몇 가지 문제가 있다고 보인다." 오채근(2011). "보건의료 영역에서 동의능력과 성년후견제". 〈사회정신의학〉, 16권 1호, 16. 의료행위의 동의가 신속성을 요한다는 점에서 성년후견제도가 환자, 가족, 의료기관, 가정법원에 시간적 절차적 부담이 될 가능성이 있고, 법이 정하는 '그 직접적 결과로 사망이나 장애가 발생할 위험이 있는 의료행위'가 확정될 필요가 있음에 대해서는, 박인환(2012). "새로운 성년후견제 시행에 따른 신상관계법령의 정비: 의료행위에 대한 동의와 정신병원등 입원절차를 중심으로". 〈재산법연구〉, 29권 3호, 17. "개정민법 제 947조의 2 제 3항 이하의 취지에 따라 중대한 의료행위에 대하여 가정법원의 허가를 얻어야 하는가 해석론상 다투어질 수 있으나, 가정법원의 승낙을 요하는 의료행위의 범위 그리고 가정법원에서 신속히 적절한 승낙을 할 수 있을 것인가와 관련하여 동조의 실효성 자체에 상당한 의문이 있다." 박인환(2015). "고령인지장애인의 인권보호와 성년후견". 〈저스티스〉, 통권 146-1호, 31.

91  의료현장에서 실제로 의료행위에 대한 동의를 받기 위해 법원의 결정을 받는 것은 매우 예외적이다. 이영수. 앞의 논문. 695; 김민중. 앞의 논문. 235.

라면 '피성년후견인의 상태가 허락하는 범위'에 대해서도 법원의 판단을 받아야 하는지도 불분명하다.

법은 "의료행위의 직접적인 결과로 사망하거나 상당한 장애를 입을 위험이 있을 때"는 가정법원의 사전허가를 요하면서도 "허가절차로 의료행위가 지체되어 피성년후견인의 생명에 위험을 초래하거나 심신상의 중대한 장애를 초래할 때"에는 가정법원의 사후허가를 허용하여 피성년후견인의 전단적 동의를 예방하기 위한 안전장치를 둔 것으로 보인다. 그러나 침습을 동반하는 의료행위는 필연적으로 모두 위험을 내포한다. 특히 노인환자에 대한 마취나 수술 등 의료행위는 사망의 결과로 이어지는 경우가 상대적으로 많기 때문에 위 규정은 담당 의사가 현장에서 이를 판단하는 데는 명확한 기준이 되기는 어렵다.

그럼에도 동의권 없는 자에 의한 의료행위 동의는 유효하지 않고, 이에 대해 의사나 의료기관은 민형사·행정상 책임을 부담하게 될 수 있다. 결국 위 법문언은 재판 등 법원의 사후적 판단 기준으로 활용될 수는 있겠으나 정작 의료현장에서는 신속한 의사결정에 큰 기여를 하지 못하고 있는 실정이다.

정작 성년후견제도의 필요성이 높은 실질적 무연고 노인이나 독거노인의 경우에도 제도의 활용도가 높지 않다. 무연고 또는 독거노인이 의료행위를 받아야 하는 상황에서 의사결정능력이 결여된 경우, 〈응급의료법〉이 허용하는 예외 상황이 아닌 한 의사는 여전히 환자 본인 또는 그 법정대리인으로부터 의료행위에 대한 동의를 받아야 한다. [92]

---

[92] 〈응급의료에 관한 법률〉 제 9조(응급의료의 설명·동의)

그러나 이러한 환자들의 경우 배우자나 자녀와 사실상 단절되어 연락이 닿지 않는 경우가 많다. 오랜 기간에 걸쳐 지자체 등의 도움을 받아 가족의 연락처를 알아내더라도 해당 가족이 부양의무 등 가족관계에 따른 권리와 의무를 일체 포기하는 내용의 '가족관계단절(해체) 증명서'를 제출하거나 윤리적 부담을 느껴 의료적 결정을 회피하는 경우도 적지 않다.

이 경우 지방자치단체장의 청구에 따라 가정법원이 성년후견절차를 개시할 수 있으므로, 이를 통해 전문 성년후견인이 지정된다면 피성년후견인이 되는 노인환자는 개별 의료행위에서는 물론 추후 국가가 지원하는 무연고 사망자 장례절차까지 혼란 없이 지원받을 수 있다. 그럼에도 실제로 위와 같은 상황에서 지자체가 나서서 성년후견제도의 개시 심판을 청구하는 경우는 드물다.

빠르게 변화하는 가족 형태에 대응하지 못하고 서류상으로나마 가족이 있는 경우 국가나 지자체가 나서는 것에 방어적인 태도를 갖는 사회적 분위기, 지자체 내 조직의 성년후견제도 운용 역량 부족,[93] 지자체의 성년후견 개시 심판 청구를 강제할 법적 근거가 사실상 부재하다는 점 등을 원인으로 들 수 있다. 서류상 가족과 실질적으로 단절된 무연고 노인, 독거노인이 증가하고 있고, 이들의 경우 인지능력을 포함한

---

① 응급의료종사자는 다음 각 호의 어느 하나에 해당하는 경우를 제외하고는 응급환자에게 응급의료에 관하여 설명하고 그 동의를 받아야 한다.
1. 응급환자가 의사결정능력이 없는 경우
2. 설명 및 동의 절차로 인하여 응급의료가 지체되면 환자의 생명이 위험하여지거나 심신상의 중대한 장애를 가져오는 경우

93 박인환(2017). "성년후견제도 시행 4년의 평가와 과제". 〈법조〉, 722호, 34.

건강관리가 특히 열악하다는 점에서 해당 문제도 신속하게 보완될 필요가 있다.

요컨대, 새로운 성년후견제도가 피성년후견인의 잔존능력을 되도록 존중해 신상에 관한 문제를 해결하도록 함으로써 피성년후견인의 자기결정권을 보장을 도모한다는 점에서 그 취지는 높게 평가할 만하다. 다만, "피성년후견인의 신상에 관한 의사결정능력이 온전하여 본인이 설명·동의 절차에 전적으로 참여하는 데 문제가 없는 경우"(이상적인 경우)와 "피성년후견인이 신상에 관한 문제까지 결정할 수 없을 정도로 동의능력이 부족하여 성년후견인이 의료행위에 대한 동의 권한"(타인의 대행동의)을 갖는 그 사이의 문제에 대해서는 의료현장에 사실상 공백을 초래한다.

신상 문제에 관하여는 노인환자의 자기결정권이 최대한 존중되어야 한다. 하지만 그 동의능력의 의학적 기준에 대해서는 판단 기준이 모호해 의사마다 다른 견해를 가질 수 있고, 가정법원의 사전·사후 허가의 기준도 불분명하며, 빠른 판단이 필요한 의료현장에서 성년후견제도가 활용되는 것은 사실상 어렵다. 정작 법정대리인의 동의를 얻기 어려워 성년후견인 지정이 필요한 독거노인 등 대상으로는 지자체가 적극적으로 후견개시를 신청하지 않는다.

어찌 보면 이는 당연한 결과이다. 새 성년후견제도가 실현하고자 하는 피성년후견인의 자기결정권 존중과 행위능력제한 자체가 동시에 추구되기 어렵다는 모순이 있다.[94] 본래 성년후견제도가 주로 심신미약

---

94 박인환(2015). "고령인지장애인의 인권보호와 성년후견". 〈저스티스〉, 통권 146-1호, 23.

또는 낭비벽으로 가족의 생계를 위태롭게 할 수 있는 정신질환자들의 사회활동(주로 경제활동)을 제한하고 보호하기 위해 설계되었다는 점[95]을 고려할 때 성년후견제도는 특히 의료행위에 대한 설명·동의 원칙과 화합하기 어렵다.

환자의 동의능력은 각 의료행위마다 구체적·개별적으로 파악되어야 하고, 이는 스펙트럼처럼 정형화·범주화가 어려운 '정도'의 문제이며,[96] 때로는 긴급한 결정을 요하는데다, 무엇보다 침습적 의료행위에서는 타인이 아닌 본인의 의사가 핵심이 되기 때문이다. 성년후견제도가 의료적 결정에서 활용되기 어렵다는 한계를 인정하고 이를 개선할 필요가 있다.

## 연명의료결정제도

우리나라는 〈호스피스·완화의료 및 임종과정에 있는 환자의 연명의료결정에 관한 법률〉(〈연명의료결정법〉)을 통해 회생 가능성 없이 임종과정에 있는 환자가 자기의 결정으로 무의미한 연명의료를 받지 않거나(유보) 중단할 수 있도록 하는 연명의료결정제도를 두었다.

연명의료를 시행하지 않거나 중단하기 위해서는, 환자가 임종과정에 있다는 의학적 판단과[97] 연명의료를 원치 않는 환자의 의사가 확인되어

---

95   제철웅(2015). "고령자의 판단능력 쇠퇴를 대비한 미래설계와 새로운 성년후견제도". 〈법학논총〉, 32권 1호, 152~153.

96   "인지능력, 이해능력, 의사형성능력이든 정도(程度)의 문제이므로 궁극적으로 의료행위에서 동의능력의 유무는 규범적 문제이며 법질서의 결단"이라는 점에서. 이동진(2020). "고령사회에서 〈의료법〉의 과제". 〈서울대학교 법학〉, 61권 4호, 54.

97   '임종과정'이란 회생의 가능성이 없고, 치료에도 불구하고 회복되지 아니하며, 급속도로

야 한다.[98] 환자가 임종과정에 있는지 여부는 담당의사와 전문의의 진단을 요한다. 환자의 의사는, 담당의사가 말기 환자의 의사에 따라 미리 작성해 둔 연명의료계획서 또는 환자가 평소 미리 작성해 둔 사전 연명의료의향서 등을 통해 확인할 수 있다. 두 서류 모두 작성되지 않은 채로 환자가 현재 의사를 표현할 수 없는 의학적 상태에 놓인 경우에는, 가족 2명 이상의 일치하는 진술, 담당의사와 해당 분야의 전문의 1명의 확인을 통해 환자의 의사를 추정한다(추정의사). 그마저 확인할 수 없는 경우에는 환자 가족 전원이 합의하여 연명의료중단 등의 의사표시를 할 수 있다(대행결정).

고령 및 만성질환으로 임종기에 접어든 노인환자들은 〈연명의료결정법〉의 제정 취지와 같이 자기 결정에 따라 연명의료를 동의 또는 거부하는 방식으로 인간적 품위를 지키며 삶을 마무리하고 있을까? 현실에서는 많은 어려움이 있다.

우선, 임종과정 여부에 대한 판단은 의학적으로 쉬운 문제가 아니다. 법은 말기[99]와 임종기를 구분하여 임종기에만 연명의료중단 등이 가능케 하고 있지만, 심부전을 비롯한 여러 만성질환에서 많은 환자가 악화와 호전을 반복하며 임종기에 이르기 때문에 이러한 구분은 혼란을 가져올 수 있다.[100] 환자가 사전 연명의료의향서 등록을 통해 연명치료를

---

증상이 악화되어 사망에 임박한 상태를 말한다(〈연명의료법〉 제2조 제1호).

98  이하 〈연명의료결정법〉 제15조 내지 제18조 참고.

99  말기환자(末期患者)란 적극적인 치료에도 불구하고 근원적 회복의 가능성이 없고 점차 증상이 악화되어 보건복지부령으로 정하는 절차와 기준에 따라 담당의사와 해당 분야의 전문의 1명으로부터 수개월 이내에 사망할 것으로 예상되는 진단을 받은 환자를 말한다(〈연명의료법〉 제2조 제3호).

원치 않음을 분명히 했더라도, 생각보다 많은 의사들은 자신의 '임종기 해당 여부' 판단으로 환자에 대한 의료행위를 중단하는 것에 큰 부담을 느낀다. [101]

환자 본인의 명시적 의사나 추정의사를 확인하기 어려운 경우, 가족 '전원'의 동의로 연명의료중단 등을 결정할 수 있다. 그러나 핵가족화와 독거노인의 증가로, 가족 전원의 서면동의를 받는 것은 생각보다 녹록지 않은 일이다. 아예 가족관계증명서상 가족이 공란의 경우라면 동의 요건 생략이 가능할 수 있으나, 성년후견제도에서 지적한 문제와 마찬가지로 다수의 노인환자가 가족 일부 또는 전체와 실질적으로 단절되어 연락이 닿지 않거나, (환자가 원하는지 분명하지 않은 연명의료를 지속하는 동안) 시간이 걸려 가족의 연락처를 알아내도 가족이 이미 사망했거나 가족으로서의 권리행사나 의무 이행을 원치 않는 경우가 상당히 많다. 그럼에도 여전히 많은 병원에서는 〈연명의료결정법〉이 정하는 서류 요건을 충족하고 처벌을 피하기 위해 시간과 비용을 소모한다. [102]

---

100  허대석. 앞의 책. 126~129면, 142면 참조.
101  위의 책. 135~138면. 유사한 사례로 70대 후반 남성 노인이 폐암 진단 후 사전 연명의료 의향서를 작성해 국립연명의료관리기관 전산망에 등록해 두었음에도 가족들이 중단 의사를 밝히지 않아 3주간 연명의료를 받은 후 고통스럽게 사망한 경우를 소개한다. 환자가 자기 결정권에 따른 선택을 형식을 갖추어 분명히 하더라도 아직까지는 그대로 실현되기 어려운 사회적 분위기와 관행이 존재한다.
102  위의 책. 122~123면. 마찬가지로 환자에게 단시간 내에 연명의료 적용 여부를 결정해야 하는 상황에서 법이 요구하는 자료를 충족하기 위해서는 매년 20만 명에 가까운 환자의 가족, 담당의가 서류 미비로 범법자가 될 위험에 놓인다는 점을 지적한다.

## 병원 내 윤리위원회

대부분의 병원은 진료 과정에서 발생하는 윤리적 문제의 해결을 위해 다양한 구성원으로 이루어진 윤리위원회를 둔다. 특히 보라매 병원 사건[103] 이후 윤리적 문제의 해결 필요성이 각 병원에 현실적으로 대두되면서 여러 병원이 이를 설치하였고, 2017년 8월 4일 시행된 〈연명의료결정법〉이 의료기관윤리위원회를 의무화하면서[104] 대부분의 병원이 이를 설치하였다. 윤리위원회의 결정을 따르는 방안은 성년후견 개시 결정, 치료나 치료의 중단을 위한 가처분[105] [106]과 같이 법원의 판단을 구하는 것보다는 신속하고, 담당 의사나 환자의 법정대리인 각 개인의 판단에 의존하는 것보다는 절차적 공정성을 확보할 수 있으며 개인의 윤리적 부담을 경감할 수 있다.

---

103 대법원 2004. 6. 24. 선고 2002도995 판결. 보호자의 간곡한 요청에 따라 치료가 필요한 환자에 대하여 치료중단 및 퇴원을 허용하고 환자의 집에서 인공호흡보조장치와 기관에 삽입된 관을 제거하는 조치를 함으로써 환자를 사망에 이르게 한 담당 전문의와 주치의에게 살인방조죄가 인정된 사례.

104 〈연명의료결정법〉 제14조.

105 실무상 병원은 환자 본인의 동의를 얻기 어려우나 환자의 법정대리인이 환자의 의학적 결정에 명백히 반하는 판단으로 진료에 동의하지 않는 경우 법원에 일정한 가처분을 구함으로써 진료의 정당성을 확보하기도 한다. 다만 이와 같은 결정을 받는 데까지는 비교적 많은 비용과 시간이 소요될 수 있다. 일례로, 부모가 자신들의 종교적 신념에 기초하여 신생아 자녀의 수술에 수반되는 수혈을 거부한 사안에서, 정당한 친권 행사의 범위를 넘어서는 수혈 거부의 의사는 효력을 인정할 수 없고, 수술이 시행되어야 할 필요성이 절실하고 긴급하므로 병원 측은 환자에 대하여 수혈을 시행할 수 있고, 친권자들이 이에 동의하지 않는 경우 이러한 진료행위에 대한 방해의 배제를 구할 수 있다고 한 사례가 있다. 진료업무방해금지등가처분(서울동부지법 2010. 10. 21. 자 2010카합2341 결정).

106 일례로 환자의 가족들이 병원을 상대로 무의미한 연명치료 중지를 구한 사건으로 대법원 2009. 5. 21. 선고 2009다17417 전원합의체 판결이 있다.

그러나 이는 어디까지나 병원의 임직원을 주로 위원장으로 임명하고 있는 내부 기구로서 병원 경영상 이해관계가 개입되어 순수하게 윤리적인 판단을 기대하기 어렵고, 각 위원들의 의학적·철학적 전문성을 담보하기 어렵다는 한계가 있다.[107] 또 타인의 대행결정이 갖는 내재적 한계로서, 위원회의 결정이 반드시 환자가 의사결정능력이 있는 경우의 선택과 일치하거나 환자의 최선의 이익을 반영하는 것은 아니다. 법적 구속력 역시 없으므로 환자의 가족이 그 결과에 반대하는 경우 의료진은 윤리위원회의 결정을 따르기 어렵다.

끝으로 대다수의 병원에서는 현행 윤리위원회가 〈연명의료결정법〉이 의무화한 연명의료중단 결정 및 이행에 대한 문제만을 주로 심의한다는 것[108]과 그마저 유명무실하게 운영되고 있다는 문제가 있다.[109]

---

107 "윤리위원회는 병원 독립적인 기구가 아니라 병원 내의 조직으로 그 재정적 지원을 병원이 담당한다. 이로 인해 위원회는 병원경영진으로부터 무언의 압력을 받기에 병원의 이해관계로부터 자유로울 수 없고, 또 일부 위원들의 경우 의학적 전문지식의 부족으로 말미암아 의학적 사실에 정확한 이해가 쉽지 않다." 김상득(2015). "병원윤리위원회의 역할, 구성 및 운영에 관한 연구". 〈한국의료윤리학회지〉, 18권 4호(통권 45호), 382.

108 현행 의료기관윤리위원회가 법정의무인 연명의료의 유보 및 중단에 관한 심의만을 주로 담당하고 있으나 나아가 그 밖에 임상윤리에 관한 심의 기구로서 역할을 확대할 필요가 있다는 점에 대해서는, 최경석(2017). "임상윤리상담과 병원윤리위원회". 〈한국의료윤리학회지〉, 20권 4호(통권 53호), 369~371 참고.

109 2010년 조사 자료이기는 하나 각 병원 내 윤리위원회의 실제 위원회 개최 수는 불과 평균 연 1.74회, 심사 수는 연 1.03건에 그친다. 박인경·박지용·손명세·이일학(2011). "병원윤리위원회 표준운영지침 개발: 해외 사례를 중심으로". 〈생명윤리정책연구〉, 5권 2호, 220 참고.

## 맺으며

이상에서는 노인환자가 의료행위에 대한 설명·동의 절차에서 소외되는 원인으로서 신체적·정신적 능력의 저하, 가족의 개입, 의료계의 노인차별이나 퍼터널리즘 등 관행의 문제를 살펴본 뒤, 환자의 의사결정능력이 없다고 판단되는 경우 환자 대신에 동의 권한을 갖는 법정대리인이 환자와 이해충돌이나 소통 부족으로 노인의 의사를 제대로 반영하지 못할 수 있음을 검토하였다. 아울러 환자의 존엄성과 선택의 기회를 보장해야 함이 타당한 성년후견제도, 연명의료결정제도 그리고 병원 내 윤리위원회가 의료현장에서는 어떠한 한계를 갖는지 알 수 있었다.

지금부터는 이러한 문제들을 해결하기 위해 피해갈 수 없는 시대적 요청으로서 '공동의사결정'의 제도화가 어떤 가치를 지니는지 살펴보고, 그 실천적 노력으로서 노인환자가 의사결정능력이 결여된 경우 바로 동의 권한을 박탈하는 것이 아니라 의사결정능력의 결여에도 불구하고 동등한 의료적 의사결정의 주체로서의 역할을 수행하도록 지원할 필요성을 제시한다.

## 원칙의 재확인: 노인환자의 자기결정권 존중

의료행위에서 의사가 환자 본인에게 충분한 설명을 시행하고 환자에게 직접 동의를 받아야 한다는 설명·동의의 기본 원칙은 노인환자에 대해서도 예외가 아니다. 이는 헌법이 보장하는 인간의 존엄 및 행복추구권으로부터 도출되는 환자의 자기결정권 존중으로, 나이나 병의 경중을 떠나 〈보건의료기본법〉,110 〈의료법〉,111 〈응급의료법〉,112 〈연명의료결정법〉,113 〈장기 등 이식에 관한 법률〉114상 모든 환자에게 명시된 권리이다. 노화나 치매로 인하여 인지능력이 저하된 노인환자라 해도 곧

---

110 〈보건의료기본법〉 제10조(건강권 등) ② 모든 국민은 성별, 나이, 종교, 사회적 신분 또는 경제적 사정 등을 이유로 자신과 가족의 건강에 관한 권리를 침해받지 아니한다.
제12조(보건의료서비스에 관한 자기결정권) 모든 국민은 보건의료인으로부터 자신의 질병에 대한 치료방법, 의학적 연구대상 여부, 장기이식 여부 등에 관하여 충분한 설명을 들은 후 이에 관한 동의 여부를 결정할 권리를 가진다.

111 〈의료법〉 제24조의 2.

112 〈응급의료에 관한 법률〉 제9조.

113 〈연명의료결정법〉 제3조(기본 원칙)
① 호스피스와 연명의료 및 연명의료중단 등 결정에 관한 모든 행위는 환자의 인간으로서의 존엄과 가치를 침해하여서는 아니 된다.
② 모든 환자는 최선의 치료를 받으며, 자신이 앓고 있는 상병(傷病)의 상태와 예후 및 향후 본인에게 시행될 의료행위에 대하여 분명히 알고 스스로 결정할 권리가 있다.
③ 〈의료법〉에 따른 의료인(이하 '의료인'이라 한다)은 환자에게 최선의 치료를 제공하고, 호스피스와 연명의료 및 연명의료중단 등 결정에 관하여 정확하고 자세하게 설명하며, 그에 따른 환자의 결정을 존중하여야 한다.

114 〈장기 등 이식에 관한 법률〉 제22조, 제23조.

바로 법정대리인에 의한 대행결정이 정당화될 수 없다. [115] 의사는 각 환자의 의사결정능력에 상응하는 의료적 결정에 환자를 참여시켜야 하고, 의학적 상태나 장애로 환자의 의사결정능력이 손상된 경우에도 여전히 의사결정에 부분적으로 참여할 수 있게 하는 것이 환자 자율성 존중의 핵심이다. [116]

우리나라도 2008년 비준한 UN 장애인권리협약은 "당사국들은 장애인들이 삶의 전(全) 영역에서 다른 이들과 동등한 조건으로 법적 능력(legal capacity)을 향유함을 인정"하고 "장애인들이 법적 능력을 행사하는 데 필요한 지원에 접근 가능하도록 적절한 조치를 취해야 한다"는 점을 밝혔다(제12조 제2항, 3항). [117] [118] 위 협약 비준의 준비작업 중 하나

---

[115] 같은 취지에서 '이항(二項)적 해결의 한계'를 지적하고 공동결정의 필요성을 지적한 연구로는, 이동진. 앞의 논문. 55~58; 기준치 이하의 의사결정능력을 가진 환자는 자기결정권을 보유하더라도 이를 행사할 수 없기 때문에 후견인에 의한 대리판단에 의존하도록 하는 반면 기준치 이상의 의사결정능력이 있는 환자는 자기결정권을 실질적으로 행사할 수 있으므로 개인의 자기결정권 행사에 일체의 개입은 허용하지 않는 '이원화 접근방식'이 각 환자들의 다양한 의사결정능력의 정도차를 반영하기 위한 모든 시도를 애초부터 차단한다는 문제가 있다는 점에서, 송윤진(2017). "의료적 의사결정에서 자율성 역량 모델의 의의". 〈한국의료윤리학회지〉, 20권 1호, 4 참고.

[116] 미국의사협회 〈의료윤리지침 해설〉(Code of Medical Ethics Opinion)에 따르면, 의사결정 능력이 부족한 경우에도 여전히 공동의사결정의 주체가 되어야 함을 강조한다(2.1.2 Decisions for Adult Patients Who Lack Capacity). The American Medical Association 홈페이지. https://www.ama-assn.org(2022. 11. 11. 접속).

[117] Convention on the Rights of Persons with Disabilities(CRPD) Article 12: Equal Recognition before the Law
2. States Parties shall recognize that persons with disabilities enjoy legal capacity on an equal basis with others in all aspects of life.
3. States Parties shall take appropriate measures to provide access by persons with disabilities to the support they may require in exercising their legal capacity.

로서 제정 및 시행된 국내 〈장애인차별금지 및 권리구제 등에 관한 법률〉(〈장애인차별금지법〉)에 따르더라도 의사결정능력의 결여로 법적 권리 행사에 어려움을 겪는 장애인이 '정당한 편의'를 제공받지 못하는 상황은 차별로 해석될 수 있다. [119]

---

[118] 이에 대한 UN의 평석 내용 등에 관한 자세한 소개는, 박인환(2015). "의사결정 지원을 위한 성년후견제도의 평가와 모색". 〈비교사법〉, 22권 2호(통권 69호), 735~736 참고.

[119] 〈장애인차별금지법〉 4조(차별행위) ① 이 법에서 금지하는 차별이라 함은 다음 각 호의 어느 하나에 해당하는 경우를 말한다.

1. 장애인을 장애를 사유로 정당한 사유 없이 제한·배제·분리·거부 등에 의하여 불리하게 대하는 경우

2. 장애인에 대하여 형식상으로는 제한·배제·분리·거부 등에 의하여 불리하게 대하지 아니하지만 정당한 사유 없이 장애를 고려하지 아니하는 기준을 적용함으로써 장애인에게 불리한 결과를 초래하는 경우

3. 정당한 사유 없이 장애인에 대하여 정당한 편의 제공을 거부하는 경우

제 7조(자기결정권 및 선택권) ① 장애인은 자신의 생활 전반에 관하여 자신의 의사에 따라 스스로 선택하고 결정할 권리를 가진다.

② 장애인은 장애인 아닌 사람과 동등한 선택권을 보장받기 위하여 필요한 서비스와 정보를 제공받을 권리를 가진다.

제 8조(국가 및 지방자치단체의 의무) ① 국가 및 지방자치단체는 장애인 및 장애인 관련자에 대한 모든 차별을 방지하고 차별받은 장애인 등의 권리를 구제할 책임이 있으며, 장애인 차별을 실질적으로 해소하기 위하여 이 법에서 규정한 차별 시정에 대하여 적극적인 조치를 하여야 한다.

② 국가 및 지방자치단체는 장애인 등에게 정당한 편의가 제공될 수 있도록 필요한 기술적·행정적·재정적 지원을 하여야 한다.

제 23조(정보접근·의사소통에서의 국가 및 지방자치단체의 의무) ① 국가 및 지방자치단체는 장애인의 특성을 고려한 정보통신망 및 정보통신기기의 접근·이용을 위한 도구의 개발·보급 및 필요한 지원을 강구하여야 한다.

이에 관하여 자세한 내용에 관하여는, 제철웅. 앞의 논문. 161~162 참고.

## 시대적 요청: 공동의사결정

'퍼터널리즘'과 '환자중심주의'의 실패

서구 사회의 의사-환자 관계를 살펴보면, 전통적으로 내려온 의사의 우월적 권위를 강조하는 퍼터널리즘에 대한 비판으로서 환자중심주의가 등장하고, 다시 이에 대한 반성으로서 의사의 전문성과 환자의 자기결정권 모두를 존중하는 공동의사결정(*Shared Decision-Making*) 모델이 차례로 큰 흐름을 차지해 왔다.[120]

즉, 20세기 중반까지 의사가 환자보다 우월한 지위에서 시혜적으로 퍼터널리즘(*paternalism*: 간섭주의, 부권주의, 후견주의)과 권위주의를 통해 진료하는 것이 일반적이었다. 퍼터널리즘에 의하면 의사의 직업적 소명은 환자의 자율성을 고려하기보다 의학적 전문지식과 기술을 통해 환자의 의학적 이익을 위해 행동하는 것이고, 환자는 이에 따를 뿐이다.[121]

이에 대한 비판으로 등장한 환자중심주의(*Centrality of Patients*)는 반대로 환자에게 선택권을 부여한다. 의사가 설명을 전달하고 이에 따른 환자의 의료적 결정으로서 치료방법의 선택이나 거부를 전적으로 존중하는 것이 윤리적·법적 관점에서 정당화된다.[122] 그러나 이는 의학적

---

120 의사-환자 관계의 역사에 대해서는 이하 Giampieri, M. (2012). "Communication and informed consent in elderly people". *Minerva Anestesiol*, 78(2), 236~242; 김진경 (2008). "의학적 의사결정 모델로써 공동의사결정의 이해". 〈한국의료윤리학회지〉, 11권 2호, 105~106 참고.

121 Beauchamp, T. L., & Childress, J. L. (2001). *Principle of Biomedical Ethics*(5th ed.). Oxford University Press, 176; Wayne Weston, W. (2001). "Informed and shared decision-making: The crux of patient-centred care". *CMAJ*, 165(4), 438.

지식이 없는 환자에게 의사가 정보전달만으로 모든 의무를 다했다고 보기 어렵다는 측면에서 또 다른 비판을 받았다.[123]

무엇보다 권위주의 모델과 환자중심주의 모델은 모두 동등한 양 주체의 어느 한 의견을 극단적으로 반영한다는 점에서 바람직하지 못하다. 환자 입장에서 의료 간섭주의는 환자의 자율성을 무시하는 문제가 있다. 환자중심주의는 의사가 충분한 설명만 시행한다면 이를 면죄부로 의학적 전문지식이 없는 환자에게 의학적 결정에 따른 모든 책임을 전가하는 매우 불공평한 결과를 야기한다.[124]

## 공동의사결정 모델

의사와 환자 모두의 참여를 강조하는 공동의사결정 모델은 매우 중요한 가치를 제시한다.[125] 그 기원은 현대의학의 아버지인 윌리엄 오슬러 (William Osler)가 지금으로부터 한 세기도 더 전에 옥스퍼드대와 존스

---

122 김진경. 앞의 논문. 105.

123 이은영 (2012). "삶의 마감 시기 의사결정의 윤리적 이슈: 의사결정 모델 제안을 중심으로". 〈한국의료윤리학회지〉, 15권 2호(통권 34호), 169.

124 김진경. 앞의 논문. 107~108.

125 1970년대부터 제시되던 공동의사결정 모델의 의미를 구체화한 연구로는, Charles, C. et al. (1997). "Shared decision-making in the medical encounter: What does it mean? (or it takes at least two to tango)". *Soc Sci Med*, 44(5), 681~692 참고.
그 밖에 가족결정모델 (*family decision-making model, familial model, family centered decision-making model*)이 제시되기도 한다. 이는 환자의 질병 및 치료방법과 관련하여 환자와 그 가족이 다양한 역할을 수행하는 주체가 될 수 있다고 본다. Blustein, J. (1993). "The family in medical decision-making". *The Hastings Center Report*, 23(3), 11~12; Chan, H. M. (2004). "Sharing death and dying: Advance directives, autonomy and the family". *Bioethics*, 18(2), 92~103 참고.

**표 6-2 전문성의 공유(*Sharing Expertise*)**

| 환자 | 의사 |
|---|---|
| 질병의 경험<br>(*experience of illness*) | 진단<br>(*diagnosis*) |
| 사회적 상황<br>(*social circumstances*) | 병의 원인에 관한 의학적 지식<br>(*disease aetiology*) |
| 위험에 대한 태도<br>(*attitude to risk*) | 예후<br>(*prognosis*) |
| 가치<br>(*values*) | 선택 가능한 치료방법<br>(*treatment options*) |
| 선호<br>(*preferences*) | 결과에 대한 확률<br>(*outcome probabilities*) |

출처: Coulter, A., & Collins, A.(2011). *Making Shared Decision-Making a Reality: No Decision About Me Without Me*. The King's Fund, p.3. 'Table 1. Sharing Expertise'를 수정·재구성하였음.

홉킨스의대에서 "환자의 말을 경청하라. 그게 바로 진단이다"라고 가르친 것으로 거슬러 올라간다.[126]

공동의사결정은 임상적 증거와 환자의 선호에 기초하여 의사와 환자가 함께 검사, 치료, 요양 또는 돌봄 등 일체를 선택하는 과정이다. 진료과정에서 의사가 방대한 의학지식의 습득과 수련을 통해 얻은 의학적 정보를 환자에게 제공한다. 이를 기초로 환자는 의사에게 치료방법에 대한 자신의 선호를 표현한다. 의사는 다시 환자의 의사결정능력과 선호를 통합하여 환자와 함께 결론을 도출한다. 이는 끊임없는 상호작용으로 볼 수 있다. 이를 실현하려면 환자에게 치료 선택지, 결과, 불확

---

[126] Mulley, A. G. et al. (2012). "Stop the silent misdiagnosis: patients' preferences matter". *British Medical Journal* (Online), 345. "Listen to the patient: He is telling you the diagnosis"를 의역.

실성에 대한 증거 기반의 정보를 제공함과 동시에 의사결정을 지원하고 환자의 선호를 기록 및 구현하는 시스템이 필요하다.[127]

공동의사결정은 의사와 환자 각 어느 한 축에 가치를 두어 필연적으로 불완전한 의사결정을 도출할 수밖에 없는 퍼터널리즘과 환자중심주의의 한계를 극복하고자 하는 시도이다. 의사와 환자는 다음과 같이 각자의 경험에 근거하여 진료과정에 공동으로 동등하게 기여할 수 있다 (〈표 6-2〉 참조).

의사-환자 사이 상호작용은 환자의 선택을 존중하는 윤리적 측면뿐만 아니라 임상적 측면에서도 큰 가치가 있다. 환자가 자율적으로 치료방법을 선택하는 경우 치료효과가 더 뛰어나다는 점이 이미 입증되었기 때문이다. 이러한 시각에서, 생명과학의 눈부신 발전으로 아무리 진단의 정확도가 올라가고 치료방법이 다양해지더라도 의사가 환자의 선호를 제대로 이해하지 못한다면 정확한 치료법을 제시할 수 없게 되므로, 이는 결국 임상적으로 오진(misdiagnosis)으로 평가될 수 있다.[128]

특히 우리 법규범은 환자의 의사결정능력 판단과 관련하여 사실상 '환자가 의사결정능력이 있는 경우'와 '환자의 의사결정능력이 없는 경우 법정대리인의 대행결정', 이렇게 2가지 극단적 상황으로 나누어 구조화했다는 문제가 있다.[129] 의사결정능력의 결여 정도에 따라 적절한

---

127 Coulter, A., & Collins, A. (2011). *Making Shared Decision-Making a Reality: No Decision About Me Without Me.* The King's Fund, p. 7.

128 Mulley, A. G. et al. 앞의 논문. 345.

129 같은 맥락에서, 한국은 UN 장애인권리협약 비준 당사국으로서 제출한 협약 이행을 위한 후속조치에 관한 보고서에 대하여 2014년 UN 장애인권리위원회로부터 "개인의 자율성과 의지, 선호를 존중하고 의학적 치료에 대한 동의와 철회 여부 등 자신의 개인적 권리를

지원이 있다면 충분히 의료적 의사결정이 가능한 노인환자에게 적절한 지원을 제공하지 않으면서 자기결정권을 존중한다는 명목하에 책임을 전적으로 떠넘기는 것이나 의사결정능력의 결여를 의사결정능력의 부재로 간주해 타인의 결정에 따르도록 하는 것 모두 적절치 못한 결론이다.[130] 결국, 의료현장에서 노인환자에 대한 지원 체계를 포함한 공동의사결정의 제도화 노력이 요청된다.

## 공동의사결정 지원의 실천

### 유효한 동의의 요건 확인

노인환자의 의사결정능력에 맞는 충분한 설명과 이에 따른 환자의 동의는 설명·동의 절차의 핵심이다. 환자의 유효한 동의가 성립하려면 다음과 같은 요건이 충족되어야 한다.[131]

---

존중하도록 하고 있는 일반 평석 제1호와 협약 제12조에 완전히 합치하도록 성년후견제도를 의사결정 대행(*substitute decision-making*)에서 의사결정 지원(*supported decision-making*)으로 전환하고", "장애인의 법적능력(*legal capacity*)의 인정과 의사결정 지원체계에 관하여 공무원, 판사, 사회복지사들에 대한 교육을 제공할 것"을 권고받은 바 있다. UN(2014). "Concluding observations on the initial report of the Republic of Korea: Committee on the Rights of Persons with Disabilities(12th sess. Geneva)". 4. 이에 대한 더 자세한 소개로는, 박인환(2015). "의사결정 지원을 위한 성년후견제도의 평가와 모색". 〈비교사법〉, 22권 2호(통권 69호), 737~739 참고.

130 같은 취지에서, 노인환자에게 동의능력의 유무라는 이항적 판단을 적용하는 것에 문제가 있음을 지적하고 역량강화, 지원된 의사결정(*empowerment, supported decision-making*) 내지 공동의사결정(*shared decision-making*)을 제도화하여 노인환자의 자기결정의 질을 제고할 필요가 있다는 점에서, 이동진. 앞의 논문. 55~56 참고.

131 이하 요건은 대한내과학회(2020). 〈내과전공의 의료윤리 사례집〉. 11~12; Jonsen, A.

① 환자의 의사결정능력을 정확히 평가할 것

② 환자의 의사결정능력에 따른 충분한 정보가 제공될 것

③ 환자가 부당한 압력으로부터 자유로울 것

④ 가능하다면, 환자 본인이 스스로 동의 의사표시를 할 것


이하에서는 우리 의료현장에서 위 요건들을 강화할 수 있는 방안을 모색한다.


### 의사결정능력 판단 절차 생략 금지

노인환자의 의사결정능력에 대한 정확한 판단 없이 법정대리인으로부터 취득한 동의는 유효하다고 볼 수 없다. 앞서 검토한 바와 같이 노인환자 모두가 동일하게 설명·동의 절차에 필요한 의사결정능력이 떨어진다는 가정은 오류에 해당한다. 노인환자도 일반 환자와 마찬가지로 의사결정능력이 구체적·개별적으로 다르므로 일반 환자와 같은 평가 과정을 거칠 필요가 있다. 노인환자에 대한 능력 판단은 환자의 자율성 존중과 보호 사이에서 적절한 균형을 찾는 문제이자[132] 환자에게 의료적 선택 자격을 부여하거나 박탈하는 규범적 역할을 한다. [133]

같은 취지에서 미국의사협회 윤리강령은 의사가 환자의 동의를 구할

R. et al. (Eds.) (2022). "Preferences of patients". *Clinical ethics: A practical approach to ethical decisions in clinical medicine.* McGraw Hill. 3~19(http://lps3. access medicine. mhmedical. com. libproxy. snu. ac. kr)를 참고하여 재구성하였다.

132 Appelbaum, P. S. (2007). "Assessment of patients' competence to consent to treatment". *N Engl J Med.* 357(18), 1834~1840.

133 Beauchamp, T., & Childress, J. 앞의 책. p. 69.

때 가장 먼저 환자가 해당 의료 정보와 치료 대안의 의미를 이해하고 독립적·자발적 결정을 내릴 수 있는 상태인지를 평가하도록 권한다.[134] 정신적 결정능력이 부족한 사람들의 치료와 보호를 위하여 제정된 영국의 〈정신능력법〉(Mental Capacity Act)은 의사능력이 결여된 사람(*persons who lack capacity*)이라 해도 "능력이 결여되었다는 점이 입증되지 않는 한 능력 있는 것으로 추정할 것", "단지 현명하지 못한 결정을 내렸다고 해서 결정을 내릴 수 없다고 대우받아선 안 된다"는 점을 기본 원칙으로 명시한다.[135][136]

실제로 겉으로는 의사결정능력이 부족할 것처럼 보이는 고령·인지장애환자도 생각보다 잔존능력이 있는 경우가 많고, 반대로 온전해 보이는 환자도 엄밀한 평가를 거치면 의사결정능력이 결여된 경우가 보고된다.[137] 자신에게 시행되는 의료행위에 대해 이해하고 동의하는 데 필

---

134 American Medical Association. *Code of Medical Ethics of the American Medical Association.* 2. 1. 1. (a).

135 Mental Capacity Act 2005, 1 The principles (2), (4).

136 국가적으로 치매정책을 수립한 잉글랜드와 스코틀랜드의 의사결정 지원에 관해서는 이하에서 자세히 소개한다. 제철웅·김효정·박인환(2019). "치매국가책임제와 의사결정 지원제도". 〈의생명과학과 법〉, 21권, 91~98.

137 영국에서 한 병원의 입원환자를 대상으로 한 환자들의 의사무능력(*incapacity*) 유병률, 의료진의 환자 의사능력(*capacity*) 인식 정도와 의사능력에 영향을 미치는 요소에 대한 연구에서, 의료진들이 환자들의 의사결정능력을 거의 제대로 인식하지 못하고 있다는 점, 연령의 증가와 인지장애(*cognitive impairment*)가 의사능력과 상관관계가 있다는 점이 나타나 각 환자에 대하여 의사결정능력 판단을 위한 절차와 기준을 제대로 적용할 필요가 있음이 확인되었다. Raymont, V. et al. (2004). "Prevalence of mental incapacity in medical inpatients and associated risk factors: cross-sectional study". *The Lancet*, 364(9443), 1421~1427.

요한 의사능력은 예를 들어 계약 체결에 필요한 정도와 같은 대단한 지적능력을 요하는 것이 아니므로,138 노인이라 해도 쉬운 언어로 표현하면 생각보다 치료방법이나 원리를 잘 이해할 수 있다.139 결국, 노인환자를 포함하여 모든 환자에 대해 편견을 배제한 후 의사결정능력 판단 절차를 거치고, 그 결과에 따라 설명·동의 절차가 시행되어야 한다. 이는 실제 잔존능력이 있는 환자뿐만 아니라 외견보다 의사결정능력이 결여된 환자 모두에게 도움이 될 수 있다.

환자의 유효한 동의를 얻기 위한 의사결정능력 판단 기준은 여러 선행연구에서 다양하게 제시된다.140 의사결정능력이란 일률적으로 판단하기 어려운 내적·심리적 능력인 탓에 아직까지 절대적으로 우월하다고 확립된 평가도구는 없는 것으로 보인다.141 다만, 기본적으로 "① 환자가 의료진과 명료한 의사소통이 가능함, ② 환자가 자신의 의학적 상태에 따른 치료방법이나 치료거부에 관한 내용을 이해하고 있음, ③ 환자가 선택에 따른 결과로서 그 이득이나 위험을 이해함, ④ 환자가 자신의 선택의 이유를 설명할 수 있음"과 같은 내용을 기준으로 활용해 볼

---

138  재산거래에 필요한 의사능력과 자신의 신상에 관한 결정으로서 의료행위에 필요한 동의능력은 다르게 평가될 필요가 있다는 점에서, 이동진. 앞의 논문. 55 참고.

139  "공장에서 재료가 부족하다거나 이런 식의 비유적인 표현을 드리면요 생각보다 잘 이해하세요." 임연옥 외. 앞의 논문. 105.

140  Kapp, M. B. (2010). "Legal issues arising in the process of determining decisional capacity in older persons". *Care Management Journals*, 11 (2), 101~106; Appelbaum, P. S. (2007). "Assessment of patients' competence to consent to treatment". *The New England Journal of Medicine*, 357 (18), 1836~1838 (Table 1. Legally Relevant Criteria for Decision-Making Capacity and Approaches to Assessment of the Patient) 등 참고.

141  대한내과학회 (2020). 〈내과전공의 의료윤리 사례집〉. 14.

수 있을 것이다.[142] 가능한 상황이라면 의사능력 판단에 정신건강의학과 전문의와의 협진이 검토될 수 있다. 또한 입원환자의 경우 환자의 상태를 긴밀하게 관찰하고 시간대별로 기록하는 간호사들의 간호기록지상 지남력, 의사소통 등 관련 내용도 큰 가치가 있다.

참고로 판례는 동의능력 판단에 참고할 만한 개념인 의사능력의 의미와 그 유무 판단에 대하여 "의사능력이란 자신의 행위의 의미나 결과를 정상적인 인식력과 예기력을 바탕으로 합리적으로 판단할 수 있는 정신적 능력 내지는 지능을 말하는 바, 특히 어떤 법률행위가 그 일상적인 의미만을 이해하여서는 알기 어려운 특별한 법률적인 의미나 효과가 부여되어 있는 경우 의사능력이 인정되기 위하여는 그 행위의 일상적인 의미뿐만 아니라 법률적인 의미나 효과에 대하여도 이해할 수 있을 것을 요한다고 보아야 하고, 의사능력의 유무는 구체적인 법률행위와 관련하여 개별적으로 판단되어야 할 것"이라고 판시한 바 있다.[143] 그리고 의사의 설명의무는 〈의료법〉 제24조의 2에 적시된 수술이나 수혈 및 전신마취에 국한하여 요구되는 것이 아니고 검사, 진단, 투약 등 진료의 모든 단계에서 발생한다.[144] [145]

---

142 안재윤·류현욱·최한주·김형일·정진우·배현아. 앞의 논문. 2; Clark, M. A. et al. (2014). "Ethics seminars: A best-practice approach to navigating the against-medical-advice discharge". *Academic Emergency Medicine*, 21(9), 1052.

143 대법원 2006. 9. 22. 선고 2006다29358 판결; 대법원 2002. 10. 11. 선고 2001다10113 판결 등 참조. 주 76과 동지에서 해당 판례가 설정한 의사능력 판단 기준은 적어도 의료와 같이 자신의 신상에 관한 결정에 관하여는 너무 높게 설정된 것으로 평가할 수 있다는 점에 대해서는, 이동진. 앞의 논문. 55.

144 " … 의사는 긴급한 경우 기타의 특별한 사정이 없는 한, 그 침습에 대한 승낙을 얻기 위한 전제로서 환자에 대하여 질환의 증상, 치료방법 및 내용, 그 필요성, 예후 및 예상되는

즉, 이를 종합해 보면, 의사는 의료행위에 대한 승낙의 전제로서 설명을 시행하기에 앞서 설명의 상대방과 그 내용을 결정하기 위하여 환자의 신체적·정신적 상태를 고려해야 한다. 뿐만 아니라 예정된 의료행위가 얼마나 침습적인지, 노인환자가 해당 의료행위의 효과와 부작용을 이해할 수 있는지 등을 사안마다 구체적이고 개별적으로 판단해야 한다. 예를 들어 같은 환자라 하더라도 단순한 투약(예: 소화제 투약)과 비교적 복잡한 수술(예: 신장이식수술)에 대하여 이해하는 정도가 달라, 충분한 설명을 제공하고 동의를 얻기 위해 각각 다른 노력이 필요할 수도 있다.

수술 등 동의서에 서명·날인을 받을 때 개방형 질문을 적극 활용해 환자에게 서술형 답변을 유도하면 비교적 간편하게 환자의 의사결정능력을 평가할 수 있다. 최근 실무 편의상 많은 병원에서 태블릿 PC를 이용해 수술동의서를 종이가 아닌 전자 형태로 받는 일이 늘어나고 있는데,[146] 이럴 때 예를 들어 단순히 '기왕병력 유/무'를 객관식으로 체크

---

생명, 신체에 대한 위험성과 부작용 등, 환자의 의사결정을 위하여 중요한 사항에 관하여 사전에 설명함으로써 환자로 하여금 수술이나 투약에 응할 것인가의 여부를 스스로 결정할 기회를 가지도록 할 의무가 있고, 이러한 설명을 아니한 채 승낙 없이 침습한 경우에는, 설령 의사에게 치료상의 과실이 없는 경우에도 환자의 승낙권을 침해하는 위법한 행위가 된다." 대법원 1994. 4. 15. 선고 92다25885 판결; 대법원 1994. 4. 15. 선고 93다60953 판결 등.

145 "의사의 환자에 대한 설명의무는 수술 시에만 한하지 않고 검사·진단·치료 등 진료의 모든 단계에서 발생". 대법원 1995. 4. 25. 선고 94다27151 판결; 대법원 2010. 5. 27. 선고 2007다25971 판결 등.

146 이정환(2017). "병원들 모바일 전자동의서 도입 급속 확산". 〈의협신문〉. 2017. 1. 20. https://www.doctorsnews.co.kr(2022. 11. 13. 접속).

하게 하는 폐쇄형 질문지를 두면 노인환자는 자신의 질환에 대한 이해 능력이나 정도와 별개로 의료진의 안내에 따라 '유' 또는 '무'에 기계적 으로 표시를 하고 넘어가기 쉽다.

그 대신 '해당 수술과 관련하여 앓은 병이 있습니까?', '있다면 그 병명은 무엇인가요?', '관련하여 담당의사에게 그 위험성에 관하여 설명을 들은 내용은 무엇입니까?', '궁금한 점이 있다면 무엇입니까?'와 같이 환자의 이해 정도를 평가할 수 있는 항목을 두면 환자가 해당 질환과 수술적 치료에 대해 어느 정도 이해하고 있는지 평가가 가능하며 그 기록이 남는다.

만약 환자가 관련한 의사결정능력이 미흡하다면 아래와 같이 잔존능력에 상응하는 의사소통 지원이 필요하다는 신호다.

### 잔존능력에 따른 의사소통 지원

이는 '환자의 의사결정능력에 따른 충분한 정보 제공' 요건에 해당한다. 노인환자 본인의 잔존능력을 최대한 활용하기 위한 다양한 지원은 공동의사결정 모델의 주요 내용임은 물론 국내외 규범에 근거한 '정당한 편의 제공'에 해당한다. 정당한 편의 제공 없이, 해당 노인환자가 이해할 수 없는 방대하고 어려운 의학용어로 정보를 제공하는 것은 동의의 유효 조건인 '충분한 정보 제공'으로 볼 수 없으며 차별에 해당할 수 있다.[147] 단계적 편의 제공에도 불구하고 노인환자가 해당 치료에 대한

---

147  제철웅(2015). "고령자의 판단능력 쇠퇴를 대비한 미래설계와 새로운 성년후견제도".
     〈법학논총〉, 32권 1호, 161~162.

의사결정능력이 없다고 평가할 수밖에 없는 경우에 비로소 법정대리인의 대행결정이 고려되어야 한다. 148 149

이때, 의료진이 쉬운 용어를 쓰는 사소한 노력이 노인환자에게는 큰 도움이 될 수 있다. 의료진이 일상적 의학용어나 영어를 쓰면 노인환자가 이해하기 어렵지만 '공장(신체)에서 재료(철분)가 부족하다'는 식의 비유적 표현을 쓰면 노인환자의 이해를 크게 도울 수 있다. 150 151 중풍이나 청력장애로 의사소통에 문제가 있는 노인환자에 대해 의사결정능력이 없다고 전제하지 않고 비교적 충분한 시간을 들여 설명하면 환자가 직접 이해하여 판단을 내릴 수 있고, 적절한 도움이 제공되는 경우 직접 동의서까지 작성할 수 있다. 152

아직까지 우리 의료현장에서는 진료과정에서 전통적인 의사-환자 간 구두 대화 외에 다양한 도구를 동원하여 환자에게 설명을 제공하는 것에 인색한 편이다. 의사결정 보조기구의 도움을 받은 환자들은 더 많은 정보와 지식을 습득하고 자신의 가치를 더 명확하게 파악하며 의사결정

---

148 마찬가지로 영국 〈정신능력법〉에서도 "의사능력이 결여된 사람을 지원하기 위한 모든 실행가능 조치가 실패하지 않은 이상 결정능력이 없는 것으로 볼 수 없다"는 원칙을 밝혔다. Mental Capacity Act 2005, 1 The Principles (3).

149 김은영·홍세진. 앞의 논문. 426 참고.

150 임연옥 외. 앞의 논문. 105.

151 미국 예일의대 호위츠(Leora I. Horwitz) 교수팀이 평균연령 77. 2세 노인 395명을 인터뷰한 결과 그중 절반 정도만이 자신의 입원 이유를 정확히 이해하고 있었다. 이는 의료진이 노인들이 이해할 수 있는 용어인 '심장마비'(heart attack) 대신 전문용어인 '심근경색'(myocardial infarction)이라고 설명했기 때문인 것으로 나타났다. 박도영(2013). "노인환자 절반은 입원 이유 이해 못해". 〈메디칼업저버〉. 2013. 8. 22. http://www.monews.co.kr.

152 이영수. 앞의 논문. 695.

과정에서 더 정확하게 위험을 받아들인다. 153

　청력이 약한 노인들을 위하여 이미 장애인에게 활용되는 청력향상 보조기구를 도입하고, 글을 쓰고 읽거나 말하기 어려운 노인들을 위하여 글 대신 쉬운 기호, 그림, 수치를 짚어 의사를 표현할 수 있는 매체 등 다양한 모형, 서면, 전자, 영상 또는 웹 기반 의사결정 보조기구를 설명·동의 절차에 도입한다면 의사가 증거 기반 정보(*evidence-based information*)를 충분히 전달하고 노인환자로부터 양질의 동의를 받는 데 큰 도움이 될 수 있다. 154 이러한 의사결정 보조기구에 대한 국가적 승인 기준을 수립하고 지원하는 것도 순차적으로 검토되어야 한다.

## 설명 및 동의서 작성 방식의 개선

의사가 환자에게 생명 또는 신체에 중대한 위해를 발생하게 할 우려가 있는 수술, 수혈, 전신마취를 하는 경우 환자에게 수술의 필요성, 방법, 내용, 예상되는 부작용, 수술 후 요양방법 등에 대해 설명하였고 환자가 이러한 설명을 듣고 수술 등에 동의하였다는 증거로서 설명 및 동의서를 작성한다. 〈의료법〉상 서면동의는 필수적이고 실제 추후 발생 가능한 의료분쟁에서 의사의 설명의무 이행을 입증하는 강력한 증거방법이 될 수 있다. 다만, 여기에는 다음과 같은 몇 가지 실무상 한계가 있다.

---

153 3만 1,043명의 참가자가 포함된 105개 연구를 분석한 결과로서, Stacey, D. et al. (2017). "Decision aids for people facing health treatment or screening decisions". *Cochrane Database of Systematic Reviews*, 4, CD001431 참고.

154 Spatz, E. S. et al. (2016). "The new era of informed consent: Getting to a reasonable-patient standard through shared decision making". *JAMA*, 315(19), 2063~2064.

첫째, 정보전달 중심의 설명 및 동의서 작성은 노인환자의 의사결정 능력 판단 절차의 생략이나 간소화를 유도하고, 환자의 이해 정도에 대한 기록을 남기지 않으며, 특히 글을 읽거나 쓰기 어려운 노인환자들을 의료적 의사결정과정에서 소외시키는 큰 요인이 된다. 실제 의료현장에서는 의사의 충분한 설명과 이에 따른 환자의 양질의 동의를 장려하고자 도입된 취지와 달리 의사의 일방적 정보전달 중심의 설명 및 동의서 작성이 일반화되어 있다(앞에서도 잠시 언급했지만 개방형 질문을 적극 활용하는 사례는 많지 않다). 일반 환자도 이해하기 어려운 의학 용어가 빼곡하게 적힌 서면을 토대로 의사가 환자에게 몇 가지 중요한 내용을 구두로 전달하고, 환자는 이를 들은 후 하단의 서명란에 동의 서명을 함으로써 대개의 설명 및 동의서 작성 절차는 종료된다.[155]

둘째, 의료현장의 자원 제약상 설명 및 동의서가 충분한 시간적 여유를 갖고 작성되지 못하는 문제가 있다. 설명 및 동의서는 주로 수술 등 하루 전날이나 당일에 임박해 작성되는데, 보통의 환자들은 이 시간대에 심리적 또는 신체적으로 취약할 가능성이 높아 궁금한 내용이 있어도 질문하는 등의 방식으로 적극 소통하기 어렵다.[156]

최근 판례도 의사가 환자에게 수술의 위험성을 설명한 지 40분 만에 수술을 위한 마취를 시작하여 곧이어 수술을 시작한 사례에서 환자가

---

155  의사결정능력 소유 여부 판단을 생략하고 의학적 정보를 전달하고 동의서에 서명을 받음으로써 설명의무를 다했다고 보는 것은 동의 선결요건의 명백한 생략이라는 점에 대해서는, 홍소연(2005). "충분한 설명에 근거한 동의에서 환자의 의사결정능력 판단의 기준". 〈한국의료윤리학회지〉, 8권 1호, 45 참고.
156  Spatz, E. S. et al. 앞의 논문. 2063 참고.

뇌경색에 따른 편마비라는 수술 부작용에 대해 숙고하지 못하고 수술을 결정하게 되었을 가능성을 인정하여 환자의 선택의 기회를 침해한 데 따른 의사의 설명의무 위반을 인정하였다.[157] 해당 판례는 "환자가 의료행위에 응할 것인지를 합리적으로 결정할 수 있기 위해서는 그 의료행위의 필요성과 위험성 등을 환자 스스로 숙고하고 필요에 따라 가족 등 주변 사람과 소통하고 결정할 시간적 여유가 주어져야 함"을 근거로 의사의 설명의무는 그 의료행위가 행해질 때까지 적절한 시간적 여유를 두고 이행되어야 한다는 점을 판시하였다.

셋째, 현실적으로 노인환자 본인의 서명 동의는 불가피하지만, 이 때문에 다양한 보조 수단 활용이 배제될 필요는 없다. 앞에서 언급한 의사결정 지원 기구는 수술 등에 대해 설명하고 동의받는 과정에서도 충분히 활용 가치가 있다. 환자가 동의하는 경우라면 환자에게 자세한 설명을 제공하고 환자가 함께 의사결정 과정에 참여하는 영상 기록을 보충적으로 남기는 방안도 고려될 수 있다. 환자가 재시청을 하면서 이해를 높일 수 있고, 이로써 의사결정 참여가 강화되며 추후 설명의무 이행과 관련한 분쟁을 감소시키는 효과가 있기 때문이다. 다만, 이 경우에는 영상물이 단순히 의사가 해당 의료행위에서 발생 가능한 위험을 나열하고 환자가 분명히 이를 들은 바 있다는 사실을 입증하기 위한 도구로 전락하지 않도록 경계할 필요가 있다.

---

157 대법원 2022. 1. 27 선고 2021다265010 판결.

## 가족과 의료진의 부당한 개입 배제

노인환자는 가족 또는 의료진의 부당한 압력에 영향을 받아 의료적 선택을 하기도 한다. 이는 환자의 가족과 의료진을 견제할 수 있는 중립적 위치의 제3자가 개입함으로써 개선될 수 있다. 특히 윤리적으로 첨예한 의료적 의사결정에 있어서 중립적 제3자가 노인환자의 의사나 이익이 제대로 반영되고 있는지, 보호자나 의료진의 부당한 압력은 없는지를 판단하는 역할을 수행하면서 노인환자와 가족·의료진 사이의 정보 불균형과 의사결정 참여의 불균형을 해소하는 역할을 수행할 수 있다.

사실 제3자의 개입은 이미 많은 병원에 있는 윤리위원회, 의료 사회복지사가 부분적으로 수행하고 있음에도 개입의 명확한 근거나 기준, 구속력이 없어 실효성이 부재한 상황이다. 158 기존의 제도나 인적 자원이 의료적 의사결정에 개입하는 것에 대하여 법적 근거를 확보해 제도화하고 전담 인력에게 예산을 배정하는 방안이 현실적일 수 있다. 해외 사례로 미국의 의사윤리강령은 환자 대리인의 결정이 ① 환자의 결정(환자의 선호가 알려지거나 유추 가능할 때)이 아님이 분명할 때, ② 환자에게 가장 이익이 아니라는 것을 합리적으로 판단할 수 있을 때, ③ 환자가 아닌 대리인이나 제3자의 이익을 위한 것일 때 윤리위원회나 기타 기관의 자문을 구해야 하는 의사의 윤리적 의무를 명시한다. 159

---

158 현장에서 병원윤리위원회와 사회복지사의 지원이 필요하다는 점에 대해서는, 고윤석 (2013). "의사의 관점에서 본 연명의료에서의 환자의 자기결정권". 〈의료정책포럼〉, 11권 3호, 24~25 참고.

159 American Medical Association. *Code of Medical Ethics of the American Medical Association*. pp. 44~62; American Medical Association. *Code of Medical Ethics Opinion*. 2. 1. 2 (f) (iii).

다만, 노인환자의 필요에 의해 의사결정과정에 가족 등의 협력이 투입되는 것과 이들의 부당한 압력행사는 구분되어야 한다. 공동의사결정과정에서 환자들은 당연히 가까운 가족이나 친구로부터 정보나 의견, 지지를 구할 수 있다.[160] 환자와 이해관계 충돌의 가능성이 있는 가족의 의견이 우선시되면서 환자의 자기결정권이 유보되는 상황은 경계해야 한다. 하지만 가족과의 유대가 강한 노인환자의 경우 가족과 함께 결정을 내리는 과정에서 큰 위안과 만족을 느낄 수 있다. 따라서 환자 본인의 자기결정을 존중한다는 취지로 환자를 가족과 고립시키고 환자에게 모든 선택과 책임을 단독으로 부담하도록 하는 것도 적절치 않다(극단적 환자중심주의에 대한 비판).[161] 이해당사자와 분리된 제3자의 지원과 개입을 포함한 공동의사결정의 제도화는 가족·친구의 부당한 개입과 합리적 협력 사이에 구분이 필요할 때에도 도움이 될 수 있을 것이다.

사전의료지시서 등 예방적 수단의 활성화

미국 〈환자자기결정법〉(PSDA: Patient Self-Determination Act)[162]상 '사전의료지시'(AD: *Advance Directives*) 란 환자가 의사결정능력을 상실하여 의료행위에 대하여 스스로 선택할 수 없는 경우를 대비하여, ① 자신의 의료적 선택에 대한 의사를 미리 표명한 것으로서 사후(死後) 효력이 발생하는 일반적 유언과 다르게 생전에 그 효력이 있는 '생전유언'(*living will*), ② 환자 본인 대신 의료적 결정을 내릴 대리인(*proxy*)의 지정

---

160  Spatz, E. S. et al. 앞의 논문. 2063~2064.
161  Charles, C. et al. 앞의 논문. 685 참고.
162  H. R. 4449 - Patient Self Determination Act of 1990.

〈DPA: *Durable Power of Attorney*〉으로 구성된다.

병원, 전문간호시설, 가정간호센터, 호스피스 시설의 보건의료인은 환자가 입원 또는 입소하는 경우 환자에게 치료거부권이 있다는 점과 AD 작성에 관해 안내할 의무를 부여한다. 각 주마다 양식은 다르지만, 환자는 AD에 의료적 결정에 필요한 자신의 신념, 가치관을 표시하거나 서술해 둘 수도 있다. 특정한 상황에서 구체적 치료 방식 요청, 심폐소생 거부(DNR: *Do Not Resuscitate*), 부검 여부, 장기기증에 관한 의사표시, 장례 방식 등을 서면화할 수도 있다.

우리나라에서는 앞서 소개한 바와 같이 〈연명의료결정법〉상[163] 말기와 임종기를 구분하여 임종과정에 있는 환자의 경우에만 '연명의료계획서'와 '사전 연명의료의향서'[164] 등에 따른 연명의료중단 등 결정을 인정한다. 미국의 AD 중 생전유언에 해당하는 부분 중에서도 일부만을 도입한 셈이다. [165] 그 기본 틀은, 〈연명의료결정법〉 제정의 계기가 된

---

163 〈연명의료결정법〉 제2조
　　8. '연명의료계획서'란 말기환자 등의 의사에 따라 담당의사가 환자에 대한 연명의료중단 등 결정 및 호스피스에 관한 사항을 계획하여 문서(전자문서를 포함)로 작성한 것을 말한다.
　　9. '사전 연명의료의향서'란 19세 이상인 사람이 자신의 연명의료중단 등 결정 및 호스피스에 관한 의사를 직접 문서(전자문서를 포함)로 작성한 것을 말한다. 19세 이상의 성인 누구나 보건복지부가 지정한 등록기관에 방문해 자신이 향후 임종과정에 달하였을 때를 대비하여 연명의료 또는 호스피스에 관한 의사를 표시한 '사전 연명의료의향서'를 작성하면 연명의료 정보처리시스템 데이터베이스에 보관되고, 그 법적 효력을 인정받을 수 있다.
164 19세 이상의 성인 누구나 보건복지부가 지정한 등록기관에 방문해 자신이 향후 임종과정에 달하였을 때를 대비하여 연명의료 또는 호스피스에 관한 의사를 표시한 '사전 연명의료의향서'를 작성하면 연명의료 정보처리시스템 데이터베이스에 보관되고, 그 법적 효력을 인정받을 수 있다.
165 미국의 AD 제도와 한국의 사전의료의향서 및 연명의료계획서의 차이에 대하여는, 최경

김 할머니 사건166 판결문에서 사전의료지시가 법적효력을 갖기 위해서는 ① 그 내용 면에서 '의사결정능력이 있는 환자'가 '의료인으로부터 직접 충분한 의학적 정보를 제공'받고, 이를 바탕으로 '숙고하여 의사결정'을 하여야 할 것, ② 형식으로는 '환자가 직접 의료인을 상대로 작성한 서면' 또는 '의료인이 이러한 환자의 의사를 남긴 진료기록'을 요하는 것을 참고할 수 있다.167

AD 중 환자가 미리 대리인을 지정하는 방식은 사전 연명의료의향서가 작성되지 않은 경우나 그 해석이 문제가 되는 경우에 최대한 환자의 자기결정권에 따른 선택이 보장된다는 장점이 있다. 하지만 여전히 타인의 대행결정으로서 필연적으로 파생되는 윤리적 고민으로부터 자유로울 수 없다. 아직까지 우리 문화에서 혈연관계와 무관하게 대리인을 지정해 타인의 생사여탈권을 부여할 수 있는 가능성을 인정하기까지는 충분한 시간을 두고 논의가 필요할 것으로 보인다.168

---

석(2014). "사전지시와 Physician Orders for Life-Sustaining Treatment의 윤리적 · 법적 쟁점". 〈한국의료윤리학회지〉, 17권 3호, 272~276을 특히 참고.

166 대법원 2009. 5. 21. 선고 2009다17417 전원합의체 판결.

167 "사전의료지시는 진정한 자기결정권 행사로 볼 수 있을 정도의 요건을 갖추어야 하므로 의사결정능력이 있는 환자가 의료인으로부터 직접 충분한 의학적 정보를 제공받은 후 그 의학적 정보를 바탕으로 자신의 고유한 가치관에 따라 진지하게 구체적인 진료행위에 관한 의사를 결정하여야 하며, 이와 같은 의사결정 과정이 환자 자신이 직접 의료인을 상대방으로 하여 작성한 서면이나 의료인이 환자를 진료하는 과정에서 위와 같은 의사결정 내용을 기재한 진료기록 등에 의하여 진료 중단 시점에서 명확하게 입증될 수 있어야 비로소 사전의료지시로서의 효력을 인정할 수 있다." 대법원 2009. 5. 21. 선고 2009다17417 전원합의체 판결.

168 대리인 지정제도(DPA) 국내 도입의 현실적 어려움과 윤리적 문제에 관하여는, 최경석. 앞의 논문. 275~277을 특히 참고.

현행 '연명의료계획서'와 '사전 연명의료의향서'는 후술하는 바와 같이 아직까지 보완하여야 할 부분이 많지만 그럼에도 그 활용의 의미가 작지 않다. 노인환자가 의사결정능력을 상실할 경우에 환자의 자기결정권 존중이라는 핵심 가치를 고려할 때, 의료적 결정에서 타인의 결정보다 중요한 것은 환자 본인의 사전적 결정과 본인의 추정적 의사이다.

이러한 점에서 환자가 의사결정능력이 온전한 단계에서 숙고하여 작성해 둔 사전의료지시서나 담당의가 말기에 접어든 환자의 의사에 따라 작성한 연명의료계획서는 다양한 역할을 한다. 환자가 의사결정능력을 상실하여 의료적 동의를 할 수 없는 경우에 ① 환자의 의사를 확인하거나 ② 환자의 의사가 명시되지 않은 경우 이를 추정하고 ③ 법정대리인이 환자 대신 결정을 하는 경우 환자의 선택에 반하는 결정을 예방하며 ④ 법정대리인이 환자 대신 결정을 하는 경우 죄책감이나 혼란을 축소할 수 있고[169] ⑤ 법정대리인 간 의견 충돌 시 결정의 기준이 될 수 있으며 ⑥ 법정대리인의 의견을 얻기 어려운 경우 의료진 판단의 근거가 될 수 있다.

앞으로 연명의료결정제도를 우리 사회에 맞게 도입하고 정착시키기 위해서는 많은 노력이 필요하다. 특히 전술한 바와 같이 법정대리인의 대행결정이 적절치 않은 상황을 보완하기 위해서라도 대리인 지정(DPA) 문제에 대한 현실적 검토가 필요하다. 또한, 현행 '연명의료계

---

[169] 다양한 선행연구에 따르면 가족이 환자의 사전의사를 알지 못하는 상태에서 의료적 의사결정을 하는 경우 상당한 불안(*anxiety*)을 경험한다고 알려져 있다. Rosnick, C. B., & Reynolds, S. L. (2003). "Thinking ahead: Factors associated with executing advance directives". *Journal of Aging and Health*, 15(2), 410 참고.

획서'가 임상 현실을 고려하지 못하고 예외 없이 말기 환자 본인의 서명만을 유효 요건으로 하는 한계를 개선하는 데 있어서도 다양한 사회 구성원들의 논의가 요청된다. [170]

## 공적 지원의 정당화

위와 같이 의료현장에서 노인환자의 자기결정권을 실질적으로 보장하기 위한 다양한 노력에는 공적 지원의 투입이 불가피하다. 긴박하게 돌아가는 의료현장에서 의료진 한두 명의 친절이나 희생으로 개선되는 문제가 아니기 때문이다.

노인환자의 의사결정을 지원하는 경우에 대해 별도의 수가를 신설할 필요가 있다는 의견은 현실적으로 경청할 만하다. [171] 당장 직접적 지원이 어렵다면 의사결정 지원체계를 갖춘 병원에 인센티브를 제공하는 방안도 고려해 볼 수 있다. 또한 이와 관련해 병원 내 사회복지사나 윤리위원회가 적극적으로 역할을 할 수 있도록 전담인력과 예산을 배정하는 일에도 공적 지원이 필요하다. 공동의사결정에서의 의사결정 지원은 노인환자라는 특정 그룹에 대한 호혜가 아니라, 의사결정능력이 결여된 일반 환자 누구에게라도 주어지는 '정당한 편의의 제공'이며 국가와 사회의 적극적 의무로서 정당화된다. [172]

---

[170] 국내 '연명의료계획서'는 미국의 POLST(Physician Orders for Life-Sustaining Treat-ment)와 거의 유사하지만 환자 외 대리인의 작성을 허용하지 않아 임상 현장에서 그 요건을 충족하기 매우 어려운 문제가 있다. 이 점에 대해서는, 허대석. 앞의 책. 122~124면 참고.

[171] 이동진. 앞의 논문. 58 참고.

[172] 송윤진. 앞의 논문. 7 참고.

## 맺으며

공동의사결정 모델에 따르면 환자와 의사 모두 진료과정에서 동등하게 각자의 전문성을 공유함으로써 윤리적·임상적으로 타당한 의료적 결정을 도출할 수 있다. 노인환자의 의사결정능력에 따른 지원은 환자의 자기결정권 보장의 핵심 요소이며 국내외 규범이 요구하는 '정당한 편의의 제공'으로서 이에 대한 공적 지원이 정당화된다.

진료 과정에서 노인환자의 의사결정능력 판단 절차를 반드시 거쳐 의사소통 및 결정 과정에서 각 환자의 수준에 맞는 편의를 제공함으로써 유효한 동의의 전제가 되는 '충분한 설명'을 제공해야 한다. 다른 분야에서 활용되는 소통 매체를 도입하고, 일방적 정보전달 중심의 설명 및 동의서 작성 방식을 개선하는 작은 변화로도 큰 효과를 기대할 수 있다. 환자가 의료적 선택을 하는 데 있어 가족이나 의료진의 부당한 개입과 협력을 가려내기 위한 제도의 강화 역시 필요하다. 또한 현행 〈연명의료결정법〉상 '연명의료계획서'와 '사전 연명의료의향서'의 활용을 장려하면서도, 임상 현장에서 드러나는 한계를 극복하기 위한 논의와 시도를 계속해야 한다. 이로써 노인환자가 의사결정능력이 없는 경우에도 자신의 삶의 가치와 선호를 실현할 수 있는 예방적 수단을 강화할 수 있을 것이다.

## 나오며

우리 사회가 고령이나 노인성 질병 등의 사유로 일상생활을 혼자서 수행하기 어려워 신체활동 또는 가사활동의 지원을 받기에 적합하다고 정한 '노인'의 규범적 기준은 65세다. 미래에 생명과학기술의 발전으로 평균 수명이 120세가 되면, 보통 사람은 인생의 절반을 '노인'으로 살아가는 셈이다. 이때가 되면 노인의 규범적 기준은 다시 조정될 가능성이 높다.

이처럼 노인이란 사회가 설정하는 개념이므로 누구나 노인이 될 수 있다. 그리고 누구나 결국 노인이 된다. 우리 사회가 노인의 자기결정권 지원에 더 관심을 가져야 하는 이유다. 이는 우리 모두의 문제이기 때문이다.

이 장에서 살펴본 바와 같이 우리 법은 설명·동의 절차 위반 시 의사에게 엄격한 법적 책임을 부담시키면서도 의료적 의사결정에 참여하기 어려운 노인환자에 대한 단계적 지원에 관하여는 언급하지 않았다. 다만 의사결정능력이 없는 경우에 법정대리인이 환자 대신 동의권을 갖는다고 하여 의사결정이 온전하거나 아예 없는 양극단의 상황 외에는 사실상 법규범 수범자의 판단과 책임으로 남겨두고 있다.

설명 및 동의서의 서면 작성을 의무화하고 이를 위반하는 경우 형사처벌까지 가능하게 하는 〈의료법〉상 의무 조항의 도입은 의료계 전반에 환자의 자기결정권 보장이라는 중요한 가치에 대한 경각심을 고취하고 절차를 정착시키는 데 큰 도움을 주었다. 이제는 환자의 동의의 질을 향상시키기 위해 고민해야 할 단계다. 기존의 처벌 중심 규제만으로는 더 이상 발전을 기대하기 어렵다. 잔존능력에 따라 환자의 의사결정을 지원하도록 제도를 설계하고 이에 대한 충분한 보상을 제공하는 생태를 조성한다면 자연스럽게 설명·동의 절차가 강화될 수 있을 것이다.

# 7장

# 노인돌봄서비스와 자기결정권

이민홍
(동의대 사회복지학과 교수)

## 들어가며

과거에 노인은 주로 가족에게 돌봄을 받았다. 하지만 저출산, 고령화, 여성 경제활동 참여 증가, 가구 구조 변화(2~3인 소가구 보편화) 등으로 더 이상 가족이 노인을 돌보기 어려운 상황이 되었다. 전통적 유교 문화에서 강조해 온 가족 유대감과 효의 정서도 옅어지고 있다.

노인돌봄은 가족의 영역에서 사회나 국가가 제공해야 하는 영역으로 이동하고 있다. 따라서 노인은 스스로 일상생활을 하기 어려운 상황에서 돌봄서비스를 이용하거나 노인요양원과 같은 생활시설에 입소한다. 노인이 가족에게 필요한 돌봄을 받았을 때는 사적 성격이 강해서 자기결정권 침해나 보장에 대한 논의가 없었다. 하지만 노인돌봄서비스를 사회적 계약 관계에서 제공한다는 지점에서 노인 자기결정권은 돌봄상황에서 반드시 다룰 필요가 있다.

즉, 노인이 기본권으로 보유한 자기결정권은 돌봄서비스 이용과 노인요양시설로 입소하는 과정에서도 보장받아야 한다. 하지만 현재까지 돌봄상황에서 노인이 자기결정권을 행사할 수 있는 실천적 환경이나 제도적 장치가 미흡하다. 노인의 자기결정(권)을 실천 가치나 원칙으로 인정하는 돌봄전문가도 구체적으로 어떠한 경로를 통해서 돌봄서비스를 제공해야 할지 대부분 알지 못한다.

돌봄상황에서 자기결정권에 대한 논의는 돌봄이 필요한 상황에서 이용할 수 있는 돌봄서비스가 무엇인지 알아보는 것부터 시작해야 한다. 이에 한국 돌봄서비스 구성과 내용에 대한 설명을 토대로 돌봄상황별로 자기결정권이 보장받을 수 있는 구체적 방법을 연결하여 노인돌봄서비스와 자기결정권에 관해 살펴본다.

## 노인돌봄서비스의 이해

노인돌봄은 건강이 저하되어 도움이 필요한 노인에게 제공하는 신체적 돌봄(일상생활 지원 및 신체적 건강 기능 회복), 심리적 돌봄(인지기능 및 정신건강 회복과 유지 지원), 사회적 돌봄(사회적 관계망 회복 및 유지) 등을 의미한다. 노인돌봄의 목적은 건강이 저하된 노인이 전적으로 의존해야 하는 보살핌을 제공하는 데 있는 것이 아니라 노인의 독립성과 자율성을 높이는 것이다(우국희, 2014).

독립성과 자율성은 노인이 자기 삶을 통제할 수 있음을 의미한다. 이는 자기 삶에 관한 사항들을 자기가 결정하는 자기결정권이 보장되어야 가능하다. 노인이 선택할 수 없다면 독립성이나 자율성이 사라져 인간으로서 존엄성을 잃게 된다.

노인돌봄은 제공하는 주체에 따라 자기돌봄, 비공식적 돌봄, 공식적 돌봄이 있다. 자기돌봄은 노인 스스로 하는 건강관리와 일상생활 활동을 의미한다. 비공식적 돌봄은 배우자, 자녀, 친구, 이웃, 지인 등이 노인이 일상생활을 원활히 하도록 지원하는 것이다. 공식적 돌봄은 사회적으로 인정받는 자격을 갖춘 돌봄전문가가 계약 관계를 맺고 노인에게 생존과 생활하는 데 필요한 도움을 제공하는 휴먼서비스이다.

노인 자기돌봄과 비공식적 돌봄은 자율성을 가진다. 따라서 노인돌봄상황에서 자기결정권에 대한 논의는 공식적 돌봄을 중심으로 설명하고자 한다. 특히 공식적 돌봄은 한국의 〈노인복지법〉을 토대로 일상생활 능력이 저하된 노인에게 제공하는 돌봄서비스로 범위를 한정한다.

## 한국 노인돌봄서비스 구성

한국 노인돌봄서비스는 노인의 기능상태와 경제상태를 기준으로 지역사회 돌봄서비스와 장기요양서비스로 구분한다. 지역사회 돌봄서비스는 저소득층과 차상위계층에 속한 노인(경제상태) 중에 일상생활에 어려움이 있다고 인정되면(기능상태) 지자체가 보건복지서비스로 전달한다. 반면 장기요양서비스는 노령 또는 노인성 질병 때문에 혼자 힘으로 일상생활을 유지하기 어려운 상태가 6개월 이상 지속하는 기능상태에 있는 노인에게 국민건강보험공단이 운영하여 재가급여와 시설급여를 제공한다.

한국 노인돌봄서비스는 지자체가 운영주체로 제공하는 노인보건복지서비스와 국민건강보험공단이 운영주체로 제공하는 장기요양서비스로 구성된다. 〈그림 7-1〉은 우리나라에서 돌봄이 필요한 노인에게 제공되는 돌봄서비스의 욕구, 제도, 운영관리주체, 서비스(내용), 제공기관 등을 시각적으로 이해할 수 있도록 도식화한 것이다. 이민홍 등이 노인통합지원센터 설립 운영 방안에 관한 연구에서 제시한 노인보건복지서비스 지원체계 그림을 토대로 작성하였다.[1]

---

1 이민홍・이재정・서보경・황재영・김경모(2014). "노인통합지원센터 설립 운영 방안에 관한 연구". 부산복지개발원.

## 그림 7-1 한국 노인돌봄서비스 구성

| 욕구 | 돌봄이 필요한 노인 | | | |
|---|---|---|---|---|
| | 노인장기요양보험 장기요양인정 등급평가 신청 | | | |
| | 1, 2, 3, 4, 5 인지지원등급 | | 등급외자 | 등급 미신청자 |
| 제도 | 노인장기요양보험제도 | | 노인보건복지서비스 지원체계 | |
| 운영관리<br>주체 | 국민건강보험공단 (재정: 보험) | | 지방자치단체 (재정: 조세) | |
| 서비스 | 재가급여 | 시설급여 | 복지서비스 | 보건서비스 |
| 내용 | • 방문요양<br>• 인지활동형<br>  방문요양<br>• 방문목욕<br>• 방문간호<br>• 주야간보호<br>• 단기보호<br>• 복지용구 | • 신체활동 지원<br>• 심신기능 유지 | • 노인맞춤돌봄서비스<br>• 특화서비스<br>• 재가노인복지<br>  시설서비스<br>• 재가복지서비스<br>• 재가복지봉사서비스<br>• 노인보호서비스 | • 방문건강관리사업<br>• 치매관리서비스 |
| 제공기관 | • 재가노인복지시설 | • 노인요양시설<br>• 노인요양<br>  공동생활가정 | • 노인복지관<br>• 사회복지관<br>• 지역자활센터<br>• 재가노인복지시설<br>• 재가노인지원<br>  서비스센터<br>• 농어촌재가복지시설<br>• 재가노인지원센터<br>• 노인보호전문기관 | • 보건소<br>• 광역치매센터<br>• 치매상담센터 |

## 지역사회 노인보건복지서비스

지역사회 노인복지서비스로 제공하는 돌봄서비스는 노인맞춤돌봄서비스, 특화서비스, 재가노인복지시설서비스, 재가복지서비스, 재가복지봉사서비스, 노인보호서비스 등이 있다. 노인맞춤돌봄서비스를 통해서 돌봄이 필요한 만 65세 이상 노인들이 안전지원, 사회참여, 생활교육, 일상생활 지원, 연계서비스 등을 이용하고 있다. 고독, 우울, 자살 위험이 높은 노인을 발굴해 개별 맞춤형 상담 및 집단 활동을 제공하는 특화서비스도 있다.

재가노인복지시설서비스는 방문요양서비스, 주야간보호서비스, 단기보호서비스, 방문목욕서비스, 그 밖의 재가노인서비스 등으로 구성된다. 재가복지서비스는 일상생활을 독립적으로 영위하기 어려운 노인이 지역사회에서 지속해서 거주할 수 있도록 방문요양 일상생활지원을 포함하여 각종 서비스를 제공한다. 재가복지봉사서비스는 노인을 중심으로 가정에서 보호해야 하는 사회적 취약계층을 대상으로 가사, 간병, 정서 결연, 의료, 자립지원, 주민교육서비스 등이 제공된다. 노인보호서비스는 학대 및 방임 노인들을 대상으로 하는 일시적 보호서비스 및 필요한 서비스 연계 등이 포함된다.

다음으로 지역사회 노인보건서비스에 해당하는 돌봄서비스는 방문건강관리사업과 치매관리서비스가 있다. 방문건강관리사업은 허약노인의 건강이 악화하지 않도록 예방하는 역할을 하며, 치매관리서비스는 치매조기검진, 치매상담, 치료, 가족지원 등을 제공한다. [2]

특히 지역사회 노인보건복지서비스 중에서 노인맞춤돌봄서비스가 한국의 가장 보편적이고 대표적인 돌봄서비스이다. 따라서 노인맞춤돌봄서비스의 목적 및 대상자, 재원, 급여내용, 전달체계 등에 대해서 구체적으로 이해해야 한다. 다음은 〈2022년 보건복지부 노인맞춤돌봄서비스 사업안내〉를 요약한 것이다. [3]

## 목적 및 대상자

노인맞춤돌봄서비스는 일상생활 영위가 어려운 취약노인에게 적절한 돌봄서비스를 제공하여 안정적인 노후 생활 보장, 노인의 기능·건강 유지 및 악화 예방을 목적으로 한다. 서비스 대상은 대상자 선정도구를 통해 사회·신체·정신 영역의 돌봄필요도에 따라 대상자군을 결정하여 대상자군에 따라 제공시간의 범위 등을 달리한다. 구체적으로 대상자를 구분하면, ① 중점돌봄군(신체적 기능제한으로 일상생활지원 필요가 큰 대상), ② 일반돌봄군(사회적 관계 단절 및 일상생활의 어려움으로 돌봄 필요가 있는 대상), ③ 특화서비스 대상(별도의 집중적 서비스가 필요한 은둔형·우울형 노인), ④ 사후관리 대상(중점돌봄군, 일반돌봄군 종결자 중 사후관리가 필요한 자)이다.

## 급여(서비스) 내용

노인맞춤돌봄서비스 내용은 ① 직접서비스, ② 연계서비스(민간후원 자원), ③ 특화서비스, ④ 사후관리 등이다.

---

2 이민홍·이재정·서보경·황재영·김경모, 앞의 논문.
3 보건복지부(2021a). 〈2022년 노인맞춤돌봄서비스 사업안내〉.

직접서비스는 안전지원, 사회참여, 일상생활 지원으로 구성된다. 안전지원은 대상자의 전반적 안전 여부를 점검하기 위해 생활환경, 가구구조와 같은 환경여건뿐만 아니라 노인의 기본적인 신체적·정신적·사회적 안녕 여부 등을 점검·지원하는 서비스로 방문·전화·ICT 활용 안전·안부 확인, 생활안전점검, 정보 제공, 말벗 등을 지원한다. 사회참여는 대상자가 사회적 관계망을 형성·확장하여 사회적 교류와 활동을 유지하도록 지원하는 서비스로 사회관계 향상 프로그램, 자조모임이다. 일상생활지원은 대상자의 일상생활을 지원하기 위해 외출동행, 가사지원을 제공하는 서비스로 이동·활동지원, 가사지원 등이다.

연계서비스(민간후원 자원)는 대상자의 안정적 생활 지원을 위해 지역사회 내 민간자원 등 후원물품이나 서비스를 연계 지원하는 서비스로 생활지원연계, 주거개선연계, 건강지원연계, 기타 서비스 등을 제공한다.

특화서비스는 은둔형·우울형 노인을 대상으로 척도(우울감, 자살 생각, 고독감 등) 등을 활용하여 개별 맞춤형 상담 및 집단활동을 제공한다.

사후관리는 사후관리가 필요한 대상자에게 정기적 모니터링 및 자원연계를 한다.

### 재 원

노인맞춤돌봄서비스는 조세가 주요 재원이다. 조세는 중앙정부, 광역시도 지자체, 시군구 지자체가 일정 비율로 재원을 구성한다. 대상자로 선정된 노인이 서비스를 무료로 이용하기 때문에 선정기준에 소득과 기능상태를 활용한다. 직접서비스, 특화서비스, 사후관리는 조세를 통해 제공된다. 연계서비스는 민간후원 기관을 발굴하여 자원으로 활용한다. 4

## 전달체계

노인맞춤돌봄서비스 전달체계는 보건복지부, 광역자치단체, 기초자치단체, 읍면동, 중앙노인돌봄지원기관, 노인맞춤돌봄서비스 광역지원기관, 노인맞춤돌봄서비스 수행기관 등으로 구성된다. 추진체계별로 역할을 행정체계와 집행체계로 구분하면 다음과 같다.

행정체계는 보건복지부, 광역자치단체, 기초자치단체, 읍면동이 있다. 보건복지부는 사업안내 지침 마련(매 전년도 12월), 대상자 보호대책 마련(혹한기·혹서기 등), 국고보조금 교부, 홍보 등 사업 총괄, 사업 관리·감독 및 평가, 정책연구, 중앙노인돌봄지원기관(독거노인종합지원센터) 운영·관리 등을 한다. 광역자치단체(시·도)는 시·군·구별 사업량 및 예산 배정, 시·도 사업계획 수립 및 보건복지부에 제출(매년 1월 초), 대상자 보호대책 마련(혹한기·혹서기 등)(시·도), 광역지원기관 사업계획 승인, 광역지원기관 선정 및 운영 지원, 광역지원기관 관리·감독, 시·군·구 사업 관리, 교육·홍보 등 지원 등의 기능을 한다.

기초자치단체(시·군·구)는 시·군·구 사업계획 수립 및 시·도에 제출(매년 1월 중순), 대상자 보호대책 마련(혹한기·혹서기 등)(시·군·구), 수행기관 사업계획 승인, 수행기관 선정 및 운영 지원, 수행기관 관리·감독, 지자체 자체사업 간 유사중복 여부 판단·결정, 서비스 대상자 선정 및 서비스 제공계획 승인 여부 등 결정, 노인맞춤돌봄협의체 구성·운영, 수행기관 간 실무협의회 운영 지원, 지역사회 요보호 대상자(치매, 자살, 학대피해 등)가 보호받을 수 있는 보건소·치

---

4  최혜지·이미진·전용호·이민홍·이은주(2020).《노인복지론》. 사회비평.

매센터 등의 유관기관 협력체계 구축, 수행기관 사업 관리, 교육·홍보 등 지원, 사업 추진 관련 자료 취합·제출, 국고보조금 정산 보고 등을 한다. 읍면동은 노인맞춤돌봄서비스 교육 이수, 노인맞춤돌봄서비스 신청접수, 시·군·구 사업계획에 따라 노인맞춤돌봄서비스 신규 대상자 발굴, 수행기관 협조체계 구축 등을 담당한다.

집행체계는 중앙노인돌봄지원기관, 노인맞춤돌봄서비스 광역지원기관, 노인맞춤돌봄서비스 수행기관 등이 있다. 중앙노인돌봄지원기관 기능은 사업지원 및 홍보, 사업실적 및 통계 관리, 사업평가 지원, 사업 관련 시스템 운영관리, 사랑잇기사업 추진 등 후원금품 모집·배부, 중앙모니터링센터 운영, 기타 보건복지부가 사업과 관련하여 필요하다고 인정하는 사업 등이다. 노인맞춤돌봄서비스 광역지원기관은 광역지원기관 사업계획 수립 및 시·도에 제출, 광역지원기관 사업계획에 따른 사업 추진 및 운영, 광역지원기관 수행인력 채용·교육 및 관리, 광역자치단체(시·도) 사업 추진 지원을 한다. 노인맞춤돌봄서비스 수행기관 역할은 수행기관 사업계획 수립 및 시·군·구에 제출(매년 1월 말), 수행기관 사업계획에 따른 사업 추진 및 운영, 수행인력 채용·교육 및 관리, 기초자치단체(시·군·구) 사업 추진 지원, 기타 시·군·구가 관련하여 필요하다고 인정하는 사업, 장기요양 방문요양 급여를 제공하는 수행기관의 경우, 시·군·구에 분기별 1회 방문요양 급여 수급자 현황 보고이다.

## 그림 7-2 노인맞춤돌봄서비스 제공체계

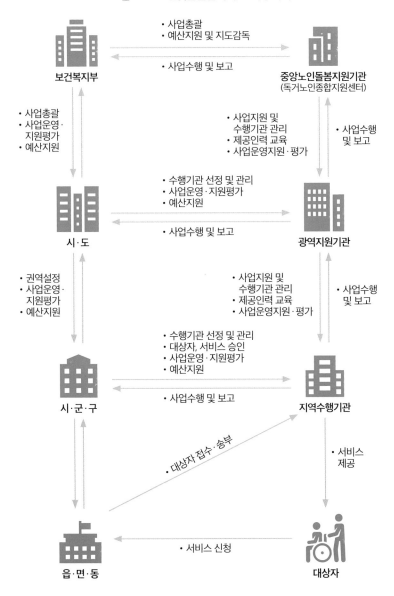

보건복지부

- 사업총괄
- 예산지원 및 지도감독

- 사업수행 및 보고

중앙노인돌봄지원기관
(독거노인종합지원센터)

- 사업총괄
- 사업운영·지원평가
- 예산지원

- 사업지원 및 수행기관 관리
- 제공인력 교육
- 사업운영지원·평가

- 사업수행 및 보고

시·도

- 수행기관 선정 및 관리
- 사업운영·지원평가
- 예산지원

- 사업수행 및 보고

광역지원기관

- 권역설정
- 사업운영·지원평가
- 예산지원

- 사업지원 및 수행기관 관리
- 제공인력 교육
- 사업운영지원·평가

- 사업수행 및 보고

시·군·구

- 수행기관 선정 및 관리
- 대상자, 서비스 승인
- 사업운영·지원평가
- 예산지원

- 사업수행 및 보고

지역수행기관

- 대상자 접수·송부

- 서비스 제공

읍·면·동

- 서비스 신청

대상자

## 노인장기요양서비스

노인장기요양제도는 고령이나 노인성 질환으로 6개월 이상의 기간 동안 혼자서 일상생활을 수행하기 어렵다고 인정되는 자를 선정하여 시설급여와 재가급여를 제공한다. 시설급여는 노인요양시설과 노인요양공동생활가정이 있다. 노인요양시설은 장기간 입소한 수급자에게 신체활동 지원 및 심신기능의 유지·향상을 위한 교육·훈련 등을 제공하는 장기요양급여이다. 입소정원은 10명 이상이다. 노인요양공동생활가정은 장기간 입소한 수급자에게 가정과 같은 주거환경에서 신체활동 지원 및 심신기능의 유지 향상을 위한 교육·훈련 등을 제공하는 장기요양급여이다. 입소정원은 5~9명이다.

재가급여는 방문요양, 인지활동형 방문요양, 방문목욕, 방문간호, 주야간보호, 단기보호, 복지용구 등이 있다. 방문요양은 장기요양요원이 수급자 가정 등을 방문하여 신체활동 및 가사활동 등을 지원한다. 인지활동형 방문요양은 치매수급자에게 인지자극활동 및 잔존기능 유지 향상을 위한 일상생활 함께 하기 훈련을 제공한다. 방문목욕은 목욕설비를 갖춘 차량을 이용하여 수급자 가정을 방문해서 목욕을 제공한다. 방문간호는 수급자 가정 등을 방문하여 간호, 진료 보조, 요양에 관한 상담 또는 구강위생 등을 제공한다. 주야간보호는 수급자를 하루 중 일정한 시간 동안 장기요양기관에 보호하여 목욕, 식사, 기본간호, 치매관리, 응급서비스 등 심신기능 유지, 향상을 위한 교육, 훈련 등을 제공한다. 단기보호는 수급자를 월 9일 이내 기간 동안 장기요양기관에 보호하여 신체활동 지원 및 심신기능 유지, 향상을 위한 교육, 훈련 등을 제공한다. 복지용구는 수급자 일상생활 또는 신체활동 지원에 필요한 용구로서 보건복지부 장관이 정하여 고시하는 것을 제공하거나 대여하여 노인장기요양보험 대상자 편의를 도모하고자 한다. 휠체어, 전동·수동 침대, 목욕리프트, 욕창 예방 매트리스, 방석, 이동욕조, 성인보행기 등이 그 예이다.[5]

다음은 국민건강보험공단의 노인장기요양보험제도 소개를 요약한 것이다.

## 목적 및 대상자

노인장기요양서비스 목적은 고령이나 노인성 질병 등의 사유로 일상생활을 혼자서 수행하기 어려운 노인 등에게 신체활동 또는 가사활동 지원 등의 장기요양급여를 제공하여 노후의 건강증진 및 생활안정을 도모하고 그 가족의 부담을 덜어 줌으로써 국민의 삶의 질을 향상하는 것이다.

대상은 만 65세 이상 또는 만 65세 미만으로 노인성 질병(치매, 뇌혈관성질환, 파킨슨병 등 대통령령으로 정하는 질병)을 가진 자이다. 장기요양 등급판정위원회 심의판정을 통해 1~5등급, 인지지원 등급, 등급외로 구분한다. 1등급은 심신 기능상태 장애로 일상생활에서 전적으로 다른 사람의 도움이 필요한 자로서 장기요양인정 점수가 95점 이상인 자이다. 2등급은 심신 기능상태 장애로 일상생활에서 상당 부분 다른 사람의 도움이 필요한 자로서 장기요양인정 점수가 75점 이상 95점 미만인 자이다. 3등급은 심신 기능상태 장애로 일상생활에서 부분적으로

---

5  국민건강보험공단(2022a). "장기요양보험 급여 종류 및 내용". www. longtermcare. or. kr.

다른 사람의 도움이 필요한 자로서 장기요양인정 점수가 60점 이상 75점 미만인 자이다. 4등급은 심신 기능상태 장애로 일상생활에서 일정 부분 다른 사람의 도움이 필요한 자로서 장기요양인정 점수가 51점 이상 60점 미만인 자이다. 5등급은 치매환자로서 장기요양인정 점수가 45점 이상 51점 미만인 자이다. 인지지원 등급은 치매환자로서 장기요양인정 점수가 45점 미만인 자이다.

장기요양서비스는 1~5등급과 인지지원 등급으로 판정받은 노인에게만 제공한다.


급여내용

노인장기요양급여는 ① 재가급여, ② 시설급여, ③ 특별현금급여로 구성된다. 재가급여는 방문요양, 방문목욕, 방문간호, 주·야간보호, 단기보호, 기타재가급여 등이 있다. 방문요양은 장기요양요원이 수급자의 가정 등을 방문하여 신체활동 및 가사활동 등을 지원하는 장기요양급여이다. 방문목욕은 장기요양요원이 목욕설비를 갖춘 장비를 이용하여 수급자의 가정 등을 방문하여 목욕을 제공하는 장기요양급여이다. 방문간호는 장기요양요원인 간호사 등이 의사, 한의사 또는 치과의사의 지시서에 따라 수급자의 가정 등을 방문하여 간호, 진료의 보조, 요양에 관한 상담 또는 구강위생 등을 제공하는 장기요양급여이다. 주·야간보호는 수급자를 하루 중 일정한 시간 동안 장기요양기관에 보호하여 신체활동 지원 및 심신기능의 유지·향상을 위한 교육·훈련 등을 제공하는 장기요양급여이다. 단기보호는 수급자를 보건복지부령으로 정하는 범위 안에서 일정 기간 동안 장기요양기관에 보호하여 신체활동 지원 및 심신기능의 유지·향상을 위한 교육·훈련 등을 제공하는 장기요양급여이다. 기타재가급여는 수급자의 일상생활·신체활동 지원 및 인지기능의 유지·향상에 필요한 용구를 제공하거나 가정을 방문하여 재활에 관한 지원 등을 제공하는 장기요양급여로서 대통령령으로 정하는 것이다.

시설급여는 장기요양기관에 장기간 입소한 수급자에게 신체활동 지원 및 심신기능의 유지·향상을 위한 교육·훈련 등을 제공하는 장기요양급여이다.

특별현금 급여는 가족요양비, 특례요양비, 요양병원간병비 등이 있다. 가족요양비는 도서·벽지 등 장기요양기관이 현저히 부족한 지역, 천재지변이나 그 밖에 이와 유사한 사유로 장기요양기관이 제공하는 장기요양급여를 이용하기가 어려운 경우, 신체·정신 또는 성격 등 사유로 가족 등으로부터 장기요양을 받아야 하는 경우에 제공된다. 특례요양비는 수급자가 장기요양기관이 아닌 노인요양시설 등의 기관 또는 시설에서 재가급여 또는 시설급여에 상당한 장기요양급여를 받은 경우에 제공된다. 요양병원간병비는 요양병원 입원 시 제공된다.

## 재 원

노인장기요양보험 운영에 드는 재원은 가입자가 납부하는 장기요양보험료 및 국가 지방자치단체 부담금, 장기요양급여 이용자가 부담하는 본인부담금으로 조달된다. 장기요양보험료 징수 및 산정(〈노인장기요양보험법〉 제8조, 제9조)은 장기요양보험 가입자 경우 건강보험 가입자와 같으며, 장기요양보험료는 건강보험료액에 장기요양보험료율(2022년 현재 12. 27%) 을 곱한다. 국가 지원금(〈노인장기요양보험법〉 제 58조) 으로 국가는 매년 예산 범위 안에서 해당 연도 장기요양보험료 예상 수입액의 100분의 20에 상당하는 금액을 공단에 지원한다. 본인부담금(〈노인장기요양보험법〉 제 40조) 으로 재가급여는 당해 장기요양급여비용의 100분의 15이다. 시설급여는 당해 장기요양급여비용의 100분의 20을 자부담한다. 〈국민기초생활보장법〉에 따른 의료급여 수급자는 본인부담금이 전액 면제된다.

## 전달체계

노인장기요양서비스의 전달체계는 보건복지부, 국민건강보험공단(보험자), 장기요양기관(장기요양급여 제공), 지방자치단체로 구성된다. 보건복지부는 장기요양보험사업 관장과 장기요양기본계획을 수립·조정하는 역할을 한다.

국민건강보험공단은 장기요양보험가입자 및 그 피부양자와 의료급여수급권자의 자격관리, 장기요양보험료의 부과·징수와 재정 운영, 신청인 조사, 등급판정위원회의 운영 및 장기요양등급 판정, 장기요양인정서 작성 및 개인별 장기요양이용계획서 제공, 장기요양급여 관리 및 평가, 수급자 및 가족에 대한 정보 제공·안내·상담 등 장기요양급여 관련 이용지원에 관한 사항, 재가 및 시설급여비용의 심사 및 지급과 특별현금급여의 지급, 장기요양급여 제공내용확인, 장기요양사업에 관한 조사·연구 및 홍보, 노인성질환예방사업, 노인장기요양보험법에 따른 부당이득금의 부과·징수 등, 장기요양급여의 제공기준을 개발하고 장기요양급여비용의 적정성을 검토하기 위한 장기요양기관

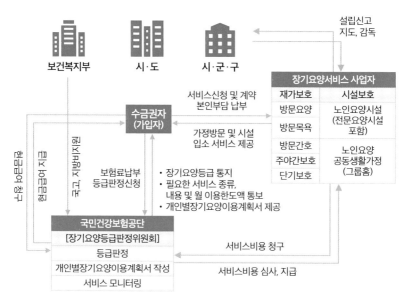

그림 7-3 노인장기요양서비스 제공체계

의 설치 및 운영, 그 밖에 장기요양사업과 관련하여 보건복지부 장관이 위탁한 업무 등을 수행한다.

장기요양기관은 〈노인복지법〉 및 〈노인장기요양보험법〉에 의거해 설치 및 지정하고, 수급자와 계약을 체결하고 장기요양 급여를 제공하며, 수급자에게 제공한 장기요양급여에 대한 비용을 공단에 청구하는 것이 주요 기능이다.

끝으로 지방자치단체는 장기요양기본계획에 따른 세부시행계획 수립·시행, 노인성질환예방사업, 장기요양기관 설치 및 지정 권한 등을 수행한다(국민건강보험공단, 2022b).

노인은 돌봄서비스 이용 여부를 자신이 직접 결정하는 자기결정권을 가진다. 자기결정권은 자기결정권 주체, 자기결정권 행사, 자기결정권 승인으로 구성된다.

의사결정능력은 자기결정권 행사를 위해 개인이 의사결정을 할 수 있는 이성적 능력을 갖춘 성숙한 인간이어야 함을 의미한다.[7] 의사결정능력은 모든 사항에 대해 의사결정할 수 있는 능력이 있음을 말하지 않는다. 의사결정능력은 결정해야 할 사항에 따라 개별적으로 접근해야 한다.

이러한 지점에서 노인의 돌봄서비스 이용 여부를 결정하는 의사결정능력은 돌봄서비스 이용과 관련한 의사결정능력으로 한정하여 살펴보아야 한다. 따라서 돌봄 욕구가 발생한 상황에서 노인이 의사결정을 할 수 있는 능력을 지니는지를 판단하는 기준을 중심으로 기술하고자 한다. 한국 노인돌봄서비스가 재가서비스와 생활시설서비스로 구성되므로 돌봄서비스 이용 의사결정능력도 2가지로 구분하였다.

---

6 다음의 문헌에서 일부 내용이 활용되었다. 이민홍(2011). "잠재적 클라이언트의 프로그램참여 동의능력평가 지침서 개발 및 동의능력수준에 영향을 미치는 요인에 대한 탐색적 연구". 〈한국사회복지교육〉, 16호, 1~23; 이민홍·강은나(2013). "노인요양시설의 입소과정에서 제공해야 하는 정보는 무엇인가?". 〈한국사회복지행정학〉, 15권 2호, 23~44; 이민홍·강은나(2014). "노인요양시설입소 동의능력사정도구의 신뢰도와 타당도 연구". 〈한국사회복지행정〉, 16권 3호, 1~29.
7 김현철(2015). "자기결정권에 대한 법철학적 고찰". 〈법학논집〉, 19권 4호, 357~372.

## 노인돌봄서비스 이용 의사결정과정

노인돌봄서비스 이용을 위한 의사결정과정은 〈그림 7-4〉와 같이 제시할 수 있다. 이 흐름도는 리플리(Ripley)와 존스(Jones), 맥도널드(Macdonald) 등이 개발한 시설보호서비스를 받기 위한 의사결정능력 평가 알고리즘(*algorithm for assessment of capacity to enter a care home*)을 돌봄서비스 현장에 적합하도록 수정한 것이다.[8]

먼저, 노인돌봄서비스 실천현장에서 서비스를 이용하고자 기관을 찾아오거나 다른 사람이나 기관이 의뢰한 잠재적 이용자에게는 상담을 통해 적합한 서비스를 설명해야 한다. 노인이 돌봄서비스 이용 의사결정을 하려면 반드시 이용하려는 돌봄서비스를 충분히 이해하고 있어야 한다. 다시 말해 돌봄서비스 이용 의사결정은 고지된 정보 제공이 선행하는 것이 필수조건이다. 예를 들어, 고지받아야 하는 돌봄서비스 기본 정보는 돌봄서비스 목적, 자격(선정기준, 우선순위), 서비스 내용(현물, 현금), 전달체계, 비용 등과 함께 서비스 이용으로 발생하는 긍정적·부정적 사항이다.

그러나 노인에게 적합하다고 판단되는 돌봄서비스의 목적, 내용, 일정, 기대효과, 책임, 불편 등 전반적 상황에 관해 설명했더라도 노인이 서비스 이용 동의서를 작성하기 위한 의사결정능력이 부족할 수 있다. 노인이 돌봄서비스 이용을 위한 의사결정능력이 있음을 확인하기 어려

---

8  Ripley, S. et al. (2008). "Capacity assessments on medical in-patients referred to social workers for care home placement". *Psychiatric Bulletin*, 32, 56~59.

**그림 7-4 노인돌봄서비스 이용 의사결정능력 평가 흐름도**

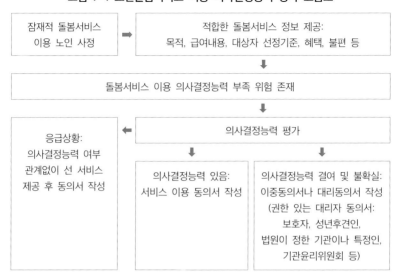

운 경우에는 의사결정능력 평가가 필요하다. 단, 노인이 생리적 및 안전 문제가 심각할 수 있는 응급상황에 처한 경우는 서비스 이용 의사결정능력 평가에 앞서 기초적 서비스를 먼저 받을 수 있게 조치한다.

의사결정능력 평가를 통해 의사결정능력이 있다고 판정되면, 노인이 돌봄서비스 이용에 관한 고지된 정보를 듣고 서비스 이용 계약서(동의서)를 작성하면 된다. 노인의 의사결정능력이 부족하거나 불확실하다고 판정되면, 권한이 있는 대리자가 이중동의서 또는 대리동의서를 작성해야 한다. 9 권한이 있는 대리자는 보호자, 성년후견인, 법원이 정한 기관이나 특정인이 될 수 있다. 권한이 있는 대리자를 찾을 수 없을

---

9  BeauChamp, T. L., & Childress, J. F. (1994). *Principles of Biomedical Ethics*. Oxford University Press.

때는 기관 자체적으로 의사결정 관련 윤리위원회를 구성하여 윤리위원회의 이름으로 대리동의서를 작성한다. 또는 노인이 거주하는 시군구 지자체장을 통해 동의받을 수 있다.

## 돌봄서비스 이용 의사결정능력 이해

### 의사결정능력 평가 기본 원칙

돌봄서비스 이용 의사결정의 개념과 평가를 살펴보기에 앞서 의사결정능력 평가의 기본 원칙을 우선 이해해야 한다. 첫째, 한 개인의 의사결정능력 결여가 확정되기 전에는 의사결정능력이 있다고 전제해야 한다. 성인은 스스로 의사결정할 수 있는 기본적 권리가 있다.

둘째, 개인이 스스로 결정할 수 있는 지원적 환경을 충분히 제공하지 않았다면, 의사결정능력이 부족하거나 불확실하다고 판정해서 안 된다. 의사결정능력을 평가하기 전에 스스로 결정할 수 있도록 모든 지원이 우선되어야 한다. 예를 들어, 보조적 의사소통 도구를 통해 표현하도록 지원하거나 과도한 설득이나 압력이 될 수 있는 행위는 부적절하다.

셋째, 본인에게 불리하게 작용하는 사항도 권리로서 인정해야 한다. 실례로 노인이 연명치료나 시설입소를 거부하고 자신의 집에서 생활한다고 결정한 경우이다. 일상생활을 스스로 영위할 수 없는 노인은 의식주 문제나 생명에 위험요인을 경험할 수 있다. 이러한 상황에서도 그 노인의 가치나 신념을 종합적으로 고려해서 신중하게 접근해야 한다.

넷째, 의사결정능력 결여로 선택하는 대리 결정은 노인 중심으로 최선의 이익을 고려해야 한다는 원칙이 적용된다. 노인의 성격이나 성향 등을 토대로 해서 최선의 결정을 내려야 한다.

다섯째, 노인의 권리와 자유를 최소한으로 제약하는 방법으로 의사결정능력 평가를 진행해야 한다. 의사결정능력 평가로 인해 노인을 과도하게 제약하거나 통제해서는 안 된다. 10

## 의사결정능력 접근방식

개인의 치료나 서비스 이용 관련해 의사결정능력 평가는 결과(*outcome*) 접근방식, 기능(*functional*) 접근방식, 상태(*status*) 접근방식이 있다. 11 결과접근은 한 개인이 내린 의사결정이 일반인이 가진 상식이나 규범과 일치하는지를 중점으로 본다. 만약 의사결정이 일반인의 가치관 범위를 벗어나면 의사결정능력이 부족하다고 해석한다. 기능접근은 의사결정 시점에서 개인이 상황에 대해 이해하는지 사고능력에 초점을 둔다. 상태접근은 의사결정자의 신체적 및 정신적 상태에 따라 유형을 구분해서 의사결정능력을 판단한다.

미성년자는 의사결정능력을 지니더라도 유형적으로 의사결정능력 결여자로 본다. 치매노인으로 판정되면 실제로 지닌 의사결정능력과 관계없이 의사결정 무능력자로 평가한다. 그러나 이러한 결과접근은 개인의 자율성이나 가치관을 침해하게 되고, 상태접근은 개인의 특수한 상황을 고려하지 못한다는 내재적 한계가 있다. 따라서 일반적으로 치료나 서비스 이용에 요구되는 의사결정능력을 판단하기 위해 기능접

---

10  우국희(2014). 《노인의 자기방임: 위험과 권리 사이》. 공동체.

11  Wilson, P. (1996). "The Law Commission's report on mental incapacity: Medically vulnerable adults or politically vulnerable law". *Med. L. Rev.*, 4, 227.

근방식이 사용된다.[12] 이 방식은 의사결정이 필요한 사항별로 개인이 필요한 정보를 이해하고 기억하는 능력과 정보를 활용하여 결정을 내리는 능력에 초점을 둔다.

## 의사결정능력 개념

돌봄서비스 이용 의사결정능력은 개인이 돌봄서비스를 이용하기 위해 고지된 정보를 활용해서 합리적 의사결정을 할 수 있는 능력을 의미한다. 일반적으로 의사결정능력은 단일차원으로 접근하기보다 다차원적 개념으로 설명된다.[13] 의사결정능력에 관한 기존 연구 문헌은 공통적으로 의사결정능력이 표현능력, 이해능력, 적용능력, 추론능력 등 4가지 하위차원으로 구성된다고 제시한다.[14]

먼저 표현능력(*ability to express*)은 개인이 자신의 선택을 표현할 수 있는 능력을 의미한다. 만약 개인이 표현할 수 있는 능력이 없다면 의사결정능력에 해당하는 이해, 적용, 추론 등의 구성요인에 대해 고려할 필

---

12  송영민(2010). "환자의 동의능력의 판단 기준". 〈동아법학〉, 48호, 577~602.

13  서미경·이민규·김승현·조성남·고영훈·이혁·이문수(2009). "정신장애인의 치료 동의능력 도구 개발: 신뢰도와 타당도". 〈한국심리학회지: 건강〉, 14권 3호, 579~596.

14  위의 논문; Grisso, T., & Appelbaum, P. S. (1998). *Assessing Competence to Consent to Treatment: A Guide for Physicians and Other Health Professionals.* Oxford University Press; Moye, J. et al. (2006). "Empirical advances in the assessment of the capacity to consent to medical treatment: Clinical implications and research needs". *Clinical Psychology Review*, 26, 1054~1077; Saks, E. R., & Jeste, D. V. (2006). "Capacity to consent to or refuse treatment and/or research: Theoretical considerations". *Behavioral Sciences and the Law*, 24, 411~429; Sturman, E. D. (2005). "The capacity to consent to treatment and research: A review of standardized assessment tools". *Clinical Psychology Review*, 25, 954~974.

요가 없다. 표현할 수 없다면 이해, 적용, 추론 등의 능력을 개인이 가졌는지조차 판단할 수 없으므로 의사결정능력의 구성요소 중에서 시초(threshold)라 할 수 있다. 최소한 개인이 선호에 관련하여 '예' 또는 '아니요'와 같은 자신의 의견에 대해 신호(signal)를 보낼 수 있어야 한다.[15] 즉, 개인이 선택하는 표현은 반드시 말이나 글을 통한 의견 표출에 제한되지는 않는다. 예를 들어 신체부위(예: 눈, 손)나 몸짓을 통해 질문에 대한 반응을 보이는 것까지 포함한다.

이해능력(ability to understand)은 돌봄서비스에 관련한 의사결정 정보를 이해할 수 있는 능력을 말한다. 의사결정의 제1원칙은 돌봄서비스에 관련 모든 정보(목적, 주요내용, 기대효과, 부작용, 대처방식, 대안 등)를 대상자에게 충분히 알려 주어야 한다는 것이다. 돌봄전문가 및 사회복지사가 돌봄서비스에 관한 자세한 내용을 설명함에도 노인이 이해하거나 기억하지 못한다면 이해능력이 부족한 것이다. 노인이 돌봄서비스 이용과 관련해서 의미 있는 의사결정을 위해 알아야 할 핵심 내용을 파악하지 못할 때 이해능력이 부족한 것으로 판단한다.[16]

적용능력(ability to appreciate)은 의사결정을 위해 제공된 정보를 기반으로 하여 자신의 상황에 대입할 수 있는 능력을 의미한다.[17] 즉, 자신의 선택 결과를 정확히 평가할 수 있는 능력이며, 문제를 해결하거나 완화하기 위해 선택하는 돌봄서비스 대안별로 발생할 수 있는 결과를 자신의 상황에 대입해서 사고할 수 있는 능력이다.[18] 특히, 노인은 인지기능 저

---

15  Grisso, T., & Appelbaum, P. S. 위의 책.

16  위의 책.

17  위의 책.

하나 불안정한 감정적 상태로 인하여 자신의 상황을 잘못 인식할 수 있으며, 일부는 잘못된 신념에 강하게 집착할 수 있다. 이런 상황에는 노인에게 돌봄서비스에 대한 이해능력이 있더라도 적용능력은 부족한 것으로 판정한다.

추론능력(*ability to reason*)은 돌봄서비스에 관한 정보를 활용하여 대안을 선택하는 데 있어 논리적 과정을 통해 판단을 내릴 수 있는 능력을 뜻한다.[19] 자신이 받은 정보를 합리적으로 처리하는 절차와 관련된다. 이는 돌봄서비스의 주요정보를 이해하고 자신의 상황에 적용할 수 있는 능력이 존재하더라도 노인이 정보를 합리적으로 조합하여 이성적 의사결정을 할 수 있는 능력이 있어야 한다는 것이다. 노인이 자신의 의사결정을 했다면 이는 이해와 적용을 근거로 하여 논리적 과정을 거쳤음을 보여 주어야 한다. 돌봄서비스를 이용하거나 이용하지 않겠다고 결정한 이유가 논리적이어야 함을 뜻한다.

## 의사결정능력 평가(척도)

돌봄 및 치료 의사결정능력을 평가하기 위해 개발된 기존의 척도들은 의사결정능력의 4가지 하위차원(표현, 이해, 적용, 추론)을 조작화했다.[20] 치료 및 서비스의 이용을 위한 의사결정을 하려면 대상자가 표현

18  Moye, J., & Marson, D. C. (2007). "Assessment of decision-making capacity in older adults: An emerging area of practice and research". *Journal of Gerontology: Psychological Sciences*, 62B(1), 3~11.

19  Grisso, T., & Appelbaum, P. S. 앞의 책.

20  서미경·이민규·김승현·조성남·고영훈·이혁·이문수(2009). "정신장애인의 치료동의능력 도구 개발: 신뢰도와 타당도". 〈한국심리학회지: 건강〉, 14권 3호, 579~596.

능력, 이해능력, 적용능력, 추론능력 등을 조작화한 문항에 모두 적절히 응답하면 의사결정능력이 있다고 판정한다.

치료를 위한 의사결정능력을 평가할 때 가장 많이 활용하는 평가지표는 그리소(Grisso)와 아펠바움(Appelbaum)이 개발한 MacCAT-T (MacArthur Competence Assessment Tool for Treatment)다. [21] Mac-CAT-T 외에도 ACCT(Assessment of Consent Capacity for Treatment), [22] ACE(Aid to Capacity Evaluation), [23] 치료의사결정능력도구 등이 활용된다. [24] MacCAT-T는 의사결정능력을 평가하기 위한 표준으로 적용되지만, 설문시간이 지나치게 오래 걸리며 측정과 해석을 위해 전문화된 교육이 필요하므로 현실적으로 실천현장에 적용하기가 어렵다. 따라서 측정시간이 비교적 짧으면서도 의사결정능력의 4가지 하위개념을 모두 조작화한 ACE 등과 같은 간편사정도구가 매우 선호된다.

## 재가돌봄서비스 이용 의사결정과정

노인이 재가돌봄서비스를 이용하려면 서비스 이용 계약서(동의서)를 작성해야 한다. 돌봄서비스 이용 계약서를 작성하기 전에 돌봄서비스에

---

21  Grisso, T., & Appelbaum, P. S. 앞의 책.

22  Cea, C. D., & Fisher, C. B. (2004). "Health care decision-making by older adults with mental retardation". *Ment Retard*, 41, 78~87.

23  Etchells, E. et al. (1999). "Assessment of patient capacity to consent to treatment". *Journal of General Internal Medicine*, 14, 27~34.

24  서미경 · 이민규 · 김승현 · 조성남 · 고영훈 · 이혁 · 이문수(2009). "정신장애인의 치료동의능력 도구 개발: 신뢰도와 타당도". 〈한국심리학회지: 건강〉, 14권 3호, 579~596.

대한 충분한 정보 제공이 반드시 선행되어야 한다. 돌봄서비스 인력은 노인이 돌봄서비스를 이용하는 과정에서 고지된 동의(*informed consent*)를 거치도록 할 윤리적 책임이 있다. 돌봄서비스 인력은 윤리강령에 따라 노인이 자기결정권을 최대한 행사할 수 있도록 도와야 하며, 노인의 이익을 최대한 대변해야 한다.

돌봄서비스 이용 과정에서 노인의 자율성과 의사결정은 인권적 측면에서도 기본적 권리다. 노인의 의사결정과정 참여는 자신의 이익을 옹호하고 자기 삶에 대한 결정권을 회복하며, 삶의 통제력을 갖게 한다. 유효한 동의는 노인이 주어진 정보를 기초로 돌봄서비스 이용 여부를 결정할 수 있는 능력이 있다는 전제하에 가능하며, 이는 돌봄서비스 이용 의사결정 능력 진단을 통해 확인할 수 있다.

### 재가돌봄서비스 정보 제공

돌봄서비스 종사자가 노인에게 제공해야 하는 재가돌봄서비스 정보는 ① 재가돌봄서비스 목적, ② 재가돌봄서비스 대상자 선정기준(우선순위), ③ 재가돌봄서비스 주요 내용, ④ 재가돌봄서비스 이용을 통해 얻는 이득(*benefit*)과 손해(*risk*), ⑤ 재가돌봄서비스 이용 여부의 자발적 결정, ⑥ 재가돌봄서비스 이용에 대한 의사결정을 철회할 수 있는 권리, ⑦ 재가돌봄서비스를 이용하지 않을 때 대안적 방법 및 서비스 등이 있다.

**표 7-1 의사결정을 위한 고지된 정보 제공 사례 (예: 노인맞춤돌봄서비스)**

- 목적: 일상생활 영위가 어려운 취약노인에게 적절한 돌봄서비스를 제공하여 안정적 노후 생활 보장, 노인의 기능·건강 유지 및 악화 예방
- 대상자: 만 65세 이상 ① 국민기초생활수급자, ② 차상위계층 또는 ③ 기초연금수급자
- 내용: 방문형, 통원형(집단 프로그램) 등의 직접 서비스 및 연계 서비스 제공, 안전지원, 사회참여, 생활교육, 일상생활지원, 민간후원 지원, 사후관리 서비스 등
- 이용 효과: 사회적 고립 예방, 자기돌봄기술 증가, 생활용품 제공, 외출 동행, 안전 확인 등
- 이용 불편: 외부인이 집에 방문해 사생활 침해, 전화사용 빈도 증가, 안전확인 장비 가정 내 설치 등
- 이용 여부 결정 및 동의 철회: 서비스 이용은 주변의 강요가 아니라 본인의 희망에 따름. 돌봄서비스 이용을 종료하고 싶을 때는 언제든지 가능함
- 대안: 다른 기관 돌봄서비스 이용 가능, 장기요양서비스, 가족돌봄 등

### 돌봄서비스 이용 의사결정능력 평가 조사표

노인이 돌봄서비스 이용에 관해 의사결정능력이 부족하거나 미흡하다고 판단될 때 돌봄서비스 인력은 노인을 대상으로 돌봄서비스 이용 의사결정능력을 평가해야 한다. 이를 위해 우선 노인이 이용하고자 하는 돌봄서비스에 대해 앞서 설명한 내용의 이해 정도를 물어본다. 설명 후에 돌봄서비스 이용 의사결정능력 판정도구 질문을 노인에게 적용한다. 이 과정에서 힌트를 주어 응답하게 하는 것도 가능하다(앞서 설명한 돌봄서비스 내용을 3회까지 반복해 설명할 수 있음). "잘 모르겠다"라고 응답할 경우 전혀 모르는지, 응답하기 어려운지를 구분해야 하며, 질문은 쉽게 풀어 설명해야 한다.

돌봄서비스 이용 의사결정능력 판정도구로 면접한 결과를 해석하면 다음과 같다. 첫째, 돌봄서비스 이용 의사결정능력 판정도구 10문항을

## 표 7-2 돌봄서비스 이용 의사결정능력 판정도구

| 질문 | 예상답변 | 이해 | 불확실 | 전혀 모름 |
|---|---|---|---|---|
| 1. 어르신께서는 어떠한 어려움(욕구)이 있습니까? (어르신께서는 여기에 왜 오셨습니까?) | • 식사 어려움 | | | |
| 2. 어떤 서비스가 어르신 어려움(욕구)을 줄일 수 있습니까? (제가 어르신께서 어떤 서비스를 이용하시면 도움이 된다고 했습니까?) | • 맞춤돌봄서비스<br>• 주간보호서비스 | | | |
| 3. 어르신의 어려움(욕구)을 대처하기 위한 다른 대안(방법)이 있을까요? (이 서비스 이용을 제외한 다른 방법에 대한 물음) | • 유사 서비스 이용<br>• 다른 기관 서비스 신청 | | | |
| 4. 어르신께서는 돌봄서비스 이용을 거절하거나 중간에 그만두실 수 있습니까? | • 가능함 | | | |
| 5. 어르신께서 이 돌봄서비스를 이용하면 어떤 좋은 점이나 나쁜 점(불편한 점)이 있을까요? | • 안부 확인<br>• 집 방문 불편 | | | |
| 6. 어르신께서 이 돌봄서비스를 이용하지 않으면 어떻게 될까요? | • 혼자 있기 힘듦<br>• 기타 가능한 응답 | | | |
| 7. 왜 이 돌봄서비스를 이용하기로 (결정)했습니까?/ 이용하지 않기로 (결정)했습니까? | • 도움을 줌<br>• 기타 가능한 응답 | | | |
| 8. 이 돌봄서비스를 이용하기로 한 가장 중요한 이유는 무엇입니까?/ 이용하지 않기로 한 가장 중요한 이유는 무엇입니까? | • 주변의 추천<br>• 기타 가능한 응답 | | | |
| 9. 다른 사람이 이 돌봄서비스를 이용하라고 강요했습니까? | • 아님<br>• 기타 가능한 응답 | | | |
| 10. 어르신께서 스스로 이 돌봄서비스 이용을 결정했습니까? | • 스스로 결정함<br>• 기타 가능한 응답 | | | |

종합판정
　□ 돌봄서비스 이용 의사결정능력 있음
　□ 돌봄서비스 이용 의사결정능력 불확실
　□ 돌봄서비스 이용 의사결정능력 결여(부족)

노인이 분명히 이해하고 있을 때 돌봄서비스 이용 의사결정능력이 있는 것으로 판정한다. 10문항에서 1문항이라도 "전혀 모름"으로 조사되었을 때는 돌봄서비스 이용을 위한 의사결정능력 결여로 판정한다. 10문항에서 1문항 이상이 "불확실함"으로 판단된다면, 의사결정능력이 불확실하다고 본다. 불확실하다고 판정되었으면 2차 및 3차에 걸쳐 의사결정능력이 불확실하다고 보이는 문항을 중심으로 재조사하여 의사결정능력을 결정한다. 판정이 어렵고 추가적 조사가 필요할 때는 정신과 의사 및 관련 전문가 상담 과정을 거친다.

돌봄서비스 이용을 위한 정보 제공과 의사결정능력 평가의 윤리적 중요성에 대한 돌봄인력의 인식이 높아지고 있다. 그러나 수행하는 방법에 대한 구체적 지침이나 자료는 부족한 상황이다. 노인의 재가돌봄서비스 이용 의사결정능력이 결여되었거나 불확실하다고 판정될 때는 노인과 대리동의자(보호자, 성년후견인, 법원이 정한 기관이나 특정인, 기관 윤리위원회 등)를 통해 이중동의서를 작성하는 윤리적으로 적합한 과정을 거쳐야 한다.

그동안 돌봄서비스 제공기관에서 재가서비스를 노인에게 제공하였지만, 이를 통해 발생할 수 있는 위험이나 혜택에 대해 면밀하게 논의하는 체계는 부재하였다. 재가돌봄서비스 제공기관은 이러한 문제를 다룰 수 있는 윤리위원회를 설치하여 노인이 적합한 돌봄서비스 이용 의사결정을 할 수 있도록 관리하고 지원해야 한다. 특히 돌봄서비스 인력의 시각에서 모든 것을 결정하기보다 노인 의사결정과정 참여나 선택권을 인정하여 돌봄인력과 노인의 수평적 관계를 형성하는 데 전력을 기울인다면 긍정적 효과를 기대할 수 있을 것이다.

# 노인요양시설 입소 의사결정과정

## 시설입소 의사결정과정

시설입소를 위해 찾아오거나 가족이나 다른 기관에서 시설입소를 의뢰한 노인에게는 시설에 관련한 충분한 정보 제공이 선행되어야 한다. 노인에게 시설입소는 독립적으로 자기 자신을 돌볼 수 없게 된다는 상실감 이상의 타격이 있다. 이전부터 생활해 온 집에서 평생 쌓은 추억과 경험을 유지할 수 없으며, 가까이에 거주하는 친구나 이웃 등과의 사회적 관계로부터 단절 및 변화를 겪는다는 것을 뜻한다.[25]

하지만 우리 사회는 시설입소에 따른 노인의 정서적 어려움이나 생활 영역 변화에 대한 심도 있는 고민이 미흡하다. 신체 및 인지기능이 저하된 노인은 시설에서 보호하는 것이 최선이라는 사회적 분위기가 형성되어 있으나, 시설입소가 당사자의 자발적 결정을 통해 이루어지지 않을 때는 노인의 시설적응이 매우 어려워져 불안, 혼돈, 불면, 식욕저하, 우울, 외로움, 무기력 등을 경험할 수 있다.[26]

그러므로 노인 존엄성과 자기결정권을 보호하려면 노인이 시설입소

---

[25] 고진경・황인옥・오희영(2009). "노인요양시설 거주노인의 입소초기 경험".〈한국노년학〉, 29권 2호, 477~488; 신승연(2002). "유료생활시설 노인의 입소의사결정과정이 입소 후 적응에 미치는 영향에 관한 연구".〈노인복지연구〉, 18호, 111~127; 이가언 (2002). "시설노인의 입소경험".〈지역사회간호학회지〉, 13권 4호, 668~678; Johnson, R., Popejoy, L. L., & Radina, M. E. (2010). "Older adults' participation in nursing home placement decisions". *Clinical Nursing Research*, 19(4), 358~375.

[26] 이혜경・이향련・이지아(2009). "노인요양시설 입소노인의 시설적응에 영향을 미치는 요인".〈대한간호학회지〉, 39권 2호, 177~185.

## 그림 7-5 시설입소 의사결정 흐름도

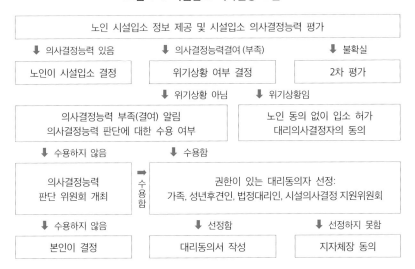

| | | |
|---|---|---|
| 노인 시설입소 정보 제공 및 시설입소 의사결정능력 평가 | | |

⬇ 의사결정능력 있음 　　⬇ 의사결정능력결여 (부족) 　　⬇ 불확실

| 노인이 시설입소 결정 | 위기상황 여부 결정 | 2차 평가 |
|---|---|---|

　　　　⬇ 위기상황 아님 　　⬇ 위기상황임

| 의사결정능력 부족(결여) 알림<br>의사결정능력 판단에 대한 수용 여부 | 노인 동의 없이 입소 허가<br>대리의사결정자의 동의 |
|---|---|

⬇ 수용하지 않음 　　⬇ 수용함

| 의사결정능력<br>판단 위원회 개최 | ➡<br>수<br>용<br>함 | 권한이 있는 대리동의자 선정:<br>가족, 성년후견인, 법정대리인, 시설의사결정 지원위원회 |
|---|---|---|

⬇ 수용하지 않음 　　⬇ 선정함 　　⬇ 선정하지 못함

| 본인이 결정 | 대리동의서 작성 | 지자체장 동의 |
|---|---|---|

를 위한 의사결정과정에서 소외되지 않고 적극적으로 참여할 수 있는 통로를 마련해야 한다. 노인이 자신과 관련한 사항을 결정할 때 중추적 역할을 할 수 있도록 지원해야 한다.

　다음으로 노인이 받은 정보를 이해할 수 있는 인지적 능력과 입소결정 여부가 자신에게 가져오는 혜택이나 유해를 직시할 수 있는 평가능력이 있음을 확인해야 한다. 노인의 시설입소 의사결정능력을 평가하고, 의사결정능력이 있을 때는 노인 스스로 시설입소 여부를 결정한다. 의사결정능력이 없더라도 위기상황이라고 판단되면, 의사결정능력 확인 과정을 생략하고 입소를 결정한다. 단, 이 과정에서 권한이 있는 대리의사결정자(보호자, 성년후견인)에게 정보 제공 후 동의를 구해야 한다.

　시설입소 의사결정능력이 없는 노인의 경우에는 권한이 있는 대리의사결정자를 선정하여 대리동의서를 작성한다. 대리동의자(예: 가족, 법정대리인, 성년후견인 등)가 없는 경우에는 시·군·구의 지자체장에게 동의를 승인받아야 한다. 또한 의사결정능력이 없다는 결과를 노인이 수용하지 않을 때는 의사결정능력 평가위원회를 조직하여 노인의 시설입소 의사결정능력을 재검토해야 한다. 최종 결정은 노인 본인 스스로가 결정할 수 있는 권한을 부여한다.

## 시설입소 의사결정 정보 제공

노인에게 시설입소는 자신의 일상생활을 스스로 돌볼 수 있는 능력이 없어서 집에서 혼자 또는 가족과 생활하기 어렵다는 것을 인정해야 하는 것, 일부는 자식이나 배우자에게 버림받았다고 생각할 수 있는 것, 이전부터 집에서 누렸던 일생에 걸친 추억과 경험을 유지할 수 없다는 것, 익숙한 자신의 공간에서 새로운 공간으로 이동해야 한다는 것, 사회적 관계에도 변화가 온다는 것, 물리적 환경은 물론이고 식사·목욕·의복·돌봄·활동 등에 있어서도 개별적이기보다는 집단적 특성이 강해진다는 것, 또한 자신이 죽기를 희망했던 장소로부터 멀어져야 한다는 것을 의미한다.

즉, 노인에게 시설입소는 단순한 이사가 아니라 자신의 삶 전체에 엄청난 변화와 충격을 가져오는 일이다. 따라서 시설입소를 위한 의사결정은 치료나 개입보다 더 엄격히 진행되어야 하며, 이를 위해 충분한 정보 제공이 반드시 선행되어야 한다.

시설입소에 앞서 시설관계자가 노인의 합리적 의사결정을 위해 반드시 제공해야 할 정보로는 시설입소 결정은 대상노인의 의사결정을 전제로 한다는 사실, 노인요양시설 개념, 시설입소로 기대되는 혜택, 시설입소로 발생할 수 있는 위험·비용·불편, 시설입소 이외 대안, 시설입소를 하지 않을 때 발생할 수 있는 결과, 시설에서 돌봄 소홀로 발생할 수 있는 위험에 대한 책임 내용 등이 있다. [27]

이런 정보와 함께 시설입소를 고려 중인 노인이나 그의 가족이 묻는 모든 질문에 반드시 응답해야 하며, 시설에 입소하는 노인의 권리, 예를 들어 존엄성, 의료개인정보보호, 금전, 음식 및 방문 등의 권리도 상세히 설명해야 한다. [28] 특히 시설에 불만을 제기할 수 있는 권리도 보호해야 하며, 모든 시설에서의 생활은 동의를 기초로 이뤄져야 한다.

## 시설입소 의사결정능력 평가

시설입소 의사결정능력을 측정하기 위해 기존에 개발된 척도들도 법적 기준에 의해 도출된 4가지 핵심 구성요소(선택의 표현, 이해, 적용, 추론)를 통해 접근한다. [29] 의사결정능력평가 또한 국내외 주요 연구자료에 기반하여 선택 표현, 이해, 적용, 추론 등을 구성요인으로 척도가 개발되었다.

---

27  Cole, J., & Dawe, N. (2011). *Assessing Capacity for Admission to Long-Term Care Homes.* Community Care Access Centres.

28  Crotts, T. J., & Martinez, D. A. (1996). "The nursing home residents rights act: A good idea gone bad". *Stetson Law Review,* 31(3), 599~609.

29  Dunn, L. B. et al. (2006). "Assessing decisional capacity for clinical research or treatment: A review of instruments". *American Journal of Psychiatry,* 163, 1323~1334; Moye, J. et al. (2006). "Empirical advances in the assessment of the capacity to consent to medical treatment: Clinical implications and research needs". *Clinical Psychology Review,* 26, 1054~1077; Saks, E. R., & Jeste, D. V. 앞의 논문. 411~429; Sturman, E. D. 앞의 논문. 954~974.

치료 및 시설입소를 위한 의사결정능력을 평가하기 위해 개발된 척도는 주로 환자, 정신장애인, 일반노인, 시설노인 등을 대상으로 활용된다. 시설입소를 위한 의사결정능력평가척도는 CMAD(Capacity to Make Admission Decisions)와 PACE(Placement Aid to Capacity Evaluation)의 2가지가 대표적이다. [30]

나머지 측정도구들은 치료를 위한 환자의 의사결정능력을 평가하기 위해 개발되었다. 치료를 위한 대표적 의사결정능력평가 척도로 CIS(Competency Interview Schedule), [31] HCAT(Hopkins Competency Assessment Tool), [32] ACE(Aid to Capacity Evaluation), [33] MacCAT-T(MacArthur Competence Assessment Tool for Treatment), [34] CCTI(Competency to Consent to Treatment Instrument), [35] 치료동의능력도구[36] 등이 있다.

---

30 Cole, J., & Dawe, N. 앞의 책; Etchells, E. et al. 앞의 논문. 27~34.

31 Bean, G. et al. (1994). "The psychometric properties of the competency interview schedule". *Canadian Journal of Psychiatry*, 39, 368~376.

32 Janofsky, J. S., McCarthy, R. J., & Folstein, M. F. (1992). "The Hopkins Competency Assessment Test: A brief method for evaluating patients' capacity to give informed consent". *Hospital & Community Psychiatry*, 43(2), 132~136.

33 Etchells, E. et al. 앞의 논문. 14, 27~34.

34 Grisso, T., & Appelbaum, P. S. 앞의 책.

35 Marson, D. C. et al. (1995). "Assessing the competency of patients with Alzheimer's disease under different legal standards". *Archives of Neurology*, 52, 949~954.

36 서미경·이민규·김승현·조성남·고영훈·이혁·이문수(2009). "정신장애인의 치료동의능력 도구 개발: 신뢰도와 타당도". 〈한국심리학회지: 건강〉, 14권 3호, 579~596.

## ① 시설입소 정보 제공

시설입소 여부를 결정하고자 상담받는 노인에게 제공해야 할 기본 정보는 입소절차, 시설 소개, 시설입소 비용, 가족면회 규정, 서비스 내용, 거주자 권리와 책임, 가족의 책임, 안전사고(발생, 대처, 합의된 책임), 장례절차, 퇴소 시 절차 등이다. 특히 시설입소보호자들이 시설입소 비용(산출 근거 및 고지), 보험급여 외에 발생하는 비용, 비용 지급방법에 가장 높은 관심을 보이기 때문에 이에 대해 상세한 정보를 제공한다. 시설입소담당자는 입소와 퇴소 과정과 서류 작성에만 초점을 두는 것이 아니라 시설에서의 노인의 삶을 중요하게 다루어야 한다.

하지만 한국에서는 일반적으로 노인이 자신의 시설입소 의사결정과정에 참여하지 못하고, 시설을 선택한 가족이 좋은 시설이라면 믿고 입소하는 경우가 많다. 가족에게 피해를 주지 않기 위해 수동적으로 입소를 받아들이거나 시설에 대해 전혀 모르는 상태에서 입소하는 노인들도 많다. 따라서 시설입소 과정에서 당사자에게 의사결정은 물론 이를 위한 정보를 충분히 제공해야 할 것이다.

시설입소 전에 알아야 할 정보는 시설입소의 장점 및 단점, 시설 위치, 일상생활, 종교 및 외부활동 지원, 같이 방을 쓰는 사람의 특성, 식단, 입소초기 적응, 시설의 서비스 질 개선을 위한 자체노력 등이다.

## 표 7-3 시설 정보 제공 내용

| 구분 | 정보 내용 |
|---|---|
| 입소절차 | • 입소자격, 계약당사자의 자격<br>• 작성해야 할 서류 및 필요 서류: 입소 동의서 및 계약서<br>• 입소를 위한 준비절차(입소 준비물 안내)<br>• 입소까지 걸리는 기간, 계약기간<br>• 시설입소 이외 대안(시설입소가 불가능하거나 어렵다고 판단되는 경우) |
| 시설 소개 | • 설립목적, 설립주체, 운영주체<br>• 시설현황: 시설유형, 운영주체, 시설의 위치, 시설규모, 교통편 등<br>• 종사자현황: 종사자 수, 자격증 등<br>• 시설환경: 일반 공간(거실, 병실 내 화장실, 공용화장실, 욕실, 프로그램실, 물리치료실, 식당 등), 시설 라운딩<br>• 이용자 현황: 이용자 수, 이용자 질환, 입소율(공실률)<br>• 본 시설만의 장점 |
| 시설입소 비용 | • 비용: 요양비용 산출 근거 및 고지<br>• 보험급여 이외 발생되는 비용(식대, 프로그램, 진료비 등)<br>• 비용 지급방법: 날짜, 방식, 비용을 지불하지 못할 시의 페널티, 배상 정책<br>• 외부 지원(후원 등)에 대한 내용 |
| 가족면회 규정 | • 가족면회 및 외박 |
| 서비스 내용 | • 요양원 생활 규정 및 일상생활 시간표<br>• 요양·간호·재활·의료·문화지원 서비스<br>• 나들이 및 야외행사(특별 프로그램)·종교활동 참여<br>• 기타 서비스 가족 상담, 사례관리, 자원봉사 관리, 후원자 개발, 지역사회연대 등) |
| 거주자<br>권리·책임 | • 권리: 인권 및 노인학대 방지, 비밀보장, 개인물건 보관, 통장 및 재산 관리 등<br>• 책임: 공동생활규정 준수 등 |
| 가족의 책임 | • 주계약자의 변경 시 연락, 각종 규정 준수, 주소변경, 입소비용 납부 |
| 안전사고 | • 안전사고 유형<br>• 사전 의료지시서<br>• 안전사고 발생 시 협의된 책임 |
| 장례절차 | • 절차 및 비용 |
| 퇴소 시 절차 | • 비용, 임시퇴소(병원 입원), 강제퇴소 규정(서류 허위작성, 연락 없이 체납, 전염성 질환 등) |

## 표 7-4 노인 관점에서 시설입소 전 알아야 할 정보

| 구분 | | 정보내용 |
|---|---|---|
| 시설<br>입소<br>장단점 | 장점 | • 위험상황 발생에 대한 두려움 감소<br>• 식사·청소·목욕·물리치료·약관리·의료치료 등에 대한 걱정이 없어짐<br>• 자녀들의 눈치를 보지 않아서 마음이 편함<br>• 외로움 및 고독감이 줄어듦<br>• 노래·미술·원예·여가 등 다양한 프로그램 참여를 통한 활력 유지<br>• 종교활동을 지속할 수 있음 |
| | 단점 | • 폐쇄적 공간과 침대에 누워 있어 답답함<br>• 마음에 맞지 않은 사람들과의 갈등<br>• 같은 방을 사용하는 사람과의 갈등<br>• 자녀·친구·집·고향 등에 대한 그리움<br>• 수동적 생활로 인간으로서 누려야 할 존엄성의 침해 가능성 존재 |
| 같이 방 쓰는 노인 | | • 연령, 성격, 개인력, 질병 등 |
| 식단 | | • 주식 및 간식의 질·맛 |
| 시설에서 하루 | | • 하루를 어떻게 보내는지(하루하루 시설 내에서의 생활일정)<br>• 하루일과, 주간 일정, 계절 또는 연중행사에 대한 안내<br>• 시설에서 삶의 의미는 무엇인지 |
| 종교 및<br>외부활동 지원 | | • 종교활동 지원<br>• 외부활동 지원 |
| 입소초기<br>적응 지원 | | • 시설에 대한 막연한 두려움 및 공포 해소 |
| 서비스 질<br>개선 노력 | | 예를 들어, 본 시설에서는 다음과 같이 서비스 질 개선을 위해<br>노력합니다.<br><br>• 고향이나 친인척 소식을 전해 주는 프로그램<br>• 의료서비스의 전문성 확보를 위한 노력<br>• 자녀들이 면회를 오면 같이 잘 수 있는 방 제공<br>• 입소노인의 사생활 보장(예: 목욕하거나 속옷이나 기저귀를 갈 때<br>  개인의 프라이버시 보장)<br>• 응급차로 병원 이동시 직원 동행<br>• 요양보호사 전담제·담당 요양보호사를 지정할 수 있는 권한 제공<br>• 삶의 의미 찾기 프로그램<br>• 각 방에 냉장고 제공 |

## 표 7-5 노인 시설입소 의사결정능력 판정도구

| 문항 | 무엇 (예상답변) | 판정 | | |
|---|---|---|---|---|
| | | 이해함 | 불확실 | 모름 |
| 1. 현재 어르신께서는 어떤 어려움을 겪고 계십니까?<br>- 질문의도: 자신의 건강, 상태, 문제점을 이해하는가? | • 질병<br>• 일상생활장애 | | | |
| 2. 어르신께서는 요양시설 또는 양로시설에 입소하는 것에 대해 어떻게 생각하세요?<br>- 질문의도: 입소 또는 비입소로 발생할 수 있는 결과를 인식할 수 있는가? | • 필요함<br>• 매우 좋음<br>• 안전함 | | | |
| 3. 앞에서 여쭤본 요양시설 또는 양로시설 입소하는 것 외에 어려움을 대처하는 다른 방법으로 무엇이 있을까요?<br>- 질문의도: 자신의 상태 또는 문제점을 이해하는가? | • 자녀 집에 거주<br>• 다른 방법 없음 | | | |
| 4. 만약 어르신께서 요양시설이나 양로시설에 입소하지 않으시면, 어떤 일이 발생할까요?<br>- 질문의도: 입소 또는 비입소로 발생할 수 있는 결과를 인식할 수 있는가? | • 살기 어려움<br>• 의식주 불가능 | | | |
| 5. 만약 요양시설 또는 양로시설에 살기로 (결정)했다면, 어떤 일이 발생할까요? (요양시설에 입소해서 좋은 점이 무엇입니까?)<br>- 질문의도: 입소 또는 비입소로 발생할 수 있는 결과를 인식할 수 있는가? | • 편리함<br>• 의식주 걱정 안함 | | | |

종합판정
☐ 시설입소 의사결정능력 있음
☐ 시설입소 의사결정능력 불확실
☐ 시설입소 의사결정능력 부족(결여)
☐ 의사소통 불가능(이유:               )

\* 채점 및 해석: 면접자는 시설입소 상담을 받는 어르신에게 입소절차, 시설보호의 소개, 비용, 서비스 내용, 거주자 권리와 책임, 시설입소의 장점과 단점, 시설입소 이외 대안 등에 대한 정보를 제공한다. 이와 함께 노인이 시설에 관련하여 질문하는 내용들에 대해 상세하게 답변해야 한다. 이후에 위의 5개 문항에 대해 제공된 정보를 이해하고 있는 적절한 답변을 했을 때 시설입소를 위한 의사결정능력이 있다고 판정한다.

② 시설입소 의사결정능력 판정도구 문항 및 활용방법

시설입소 의사결정능력 판정도구는 Capacity to Make Admission Decisions[37]를 활용하여 한국 노인요양시설 입소 노인을 대상으로 신뢰도와 타당도를 검증한 것이다.[38]

문항 1번(현재 어르신께서는 어떤 어려움을 겪고 계십니까?)과 문항 3번 (앞에서 여쭤본 요양시설 또는 양로시설에 입소하는 것 외에 어르신의 어려움을 대처하는 다른 방법으로 무엇이 있을까요?)은 자신의 상황, 능력, 한계, 적합한 대안 등을 이해할 수 있는 능력을 조작화했다. 문항 2번(어르신께서는 요양시설 또는 양로시설에 입소하는 것에 대해 어떻게 생각하세요?), 문항 4번(만약 어르신께서 요양시설이나 양로시설에 입소하지 않으시면, 어떤 일이 발생할까요?), 그리고 문항 5번(만약 요양시설 또는 양로시설에 살기로 결정했다면, 어떤 일이 발생할까요?)은 노인요양시설 입소를 선택 여부에 따라 결과적으로 발생하는 사항을 합리적으로 추론할 수 있는 결과인식 능력을 조작화했다.

각 문항은 질문에 대한 답변을 기초로 이해함(2점), 불확실(1점), 모름(0점) 등으로 판정하며, 모든 문항을 이해할 때(총점=10점) 시설입소를 위한 의사결정능력이 있는 것으로 판단한다. 질문을 세 번까지 반복해 설명할 수 있다(힌트를 주어 어르신이 응답하게 해도 됨). "잘 모르겠다"라고 응답한 때도 전혀 모르는지, 응답하기가 어려운지를 구분해야 한다(응답하기 어려운 것은 이해하는 것으로 평가함).

---

37  Cole, J., & Dawe, N. 앞의 책.

38  이민홍·강은나(2013). "노인요양시설의 입소과정에서 제공해야 하는 정보는 무엇인가?". 〈한국사회복지행정학〉, 15권 2호, 23~44.

이와 같은 평가를 통해 노인이 요양시설입소를 위한 의사결정과정에서 소외되지 않고 적극적으로 참여하여 자기결정권의 가치가 최대한 실현될 수 있도록 지원해야 한다.

이민홍과 강은나(2014)가 수행한 연구에 참여한 시설거주노인의 53.8%가 시설입소 의사결정능력이 있는 것으로 조사되었다. 하지만 80% 이상이 본인이 아니라 가족이나 보호자에 의해 시설입소가 결정되었다. 이는 시설입소에 관한 의사결정에 우리나라의 문화적 특성이 영향을 미치는 것으로 해석할 수 있다. 노인에게 시설입소 여부를 의사결정할 수 있는 능력이 있더라도 노인이 스스로 결정하기보다는 가족 전체 또는 자녀의 의사결정을 받아들이는 가족문화가 강하기 때문이다.

하지만 우리나라 가정의 집단적 문화 특성보다 한 인간의 자기결정권을 우선하여 고려해야 함이 보건복지 전문윤리강령에 부합한다. 이러한 측면에서 노인요양시설의 입소상담 담당자는 노인이 시설입소에 관한 의사결정을 할 수 있도록 충분한 정보 제공을 하고, 유효한 고지된 동의서 작성을 위해 의사결정능력을 점검할 필요가 있다.

이와 함께 〈노인장기요양보험법〉에서도 시설입소 절차에서 노인의 시설입소 및 대안 관련 필수 정보(서비스 내용, 비용, 혜택, 불편함, 권리 등)를 구체화하고, 의사결정능력 평가방법, 대리의사결정자 선정방법 등에 관한 조항이 신설되어야 한다. 국내에서도 노인의 시설입소와 관련해 고지된 동의 및 의사결정능력 평가에 대한 법적 규정과 노인요양보호 관련 전문가를 위한 구체적 매뉴얼을 개발해야 한다.

〈노인복지법〉은 노인의 시설입소는 정보 제공과 동의를 전제하도록 규정하고 있다. 하지만 시설입소를 위한 의사결정능력을 어떻게 평가할 것인지에 대한 시행령 또는 시행규칙은 없다. 미국, 영국, 캐나다 등 서구국가에서는 이와 관련한 법이 제정되어 있다.[39] 또한 구체적 매뉴얼이 활용되고 있다. 한국에서도 하루빨리 이와 같은 시행령과 시행규칙, 관련 실무자를 위한 매뉴얼이 개발되어야 한다.

39  Moye, J., & Marson, D. C. 앞의 논문. 3~11; ÓBrien, A. J. (2010). "Capacity, consent, and mental health legislation: Time for a new standard?". *Contemporary Nurse*, 34(2), 237~247; Pilgrim, D. (2006). "New 'mental health' legislation for England and Wales: Some aspects of consensus and conflict". *Journal of Social Policy*, 36, 79~95; Shreve-Neiger, A. K. et al. (2008). "Assessing the need for decision-making capacity education in hospitals and long term care settings". *Educational Gerontology*, 34, 359~371.

## 나오며

이상으로 우리나라에서 제도화된 노인돌봄서비스가 무엇이 있으며, 노인이 자기결정권을 행사하는 돌봄서비스 이용 의사결정과정은 어떻게 이루어지는지 살펴보았다. 노인돌봄서비스는 사적 관계가 아닌 사회적 계약을 토대로 제공하는 서비스라는 지점에서 자기결정권을 보장해야 한다. 하지만 국내에서 많은 노인들이 돌봄서비스 이용을 위한 의사결정과정에 참여하지 못하고 있다. 실례로 요양시설에서 생활하고 있는 노인의 80% 이상이 노인 본인이 아니라 보호자가 시설입소를 결정하였다.

앞으로 한국에서 노인이 돌봄서비스 이용에 관련해서 자기결정권이 보장될 수 있도록 법 개정이나 제정을 통해서 제도적 장치가 마련되어야 할 것이다. 이와 함께 돌봄전문가는 자신의 실천윤리를 준수하여 노인이 돌봄서비스 이용 의사결정과정에 참여할 수 있도록 지원해야 한다.

# 8장

# 노인의 의사소통 지원과 보완대체의사소통

박은혜 (이화여대 특수교육과 교수)

연석정 (인하대 교육대학원 교수)

## 노화와 의사소통

노화란 시간의 흐름에 따른 자연스러운 변화 과정이다. 노화는 그 원인이 아직 완전히 밝혀지지 않았지만 유전적-발달학적 요인, 환경적 요인, 생활 습관 요인 등이 복합적으로 작용하는 것으로 알려져 있다. 노화의 일반적인 특징으로는 신체 및 인지 기능의 저하, 질병의 발생, 외모의 변화 등이 있다. 인지 기능의 저하는 곧 의사소통의 어려움으로 이어지는데, 이러한 변화는 노인의 삶에 크고 작은 영향을 미치기 때문에 노인의 삶의 질을 향상하고 유지하기 위해서는 노화로 인한 의사소통의 변화를 이해하는 것이 중요하다.

노화로 인한 의사소통의 어려움은 타인의 말을 알아듣고 이해하는 것과 자신의 의사를 표현하는 것의 2가지 영역에서 찾아볼 수 있다. 청력의 감소나 인지능력의 저하는 언어 이해를 어렵게 하는 요인이 될 수 있다. 또한 뇌졸중으로 인한 안면마비로 정확히 발음하기 어렵다거나 자신이 하고자 하는 말을 언어적으로 구성하는 데 어려움을 겪게 되기도 한다. 이러한 의사소통 능력의 여러 가지 변화에 대해 좀 더 구체적으로 살펴보면 다음과 같다.

노화로 인한 의사소통에서 가장 두드러지는 특징은 말하고자 하는 낱말이 잘 떠오르지 않는 것이다. 인지능력의 저하, 특히 기억력의 저하는 많은 노인들이 호소하는 문제이긴 하나 노화가 인지능력에 미치는 영향은 개인마다 다르다.[1]

나이가 들어 감에 따라 대화에서 적절한 낱말이 생각이 나지 않아 에둘러 말하거나, 반응시간도 오래 걸리고, 부정확한 어휘를 산출하며, 본인이 선택한 낱말이나 문장을 수정하는 능력이 떨어진다. 낱말 찾기 어려움(word finding deficit)은 언어처리에 어려움이 있는 어린 아동에게서도 자주 관찰되는 증상이나, 노화로 인해 나타나는 보편적 특징이기도 하다. 낱말 찾기 어려움의 정도는 경도인지장애(MCI: Mild Cognition Impairment)와 같은 신경학적 질환을 진단하는 요인이 되기 때문에 이러한 변화를 잘 살펴볼 필요가 있다.

정보처리이론에 의하면, 주의력, 변별, 조직, 기억, 전이 요인은 다양한 정보를 처리하여 이해하고 전달하는 데 중요한 기능을 한다. 예를 들어 우리가 집중해서 받아들인 시각 및 청각 정보는 우리의 감각기관인 눈과 귀로 입력되고 입력된 정보는 변별하고 조직화하여 기억된다.

1  윤지혜·하승희·전진아(2020). 《노화와 의사소통》. 학지사.

말하고 싶은 단어가 잘 떠오르지 않고 입 밖으로 내뱉기가 어려워지는 낱말 찾기의 어려움은 정보의 입력과 저장 측면에서 그 문제를 살펴볼 수 있다.

시력과 청력이 감퇴하면 감각 정보를 변별, 조직화하여 저장하는 데 시간이 오래 걸리고, 저장되더라도 쉽게 잊힌다.[2] 따라서 감퇴한 기능을 수용하거나 보완하기 위한 다양한 전략이 도움이 될 수 있다. 주의력에 어려움이 있는 경우에는 배경 소음을 줄여서 혼란을 줄이고, 방해 자극이 없는 의사소통 맥락에서 대화하는 것이 좋다. 과제 처리속도가 느린 경우에는 충분한 시간을 제공하여 과제를 끝까지 수행할 수 있도록 하는 것이 좋다. 기억력 감퇴의 경우에는 일상생활에서 체크리스트 활용, 기억을 돕는 연상도구 사용(예: 메모판, 사진, 그림 등)이 도움이 될 수 있다(〈그림 8-2〉, 〈그림 8-3〉 참고). 기억을 돕는 다양한 의사소통 지원 방법은 이후 '보완대체의사소통'에서 구체적 예시와 함께 살펴본다.

의사소통을 어렵게 하는 요인으로 노인성 난청이 있다. 나이가 들면서 시각과 청력을 포함한 감각능력이 약해진다. 많은 사람이 노인성 난청(presbycusis)을 장애나 질병으로 여기지만, 이는 나이가 들면서 자연스럽게 나타나는 청각기관의 노화 증상이다.[3]

노인성 난청으로 듣기에 어려움이 있는 경우 가족 또는 보호자는 과장된 몸짓과 입 모양과 함께 큰 소리로 말하는 방식으로 대화하는 경우

---

2  위의 책.
3  위의 책.

가 많다. 그러나 이는 긍정적인 대화전략이라고 보기 어렵다. 과장된 몸짓과 큰 소리로 말하는 것은 말하는 사람의 입장에서 효율적으로 전달하기 위한 전략일 뿐 듣는 사람의 관점에서 보면 어색하거나 불편할 수 있다. 특히 난청으로 인해 불안, 자존감 저하, 좌절, 당황의 심리적 어려움을 겪는 노인의 경우에는 상대방의 과장된 의사소통 방식에 매우 불편함을 느낄 수 있다.

　의사소통은 두 사람이 서로의 생각과 느낌, 그리고 정보를 나누는 과정이다. 의사소통은 말이라는 구어적 수단과 함께 얼굴 표정이나 몸짓과 같은 비구어적 수단을 동시에 사용하여 이루어진다. 시력이 나쁜 사람이 안경을 쓰지 않고 상대방과 의사소통했을 때 청각적으로 정확한 언어적인 정보가 전달되더라도 의사소통에 답답함을 느끼는 것은 상대방이 전달하는 비구어적 메시지를 파악하기 어려워서 답답하게 느끼는 것이다.

　난청으로 인해 말소리를 듣는 데 어려움이 있는 노인과 대화할 때, 노인이 잘 듣고 이해할 수 있도록 큰 소리로 말하고 이해하기 쉬운 제스처를 사용하는 것은 중요하다. 그러나 과장된 입모양과 제스처는 노인의 관점에서는 상대방이 화내고 있거나 매우 지시적, 강압적인 태도를 보이고 있다고 느껴질 수 있다. 따라서 노인성 난청이 있는 상대와 의사소통할 때는 평소보다 더 가까운 거리에서, 특히 귀 가까이에서 낮은 톤으로 말하는 것이 더 바람직한 대화전략이 될 수 있다.

　노인성 난청과 함께 치매(AD: *Alzheimer's Disease*)로 인해 낮은 인지능력을 보이는 경우에는 이해의 어려움이 있다고 여겨 어린아이를 대하듯이 전보식 문장을 사용하는 경우도 있다(예: "어르신, 물 드세요" → "물

꿀꺽"). 노인과의 대화에서는 노인의 언어, 인지, 감각능력을 이해하는 것이 중요하지만, 말하는 사람의 입장에서의 효율적 의사소통에 초점을 두기보다는 노인이 느낄 수 있는 감정에 초점을 둔 편안한 의사소통이 되어야 한다. 따라서 어린아이 취급하듯 전보식으로 말하기보다는 명료한 발음으로 천천히 정확하게 말하는 방식이 더 바람직한 대화 전략이라고 볼 수 있다.

상술한 바와 같이, 노화와 함께 찾아오는 의사소통의 어려움은 정도와 시기의 차이는 있으나 대부분의 사람이 겪게 되는 현상이기 때문에 이를 정확하게 이해하고 올바르게 접근하는 것이 중요하다. 노인이 의사소통에 어려움을 겪는 것을 당연하게 생각하면 노인의 의사소통 권리를 지켜 주지 못하는 사회가 될 것이다.

## 의사소통의 어려움을 야기하는 다양한 질환

다음으로는 노년기에 의사소통의 어려움을 유발할 수 있는 신경학적 질환에 대하여 간략히 소개한다.

### 경도인지장애

노인 또는 가족은 노인의 기억력 저하를 일상생활에서 경험한다. 자녀의 휴대폰 번호, 또는 가까이 지내는 친척의 이름, TV에 나오는 유명인의 이름 등이 떠오르지 않아 입 밖으로 내뱉기가 어렵다.

노인인구의 약 50~60% 정도가 이와 같은 일상생활에서의 불편함을 호소한다.[4] 기억력을 평가하는 방법이나 기준에 따라 다르긴 하지만 65세 이상의 노인에게는 기억 문제가 많이 보고된다. 이와 같은 주관적 기억 문제를 호소하는 주관적 기억장애는 65세 노인의 약 25~50%, 65세에서 74세 노인의 43%, 88세까지는 88%까지로 증가한다.[5]

하지만 이러한 기억력 저하가 모두 신경학적인 질환 때문에 발생하는 것은 아니다. 노화로 인한 자연스러운 증상일 수도 있고, 경도인지장애나 치매와 같은 신경학적 증상의 초기 증후일 수도 있다.

---

4  이미숙(2021). 《노화와 인지-의사소통》. 군자출판사.

5  Larrabee, G. J., & Crook, T. H. (1994). "Estimated prevalence of age-associated memory impairment derived from standardized tests of memory function". *International Psychogeriatrics*, 6(1), 95~104.

기억력 저하는 있지만 치매는 아닌 상태(CIND: *Cognitive Impairment-No Dementia*), 또는 정상인지기능과 치매의 중간단계로 일상생활에서 영향을 미치는 정도가 덜해 치매와 구분되는 상태를 경도인지장애라고 한다. 경도인지장애 환자의 치매 발생의 위험성은 높은 편이지만 예후는 매우 다양하며, 경도인지장애 환자에 대한 주기적인 기억력 검사는 치매를 선별하고 예방하는 데 기여한다. 6

낱말 정의하기 능력은 문장 수준에서의 어휘지식과 의미론적 능력을 측정할 수 있는데 경도인지장애인 경우 작업기억이 손상되면서 낱말 정의하기에 결함을 나타낸다. 예를 들어 손톱깎이 정의하기 과제에서 경도인지장애 환자는 '손고락을 잡는 것'이라고 모호하게 대답하거나, 앞치마 정의하기 과제에서는 '행주치마라고 하는 것, 하체 걸쳐 입는 옷, 일할 때 가리는 것' 등 완전하지 않은 정의하기 능력을 보인다. 7

### 경도인지장애 환자 사례

70세 P씨는 식사하기, 옷 입기와 같은 기본적 일상생활에는 문제가 없으나 은행업무와 같은 난이도가 높은 복잡한 활동에서 어려움을 호소하고 있다. 특히 가족의 보고에 의하면, 이러한 어려움은 전보다 유의미하게 심해지고 있다. 가족은 P씨의 전반적 생활 능력을 유지하기 위해 지원하고 있다. 과음을 하지 않고, 고혈압과 당뇨병 관리를 정기적으로 하고, 꾸준한 신체활동을 하고, 전반적 신체와 건강상태를 체크하는 등의 관

---

6 이미숙·김향희(2012). "노년층의 인지-화용언어 능력 평가: 평가도구 및 내용타당도 연구". 〈한국콘텐츠학회논문지〉, 12권 5호, 280~292.
7 이미숙(2021). 앞의 책.

리로 치매로 진행되는 것을 예방하거나 지연할 수 있으므로 본인과 가족은 함께 노력하고 있다.

## 치매

범세계적 고령화로 인해 치매환자의 수가 급격히 증가하고 있다(중앙치매센터, 2022). 우리나라의 60세 이상 노인인구는 1,257만 5,641명으로 추정 치매환자 수는 91만 726명에 해당되어 추정 치매유병률이 7.24%에 이른다(중앙치매센터, 2022). 65세 이상을 기준으로 했을 때는 추정 치매유병률이 10.33%에 이르러 비율이 매우 높아진다. 65세 이상의 노인을 기준으로 치매의 중증도 구성비율을 살펴보면, 경도가 41.4%로 가장 높은 비율을 차지하며, 그다음으로 중증도 25.7%, 최경도 17.4%, 중증 15.5%에 해당되어 중증도의 비율은 60세 이상 기준과 65세 이상 기준이 비슷하다.

현재 10.33%에 이르는 추정 치매유병률은 2050년에는 16.1%로 급증할 것으로 추정되어, 가정에서 돌봄 부담과 사회경제적 부담도 함께 급증할 것으로 보인다. 따라서 치매의 예방과 초기 관리가 매우 중요하다고 할 수 있다.

치매는 "과거에는 망령, 노망이라고 부르면서 노인이면 당연히 겪게 되는 노화 현상이라고 생각했으나, 최근의 많은 연구를 통해 분명한 뇌질환으로 인식되고 있다."(중앙치매센터, 2020) 치매는 신경계의 질환으로 후천적인 다양한 원인으로 인해, 기억력 감퇴를 비롯한 인지-의사소통장애가 나타나는 주요 특징을 보인다.

미국 신경정신과학회의 DSM-5의 주요신경인지장애 진단기준에 따르면, 복합적 주의력, 집행기능, 학습 및 기억, 언어, 지각-운동, 사회적 인지의 기능 저하가 표준화된 신경심리 검사에 의해 현저히 나타나야 하며, 일상생활에 영향을 미치는 정도의 증상이 있어야 신경인지장애로 진단을 받게 된다. 누구나 나이가 들면서 기억력 감퇴나 지각과 감각능력이 떨어지는 것을 느낄 수 있으나, 치매로 진단을 받으려면 일상생활을 방해하는 현저한 기억과 학습능력의 저하를 확인할 수 있어야 한다. 따라서 주관적으로 호소하는 기억감퇴와는 변별되는 질환이다.

### 치매 환자의 사례

75세 K씨는 최근 병원에서 알츠하이머병 진단을 받았다. K씨는 혼자 식사를 차릴 수 있고, 식사가 끝난 뒤에 설거지를 할 수 있으며, 병원 진료나 약국 방문, 운동(걷기) 등 바깥 활동을 혼자 할 수 있다. 그러나 음식 만드는 방법이 잘 생각나지 않아 요리하는 데 어려움을 보인다. 또한 일상대화에서 물건 이름을 생각해 내지 못해 어려움을 겪고 있다. 이러한 증세는 점점 심해지고 있다.

최근에는 청력저하로 보청기를 착용한다. 일상대화에서 말이 빠른 편이고, 긴 문장으로 표현할 수 있지만, 조사가 생략되고, 문장을 완전히 끝맺지 못한 전보식 표현을 많이 사용한다. 오늘 아침에 있었던 최근의 이야기는 자발적으로 대화를 이어나가는 편인데, 컨디션이 좋지 않거나, 물건의 이름이 생각이 나지 않을 때는 대화하기를 싫어하고 거부하는 모습을 보인다. 물건의 이름을 말하기가 어려울 때, 첫소리 단서를 주면(예: 칫솔을 보여 주며 "치로 시작하는 거예요"라고 단서를 주었을 때) 정확히 이름을 말할 수 있다.

따라서 가족은 K씨와 의사소통할 때 선택지를 제공하여 기억을 돕는 전략을 사용하고 있다. 예를 들어 오늘이 몇 월 며칠인지 질문할 때는 달력을 보여 주고, 숫자 또는 요일을 하나씩 가리키며 말할 수 있도록 돕는다. 일상생활에서의 일정관리를 위한 날짜, 시간, 장소 등의 질문에 대해서는 다양한 시각자료(사진, 그림)를 활용하여 이름대기 능력을 유지할 수 있도록 돕는다.

## 기타 장애

뇌졸중은 우리나라 국민의 사망 원인 4위를 차지하는 뇌혈관질환으로 인구 10만 명당 42명이 뇌졸중으로 목숨을 잃었다.[8] 특히 뇌졸중은 남성과 노인들에게 더 흔하게 발생하는데, 70대의 연령에서 뇌졸중 발생 위험은 40대와 비교해서 40배나 높다.

뇌졸중의 가장 흔한 원인으로는 고혈압이나 당뇨, 고지혈증 등의 선행질환이 원인이 되어 혈관에 발생하는 동맥경화증에 따른 뇌혈류의 차단이 있으며, 경우에 따라서 심장에서 생성된 혈전이 혈류를 따라 이동하다가 뇌혈관을 막아 발생하기도 한다.[9] 또한, 잘못된 식습관과 바람직하지 못한 생활태도에서 비롯되기도 한다.[10] 뇌졸중과 함께 뇌염, 외상성 뇌손상 등도 신경계 손상을 유발할 수 있어 언어를 상실하는 실어

8   통계청, 2021. 12. 14.
9   서울대학교병원 의학정보, 2022. 4. 19.
10  황현숙·박경숙(1996). "뇌졸중 환자의 신체적·심리적·사회적 적응도에 관한 연구". 〈기본간호학회지〉, 3권 2호, 213~233.

증을 야기한다.

실어증은 말 그대로 언어를 잃는 증상의 질환을 말한다. 이는 주로 뇌졸중으로 인해 나타나는 증상이다. 우리나라의 뇌졸중 환자 수는 약 11만 2,874명이며(통계청, 2022. 3. 8), 실어증 환자 수는 약 3만 명에서 5만 명 정도로 예상된다. 이렇게 높은 발생률을 보이는 실어증 환자의 경우 공통적 언어 문제로 사물이나 동작에 대해 적절한 단어로 표현하지 못하는 이름대기 증상이 나타난다. 이름대기는 뇌의 한 부분에 손상이 있어도 관찰될 수 있는 문제이며 대부분의 실어증 환자들이 일상생활에서 사람과 사물의 이름을 말하는 데 결함을 보이며[11] 이는 영구적으로 지속되는 증상이다. [12] 실제로 실어증 환자들은 의사소통하면서 낱말의 수가 줄고, 낱말을 산출하는 데 지연이나 머뭇거림이 나타난다. [13]

뇌졸중으로 인한 실어증 환자의 사례

65세 Y씨는 뇌혈관 질환으로 인한 브로카 실어증 진단을 받았다. 일상생활 대화는 낱말이나 짧은 문장으로 표현이 가능하지만, 대화상대자가 갑자기 질문하면 대답하지 못하고, 단어를 말하기 위해 애쓰는, 조음기관을 탐색하는 것과 같은 모색행동(groping)을 보인다. 쉽게 포기하지 않고 끝까지 단어를 말하려고 노력하는 모습을 보이고 있다. Y씨는 밝고 긍정적인 성격이며, 언어이해가 좋은 편으로 재활에 대한 의지가 매우

11 김향희(2021). 《신경언어장애》. 학지사.
12 Schuell, H., Jenkins, J. J., & Carroll, J. B. (1962). "A factor analysis of the Minnesota test for differential diagnosis of aphasia". *Journal of Speech and Hearing Research*, 5(4), 349~369.
13 Goodglass, H. (1993). *Understanding Aphasia*. Academic Press.

강하고 다양한 말하기 활동에 집중도가 매우 높다. 가족은 Y씨와 대화할 때 일상생활 관련 주제를 골라서 다양한 사진을 통해 단어의 이름대기를 할 수 있도록 돕고 있다. Y씨가 좋아하는 잡채에 대해 이야기하기 위해, 잡채 사진, 잡채를 만들 때 필요한 재료 사진, 그리고 만드는 과정의 사진을 준비하여 Y씨와 잡채 만드는 법에 대해 대화를 나누기도 한다. Y씨가 정확한 문장으로 길게 이야기하지 않아도 가족들은 문장을 완성할 수 있도록 문장을 시작한다[예: 문장의 시작은 대화상대자가 하고 Y씨가 끝맺게 한다. "대화상대자: 양파, 당근, 표고버섯을 가늘게, Y씨: (채썬다)"].

노화는 질병이 아니기 때문에 위와 같은 신경학적 질환이 있는 환자와 노인의 의사소통 능력에는 현저한 차이가 있다. 그러나 노화로 인해 신경학적 질병이 점진적으로 진행되는 경우도 있기 때문에 의사소통의 변화과정을 지속적으로 점검하고, 질병의 발생을 예방하기 위한 다각적인 지원이 필요하다.

의사소통에 어려움이 있는 노인의 의사소통 지원 방식은 참여모델 (Participant Model)에 근거한다. 참여모델은 의사소통에 어려움이 있는 개인의 환경, 능력 및 요구사항을 고려하여 그가 의사소통 기술을 통해 자신의 생각, 감정 및 필요를 표현하고, 요구사항을 명확히 전달하며, 주변 사람들과 상호적 관계를 맺고 유지하고, 사회에 한 구성원으로서 참여하며, 궁극적으로는 독립적인 삶을 살 수 있도록 지원하는 방식이다.

# 다양한 환경에서 노인의 의사소통 지원

## 의사소통 지원의 필요성

노화로 인해 기억이나 의사소통에 어려움이 발생하면 다양한 환경 안에서 의사소통 지원이 제공되어야 한다. 경도인지장애, 치매, 뇌졸중으로 인한 언어와 의사소통의 어려움은 돌봄 체계 전반에 걸쳐 영향을 미치기 때문에 효과적 의사소통을 위한 지원은 매우 중요하다. 가정에서 일상생활 관련 요구의 표현, 좋아하는 것과 싫어하는 것의 표현, 거부 의사 표현 등 기본적 일상생활 관련 의사소통 요구를 표현할 수 있도록 지원해야 한다.

　가정과 지역사회에서 일상적 활동에 참여하려면 기억과 효율적 의사소통이 뒷받침되어야 하는데 이를 지원하기 위한 대표적 방법은 보완대체의사소통 체계의 다양한 도구 활용이다. 현재 국내 보건복지부 국립재활원에서 노인·장애인 보조기기 연구개발 사업단을 운영하여 노인과 장애인을 위한 의사소통 보조기기 개발연구를 진행하고 있다(〈장애인·노인 등을 위한 보조기기 지원 및 활용촉진에 관한 법률〉, 법률 제 13662호, 2016. 12. 30. 제 22조 보조기기 연구개발의 지원 등). 이외에는 노인을 위한 특별한 의사소통 지원 정책이나 가이드라인은 존재하지 않으며, 개별 사례들이 보고되는 수준이다.

　노인의 의사소통 지원과 관련한 미국 보건복지부의 행정 규칙을 살펴보면14 요양시설 거주자들을 위한 지원 가이드를 명확하게 제시하고 있다. 요양시설은 거주자에게 필요한 치료 및 서비스를 제공하여 거주자의 최고 수준의 신체적·정신적·심리적 안녕을 유지 또는 향상하도록 보장하고 있다. 이 규칙은 요양시설 거주자에게 포괄적인 평가를 수행하고, 그 평가 결과에 따라 개인화된 계획을 개발하고, 필요한 치료 및 서비스를 제공하며, 시설 거주자의 권리와 개인정보를 보호할 것을 보장하는 내용을 담고 있다. 또한 이 규칙에 근거한 메디케어(Medicare)는 65세 이상의 노인, 장애인 등에게 제공되는 건강 관련 의료보험 시스템으로, 의사소통 보조기기의 구입비를 보장하고 있다. 국내에서도 미국의 지원 사례와 같이 의사소통에 어려움이 있는 노인을 위한 지원체계 마련이 필요하다.

여기에서는 사례 기반으로 의사소통 지원의 예를 살펴본다.

## 요양환경에서의 의사소통 지원

### 선택지 제공을 통한 대화전략

"오늘 점심에 뭐 드시고 싶으세요?" 또는 "주말에는 뭐하고 싶으세요?" 같은 질문을 받으면 우리는 점심에 먹고 싶은 메뉴(예: 김치찌개), 그리고 주말에 가고 싶은 곳(예: 바닷가, 공원, 미술관 등), 만나고 싶은 사람(예: 친구, 친척, 가족)을 떠올리게 될 것이다. 이렇게 떠오른 생각을 잘 정리하여 말로 상대방에게 전달하면 된다.

그러나 다양한 신경계 질환으로 인해 생각을 떠올릴 수는 있으나 산출이 안 될 수도 있고(예: 브로카 실어증), 또는 머리에 떠오르는 생각들이

---

14    Code of Federal Regulations(CFR) Title 42, Part 483. 25.

정리되지 않은 상태에서 말이 나오는 경우도 있다(예: 베르니케 실어증). 또한 치매로 인해 원하는 것의 이름 산출이 안 되는 경우도 있을 것이다.

이렇게 유창하게 말로 의사소통하는 것이 어렵거나 제한된 노인과 대화할 때 가족과 대화상대자가 할 수 있는 대화전략으로 선택지를 제공하는 방법이 있다. 예를 들어 먼저 본인이 대화하고 싶어 하는 흥미로운 주제를 찾아낸다. 맛집에서 맛있는 것을 먹었던 경험, 가족들과 산책 또는 여행을 갔던 일, 또는 자신이 잘하는 취미(예: 골프, 볼링 등) 이야기도 좋다. 유창한 대화가 어려운 경우 '예/아니요' 선택지, '매우 싫어한다 - 싫어한다 - 보통이다 - 좋아한다 - 매우 좋아한다'와 같은 리커트(Likert) 척도 선택지, '좋다/싫다'의 선택지 등 다양한 선택지 제공을 통한 대화전략을 사용하여 대화를 주고받을 수 있다.

## 사진 앨범 활용을 통한 대화유지 전략

가정 또는 요양시설에서 흔히 사용할 수 있는 메모판과 기억을 돕는 연상 카드는 중요한 약속이나 과제를 기억하고, 불필요한 잦은 질문을 줄이는 데 도움이 된다. 자발적 의사표현이 어려운 경우, 대화상대자는 다양한 기억을 돕는 도구를 활용하여 적절한 의사표현을 유도할 수 있다.

예를 들어 가족과 함께한 일과는 사진을 찍어 앨범으로 제작하고, 앨범을 함께 보는 활동을 통해 친숙한 사람과 자신이 경험한 일과에 대한 대화를 지속할 수 있다. 또한 본인이 좋아하거나 싫어하는 것을 사진으로 찍어 앨범으로 만들어 두면, 앨범을 보면서 대화를 시작하거나 유지할 수 있다. 자신이 경험한 일과를 앨범으로 만들어 반복적으로 표현하도록 하는 것도 의사소통 기능을 유지하는 데 도움이 된다. 따라서 노인을 돌보는 요양환경에서 가족과 대화상대자는 이러한 도구 활동과 대화전략을 사용하는 것이 필요하다.

일상생활에서 기억을 돕는 시각스케줄
〈그림 8-1〉에서 제시한 시각스케줄은 잠자리를 준비하기 위한 과정이다. 목욕하기, 수건으로 닦기, 잠옷 입기, 로션 바르기, 양치하기, 침대에 눕기 등의 순서로 그림과 텍스트를 함께 제시함으로써 잠자리 준비하기 위한 일련의 과제들을 시각적으로 나열하여 정보를 제공한다. 이러한 시각스케줄을 사용하려면 사전에 정한 방식으로 하나의 과제를 수행할 때마다 그림을 제거하거나 표시하는 것이 좋다. 따라서 자신이 하는 활동과 그림을 지속적으로 연결하면 활동 참여와 다음 활동으로의 전이를 도울 수 있다. 일상생활에서 기억을 돕는 지원의 예로 오늘 해야 할 일과를 메모판에 적거나, 체크리스트를 활용하는 것이 있다(〈그림 8-2〉 참고).

**의료환경에서의 의사소통 지원**

의료환경에서는 환자가 입퇴원, 건강관리 등 자신의 상태를 직접 표현할 수 있도록 지원해야 한다. 통증에 필요한 것, 입원 및 건강관리, 의료지원 상황에서 자신의 상태 표현 방법 등이 포함된다.

지역사회에서 병원, 대중교통, 주민센터, 정부 기관, 민간서비스 기관 등을 이용할 때 의사소통에 어려움을 겪는 노인과 장애인을 지원할 수 있는 다양한 의사소통 보조도구가 개발되어 보급되고 있다.

## 그림 8-1 잠자리에 들기 위한 시각스케줄의 예

| | | | | | |
|---|---|---|---|---|---|
| 1 | | 목욕해요 | 4 | | 로션을 발라요 |
| 2 | | 수건으로 닦아요 | 5 | | 양치를 해요 |
| 3 | | 잠옷을 입어요 | 6 | | 침대에 누워요 |

## 그림 8-2 가정 및 지역사회에서 기억을 돕기 위한 연상도구

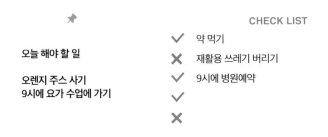

## 그림 8-3 통증표현의 예

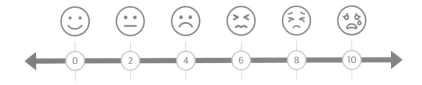

## 그림 8-4 의료 영역에서의 의사소통 지원도구의 예

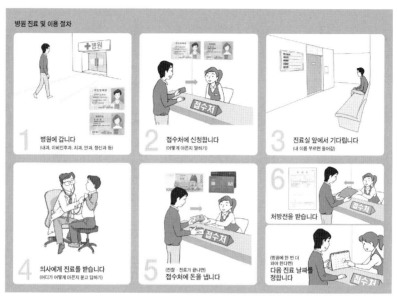

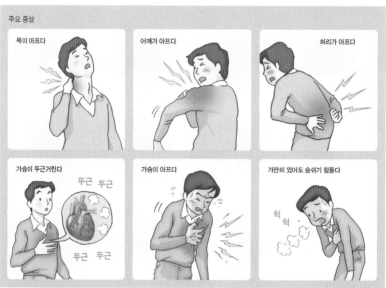

출처: 한국지적발달장애인복지협회, http://www.kaidd.or.kr

## 의료 영역에서의 의사소통 지원도구

의료 영역에서 의사소통 지원도구는 노인 또는 장애인과 의료진 간의 의사소통을 지원하고 가족과 관련 종사자가 노인 또는 장애인의 건강상태를 파악하는 데 활용할 수 있다. 병원 이용 절차와 방법, 처방약 구입 및 복용 방법, 검사와 치료방법 등 일반적 의료 과정이 텍스트와 함께 그림으로 제시되어 있어 노인이 의료시설을 이용하는 데 필요한 의사소통을 돕는다. 진료상황에서 몸의 변화 및 이상 증상을 파악할 때도 구체적인 예가 상황그림으로 제시되어 있어 노인이 자신의 증상을 표현하는 데 도움이 된다. 이외에도 증상이 나타난 신체부위, 발병한 시기, 증상이 나타난 시간, 증상의 수준과 강도 등 증상에 대한 구체적 정보를 파악할 때 활용할 수 있다.

노인과 장애인의 의사소통 능력 정도에 따라 질문하고 대답을 이끌어낼 수 있는 방법을 간단한 예시로 설명한다. 이 도구에서는 많은 질환에서 공통적으로 나타나는 초기 증상들을 정리하여 제시했고, 도구를 사용해도 파악되지 않는 증상이 있거나 특정 질병이 의심될 경우 필요한 의료적 검사를 실시하도록 의료진에게 안내한다. 또한 보완대체의사소통 도구가 필요한 환자, 가족, 의료진에게 배포하며 홈페이지 주소를 안내하고 다운로드 방법을 설명하여 더욱 편리하게 의사소통할 수 있도록 노력한다. 본 의료 영역에서의 의사소통 지원도구는 발달장애인뿐만 아니라 낮은 인지 기능을 보이고 말로 의사소통하는 데 어려움을 느끼는 경도인지장애, 치매, 뇌졸중으로 인한 언어장애인에게도 활용가능성이 높다.

의사소통을 돕는 그림책

피치마켓(2020)에서 진행한 '참지마요 프로젝트'는 경계선 지능으로 의사소통에 어려움이 있는 느린 학습자를 위해 질병표현을 돕는 의사소통 그림책을 개발하였다. 의사소통 그림책을 활용하여 느린 학습자는 자신의 증상을 정확하게 표현하고, 의사는 검사와 치료 과정을 이해하기 쉽게 전달할 수 있다.

그림 8-5 의사소통을 돕는 그림책 : 《몸이 아파요》

어디가 아픈가요?

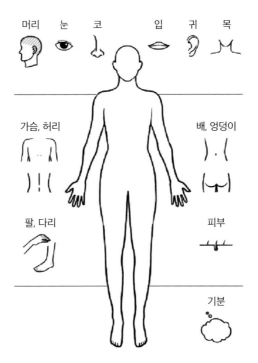

## 어떻게 **아픈가요?**

| 추워요 | 뜨거워요 | 타들어 가요 | 짜릿해요 |
| 쿡쿡 쑤셔요 | 조여요 | 뒤틀려요 | 뭉쳐요 |
| 당겨요 | 찢기는 듯해요 | 쥐어 뜯겨요 | 베인 듯해요 |
| 깨질 듯해요 | 터질 듯해요 | 눌리는 듯해요 | 빠질 듯해요 |

## 얼마나 **아픈가요?**

| 움직일 수 있어요 | 움직이기 힘들어요 | 서 있기 힘들어요 | 일어나기 힘들어요 | 움직일 수 없어요 |

출처: 참지마요 프로젝트. https://www.saypain.com.

## 성년후견제도 활용을 위한 의사소통 지원

경도인지장애나 치매 등을 겪어 의사소통에 어려움이 있는 노인의 경우 일상생활 전반에 걸쳐 다른 사람의 지원이 필요하다. 이를 위해 노인의 의사소통 지원과 자기결정을 보장하는 법제도가 마련될 필요가 있다. 법제도를 고안할 때에는 의사소통 도구의 개발, 노인 당사자와 노인과 소통하는 사람들을 대상으로 한 교육 제공 등 구체적인 사항이 포함되어야 한다. 〈발달장애인 권리보장 및 지원에 관한 법률〉은 발달장애인의 자기결정과 의사소통 지원을 보장하는 법률로서 노인의 자기결정권과 의사소통 보장제도 도입에 참고할 수 있다.[15]

의사결정 능력에 현저한 어려움이 있어 의사소통 도구의 지원만으로는 문제를 해결할 수 없는 경우 성년후견제도의 이용을 고려할 수 있다. 그런데 장애인을 대상으로 한 연구 결과[16]에 따르면, 성년후견제도를 이용할 때 장애 당사자가 배제된 채 의사결정이 이루어지는 경우가 많았다. 많은 경우 장애 당사자의 자기결정보다 보호적 관점에서 이해관

---

15  〈발달장애인 권리보장 및 지원에 관한 법률〉 제 8조(자기결정권의 보장)
    ① 발달장애인은 자신의 주거지의 결정, 의료행위에 대한 동의나 거부, 타인과의 교류, 복지서비스의 이용 여부와 서비스 종류의 선택 등을 스스로 결정한다.
    ② 누구든지 발달장애인에게 의사결정이 필요한 사항과 관련하여 충분한 정보와 의사결정에 필요한 도움을 제공하지 아니하고 그의 의사결정능력을 판단하여서는 아니 된다.
    ③ 제 1항 및 제 2항에도 불구하고 스스로 의사를 결정할 능력이 충분하지 아니하다고 판단할 만한 상당한 이유가 있는 경우에는 보호자가 발달장애인의 의사결정을 지원할 수 있다. 이 경우 보호자는 발달장애인 당사자에게 최선의 이익이 되도록 하여야 한다.
16  채수정·문채영·김정인(2020). "발달장애인의 후견제도 활용을 위한 그림 상징카드 개발 연구". 〈보완대체의사소통연구〉, 8권 1호, 57~85.

계인의 결정이 우선되었으며, 후견인은 피후견인에게 의사를 직접 묻기보다는 피후견인의 일상생활을 지원하는 주변 사람들의 도움을 받는 것으로 나타났다. 따라서 장애인 본인이 성년후견제도의 내용을 정확히 이해하고 제도를 바르게 이용할 수 있도록 의사소통에 활용할 수 있는 어휘목록이 제시되고 있다. 이와 마찬가지로, 성년후견제도에서도 노인과 효과적으로 의사소통을 하기 위해서는 〈표 8-1〉과 같은 어휘목록이 도움이 될 수 있다.

표 8-1 노인의 성년후견제도 활용을 위한 어휘목록

| 어휘목록 예 | |
|---|---|
| 후견인 선택 영역 | 후견인의 예:<br>자녀(아들, 딸, 사위, 며느리, 손주), 형제자매(언니, 오빠, 누나, 형, 동생), 친척(이모, 고모, 삼촌, 조카 등), 사회복지사(선생님), 의사, 법인, 변호사, 법무사 등 |
| | 후견인 신청 시 도움이 필요한 예:<br>후견제도 알기, 후견제도 신청하기, 후견인 만나기, 심문기일(법원 가는 날) 알기 |
| 교육 영역 | 교육 영역의 예:<br>커피(바리스타), 제과·제빵, 컴퓨터, 미술(그림 그리기), 요리, 운동(수영, 헬스, 요가 등), 생활교육 |
| | 교육 영역에서 후견인의 도움을 받을 수 있는 예:<br>내가 원하는 교육 정보 알기, 내가 원하는 프로그램 참여하기, 이용에 어려운 점 표현하기, 이용료 내기(수납), 이용료 돌려받기(환불) |
| 보건·의료 영역 | 보건·의료 영역의 예:<br>이가 아파요(치과), 감기 걸렸어요(내과), 배가 아파요(내과), 눈이 아파요(안과), 피부가 가렵고 따가워요(피부과), 귀, 코, 목이 아파요(이비인후과), 오줌 눌 때 아파요(비뇨기과), 뼈가 부러졌어요(정형외과), 마음이 안 좋아요(신경정신과), 다이어트(살 빼기), 건강검진 받고 싶어요, 건강해요, 기뻐요, 슬퍼요, 화나요, 불안해요 |
| | 보건·의료 영역에서 후견인의 도움을 받을 수 있는 예:<br>병원·약국 정보 알기, 병원 진료하기, 병원 입원·퇴원하기, 건강검진 정보 알기, 건강검진 결과 알기, 스트레스 푸는 방법 알기 |

## 표 8-1 계속

| 어휘목록 예 | |
|---|---|
| 문화·영화 영역 | 문화, 여가 영역의 예:<br>운동하기(수영, 헬스, 자전거 등), 미술(그림 그리기), 여행하기, 악기 연주하기,<br>음악듣기, 노래하기, 춤추기, 요리하기, 동아리 활동하기, 맛있는 음식점 가기,<br>카페 가기, 영화 보기, 마트(슈퍼) 가기, 전시회 보러 가기, 스마트폰 사용하기,<br>산책하기, 반려동물(강아지, 고양이) 키우기, 대회(바리스타 등) 참여하기 |
| | 문화, 여가 영역에서 후견인의 도움을 받을 수 있는 예:<br>내가 원하는 문화·여가 정보 알기, 내가 원하는 문화·여가 참여하기,<br>이용에 어려운 점 표현하기, 이용료 내기(수납), 이용료 돌려받기(환불) |
| 소득 재정 영역 | 소득, 재정 영역의 예:<br>수입(일해서 버는 돈, 나라에서 받는 돈, 상속받는 돈) 알기,<br>계획하고 돈 쓰는 것 알기, 저금하기, 안전하게 돈 관리하기 |
| | 소득·재정 영역에서 후견인의 도움을 받을 수 있는 예:<br>월급 확인하기, 장애인연금 확인하기, 노인수당 확인하기, 기초생활수급비<br>확인하기, 돈 사용 계획하기, 돈 찾기(인출), 생활용품 사기(세제, 샴푸 등), 공과금<br>내기, 저축하기, 은행 상품(예금, 적금, 대출) 이용하기,<br>카드(신용·체크카드) 만들기, 통장 만들기, 통장 관리하기, 공인인증서 만들기,<br>은행 관련 일하기, 카드(신용·체크카드) 사용하는 방법 알기, 모바일(인터넷)<br>뱅킹, 카드 이용하기 |
| 주거 영역 | 주거 영역의 예:<br>생활시설(거주시설, 요양병원 등), 아파트, 빌라, 주택,<br>대중교통(지하철, 버스) 근처, 문화시설(카페, 영화관) 근처,<br>편의시설(마트) 근처, 복지관(지원·자립생활 주택) 근처, 가족과 살아요,<br>친구와 살아요, 배우자(사랑하는 사람)와 살아요 |
| | 주거 영역에서 후견인의 도움을 받을 수 있는 예:<br>내가 살고 싶은 집 찾기, 집 계약하기(집 사기/팔기), 집수리 하는 곳 알기,<br>이사하기, 생활하는 데 어려운 것(청소, 빨래 등) 표현하기, 생활시설(요양시설)<br>정보 알기, 시설 내 어려운 점 표현하기, 집에서 안전하게 생활하는 법 알기 |
| 일상생활 영역 | 일상생활 영역의 예:<br>주민센터, 은행(하나은행, 신한은행 등), 통신사(SKT, LG, KT), 우체국, 복지관 |
| | 일상생활 영역에서 후견인의 도움을 받을 수 있는 예:<br>활동지원사 신청하기, 복지카드 신청하기, 기초생활수급비 신청하기,<br>노인기초연금 신청하기, 장애인연금 신청하기, 장애수당 신청하기,<br>보험 계약하기·해지하기, 통신(휴대폰, 인터넷 네트워크) 관련<br>계약하기·해지하기, 우편물 확인하기, 사회복지서비스 정보 알기, 사회복지서비스<br>신청하기, 서비스 이용 시 어려운 점 표현하기 |

출처: 채수정·문채영·김정인(2020)의 "발달장애인을 위한 성년후견인제도 활용 어휘목록"을 노인의
돌봄환경에 맞추어 수정하여 제시하였다.

# 보완대체의사소통(AAC)

보완대체의사소통(AAC: *Augmentative and Alternative Communication*) 은 말을 통한 의사소통에 어려움을 겪는 사람들을 위해 구어 이외의 다양한 의사소통 방법을 사용하는 것을 말하며 용어에서 알 수 있는 것처럼 말을 보완하거나 대신하는 경우가 모두 포함된다. AAC에 관한 구체적 정의와 범위는 다음과 같다.

## 보완대체의사소통(AAC) 정의

가장 많이 받아들여지는 미국언어청각학회의 AAC에 관한 정의는 다음과 같다.

> AAC는 말과 언어의 표현 및 이해에 어려움을 가진 사람들의 일시적 또는 영구적 손상, 활동 한계, 참여 제약 등을 보상하기 위한 연구, 임상 및 교육적 실제를 말하며, 도구를 사용하거나 사용하지 않는 방법을 포함하고, 구어를 보완하거나 대체하는 것을 말한다.[17]

이를 좀 더 풀어서 바티에(Battye)는 다음과 같이 설명하였다.

---

17  American Speech-Language-Hearing Association(2005). "Roles and responsibilities of speech-language pathologists with respect to Augmentative and Alternative Communication: Position statement". Retrieved from www. asha. org/policy.

이해와 표현을 모두 지원하기 위해 AAC가 필요한 사람이 있고, 구어를 잘 이해할 수 있지만 신체적 손상으로 인해 표현하기가 어렵기 때문에 표현의 수단으로 AAC가 필요한 사람도 있다. 구어를 사용할 수 있는 AAC 사용자들도 특정 상황에서는 AAC가 필요할 수 있다. 또 병이나 부상으로부터 치료되는 동안 일시적으로 AAC가 필요한 경우도 있다.[18]

이러한 정의에서 주목할 점은 다음과 같다.

첫째, 구어를 대신하는 대체(alternative) 의사소통뿐만 아니라 보충하고 지원하는 보완적(augmentative) 의사소통도 포함된다는 것이다. 성대를 다쳐 목소리가 안 나오는 경우 또는 전혀 발화가 안 되는 최중도 뇌병변장애인의 경우 AAC는 말을 대신하는 대체의사소통이 된다. 반면 발음이 부정확하여 상대방이 알아듣기 어려운 경우 또는 발화에 너무 많은 노력이 필요하여 오래 말하기가 힘든 경우에는 AAC를 사용하여 구어 의사소통을 보완할 수 있다. AAC를 구어를 대신하는 의사소통 접근으로만 오해하여 말을 전혀 하지 못하는 사람에게만 사용하는 것으로 생각하면 의사소통 지원이 필요한 많은 사람들에게 적절한 도움을 줄 수 없다.

둘째, AAC의 정의에서는 구체적인 AAC의 형태를 정하고 있지 않다. 다시 말해, AAC 사용자의 필요가 다양한 만큼 이를 만족시키기 위한 AAC의 유형은 매우 다양하다.[19] 미국언어청각학회의 정의에서는 도구를 사용하는 AAC와 도구를 사용하지 않는 AAC를 모두 말한다고

---

18  Battye, A. (2017). *Who's Afraid of AAC?* (1st ed.). Routledge. Retrieved from https://www.perlego.com/book/1572914 (Original work published 2017).

19  위의 책.

설명한다. 그림의사소통 판이나 의사소통애플리케이션 등은 도구를 사용하는 경우의 예이다. 수어나 간단한 손짓기호인 손담을 사용하는 것은 비도구적 AAC의 예이다. 최근에는 다양한 하이테크 의사소통도구와 프로그램들이 개발되고 있다.

셋째, AAC는 상징(symbol), 도구(aids), 기법(techniques) 및 전략(strategy)의 주요 구성요소를 지닌 체계를 말한다.[20] 즉, AAC 체계 적용을 위해서는 메시지 전달을 위한 상징, 그 상징을 선택하고 출력하는 전자 혹은 비전자적 도구와, 사용자가 메시지를 선택하는 기법, 마지막으로 효율적 의사소통을 위한 전략이 필요하며 이 4가지를 AAC 체계의 기본 구성요소로 정의한다. 이와 같은 기본 구성요소 외에 하이테크 AAC 도구는 상징배열에 관한 디스플레이, 음성출력 유형, 상징을 선택했을 때 활성화를 알려 주는 피드백, 속도 향상을 위한 전략, 상징선택을 위한 접근방법 및 AAC 체계를 사용하는 데 필요한 운동 기능에 대한 사용자 설정기능 등의 기술적인 요소를 가지고 있다.

---

20 김영태(2014). "말·언어장애 아동을 위한 보완·대체 의사소통(AAC) 활용을 위한 탐색". 〈보완대체의사소통연구〉, 2권 1호, 1~22; 성시연·임장현·김영태·박은혜(2013). "보완대체의사소통(AAC) 잠재 수요 예측 연구: 아동기 및 후천성 성인기 의사소통 장애를 중심으로". 〈보완대체의사소통연구〉, 1권 1호, 1~24; American Speech-Language-Hearing Association(2005). "Roles and responsibilities of speech-language pathologists with respect to Augmentative and Alternative Communication: Position statement". Retrieved from www.asha.org/policy; Beukelman, D., & Mirenda, P. (2013). *Augmentative and Alternative Communication: Supporting Children and Adults with Complex Communication Needs*(4th ed.). Paul H. Brooks Publishing; Beukelman, D., & Light, J. (2020). *Augmentative and Alternative Communication: Supporting Children and Adults with Complex Communication Needs*(5th ed.). Paul H. Brooks Publishing.

## 보완대체의사소통(AAC)과 상징체계

AAC에서 상징의 사전적 정의는 "어떤 것을 나타내기 위한 다른 어떤 것"이다. 예를 들어 우리는 빨간색 신호등에 멈추고, 초록색 신호등에 이동한다. 여기서 빨간색 신호등과 초록색 신호등은 각각 '멈추시오'와 '가시오'의 메시지를 나타내는 상징이다. 따라서 '멈추시오'와 '가시오'를 나타내기 위한 다른 어떤 것이 신호등이다. 신호등은 우리의 안전을 위해 중요한 메시지를 전달하는 상징인 것이다.

다른 예로 특정 회사를 표현하는 로고(logo)도 상징이 될 수 있다. 우리는 먼 거리에서도 쉽게 카페를 찾고, 편의점을 찾을 수 있다. 거리에서 발견할 수 있는 다양한 상표와 로고는 무엇을 판매하는 곳인지, 어떤 장소인지 알 수 있게 한다. 즉, 메시지를 전달하는 것이다. 이외에도 사진, 다양한 일러스트, 제스처 등 다양한 의사소통 상황에서 사용되는 메시지를 전달하는 것이 모두 상징이라 할 수 있다. 이렇듯 우리는 일상생활 속에서 다양한 상징체계를 사용하여 의사소통하고 있다.

AAC 상징에서 대표적인 것은 그래픽 상징이다. 제각기 언어와 문화가 다른 다양한 사람들이 이용하는 공항에서는 픽토그램이 사용되어 언어를 모르더라도 그림 상징을 통해 장소를 이동하고, 공항의 주요 시설을 이용할 수 있다(〈그림 8-6〉 참조). 이렇듯 그래픽 상징은 의사소통을 할 때 사용자와 대화상대자 모두에게 시각적 단서를 제공하여 내용의 이해를 촉진할 수 있다. 또한 그래픽 상징은 구어 사용의 어려움을 보완하거나 대체하여 표현하는 방법이며, 특히 운동능력의 어려움이 있는 경우에도 유용하다.[21]

그림 8-6 인천공항의 공항 안내 게시판

　대표적인 그래픽 상징체계로는 PCS 상징(*Picture Communication Symbols*), 위짓 상징(*Widgit symbols*), 픽심볼(*Picsyms*), 픽토그램(PIC: *Pictogram Ideogram Communication*), 블리스 상징(*Blissymbols*), 마카톤 상징(*Makaton vocabulary*) 등이 있다. 국내에서는 〈한국형 보완대체의사소통 상징체계집〉(KAAC), 성인 발달장애인을 위한 위톡 상징(국립특수교육원, 2021) 등이 많이 사용된다. 이 장에서는 국내에서 개발한 〈한국형 보완대체의사소통 상징체계집〉과 위톡 상징에 대해 소개한다.

---

21　김정연(2016). "중도장애학생의 단어재인능력 향상을 위한 AAC 기반 일견단어 교수 전략 비교 연구". 〈교육혁신연구〉, 26권 2호, 47~64.

〈한국형 보완대체의사소통 상징체계집〉

국내에서 개발한 대표적 AAC 그림 상징은 〈한국형 보완대체의사소통 상징체계집〉이다. 한국 문화와 한국어 특징을 반영하여 어린이부터 성인까지 전 연령이 사용하는 어휘와 장애유형에 따른 어휘를 비롯해 그림 상징 1만여 개를 포함했다. [22]

표 8-2 〈한국형 보완대체의사소통 상징체계집〉의 예

| 범주 | AAC 그림 상징 | | | |
|---|---|---|---|---|
| 한국문화 | 김치 | 추석 | 서울역 | 윷놀이 |
| 일상생활 | 커튼 열어 주세요 | 침대 내려 주세요 | (아들에게) 전화 걸어 주세요 | 안마의자 사용하고 싶어요 |
| 의료환경 | 어깨통증 | 보청기 | 전기자극치료 | 워커 |
| 장애 관련 표현 | 휠체어를 밀어 주세요 | 듣고 말하는 데 어려움이 있어요 | 잘 안 들려요 | 지체장애인 |

---

22  박은혜·김영태·홍기형·연석정·김경양·임장현(2016). "이화-AAC 상징체계 개발 연구: 어휘 및 그래픽 상징의 타당화". 〈보완대체의사소통연구〉, 4권 2호, 19~40.

총 1만여 개의 AAC 그림 상징은 한국형 AAC 상징검색 시스템23에서 주제별로 모아 관리 및 프린트할 수 있다. 현재 개발된 총 1만여 개의 그림 상징을 검색하고 다운로드가 가능하다. 위의 웹사이트로 들어가 본인의 이메일 주소로 회원 가입하여 사용할 수 있으며, 내 상징모음 기능을 통해 주제별로 의사소통 판을 쉽게 구성하고 프린트할 수 있다.

### 위톡 AAC 그림 상징

위톡 상징은 국가장애인평생교육진흥센터에서 개발한 성인 발달장애인을 위한 AAC 그림 상징체계로 현재 430개가 개발되어 국가장애인평생교육진흥센터 평생배움세상 웹사이트에 공유되어 있다. 24

코로나19 감염병 예방, 온라인 활동 참여, 자기관리와 주거환경, 시간, 날짜와 날씨, 직장생활과 감정표현 어휘 등 최근 상황과 성인의 요구를 반영하여 개발된 그림 상징체계이다. 긴박한 상황이나 현재 느끼는 감정을 쉽게 표현할 수 있게 했고, 일상생활에서 자주 사용하는 어휘를 장소별로 분류하여 해당 장소에서 쉽게 의사표현을 할 수 있게 했다. 또 간결하고 명료한 그림 상징을 통해 어휘의 의미를 정확하게 전달할 수 있게 했다. 위톡 상징의 예는 〈그림 8-7〉과 같다.

---

23  KAAC Symbol Search 사이트. http://symbol. ksaac. or. kr.
24  국가장애인평생교육진흥센터. https://www. nise. go. kr.

## 그림 8-7 위톡 AAC 그림 상징

### 글자(텍스트)

글자, 즉 텍스트를 의사소통에 사용하는 방식은 자음과 모음, 혹은 음절 단위의 낱말을 사용하여 의사소통을 하는 방식을 의미한다. 읽기와 쓰기를 학습하기 시작한 학생들에게 보완적 방법으로 그림 상징과 함께 사용하거나, 글을 써서 필답으로 의사소통할 때 사용할 수 있다. 성인 발달장애인의 경우 구어 사용이 어렵지만 구어 이해력은 높은 사람이나, 뇌병변장애와 같은 운동장애로 글을 직접 쓰는 데 오랜 시간이 걸리는 사람이 사용하는 방법이다. 초성의 자음, 낱글자, 낱말, 구나 문장 등으로 구성된 목록이 포함된다.


## 보완대체의사소통(AAC) 도구

AAC 도구 유형은 전자적 요소의 탑재에 따라 로테크(*low-tech*) 유형과 하이테크(*high-tech*) 유형으로 나눌 수 있다. 로테크 AAC 도구는 전자적 요소가 적거나 전혀 들어가지 않은 것으로, 의사소통 책, 의사소통 수첩, 의사소통 가방, 의사소통 조끼 등이 있다. 하이테크 AAC 도구는 전자적 요소가 탑재된 것으로 태블릿 PC 기반의 AAC 앱이 대표적 예이다.

로테크와 하이테크 AAC 도구 유형은 의사소통 책, 스위치, 태블릿 기반 앱 등으로 다양하다.


### 로테크 AAC 도구

의사소통 판, 의사소통 책, 의사소통 수첩과 같은 로테크 AAC 도구는 태블릿 PC 기반의 AAC 앱을 사용하기 어려워하거나, 태블릿 PC의 시각적·청각적 자극이 불편한 사용자가 선택할 수 있다.

한국형 AAC 상징검색 시스템에서 그림 상징 모음기능과 출력을 통해 쉽게 사용자에게 적합한 의사소통 판을 제작할 수 있다. 제작된 의사소통 판은 사용자의 운동능력과 감각능력을 고려하여 제시한다. 사용자는 그림 상징을 확인하고 손가락으로 가리키거나 눈응시(*eye gaze*)를 통해 전달하고자 하는 메시지를 선택할 수 있다.

표 8-3 AAC 도구 유형의 주요 특징 비교

|  | 하이테크 AAC 도구 | 로테크 AAC 도구 |
|---|---|---|
| 어휘 | • 무한대의 많은 양의 어휘와 문장을 저장할 수 있음 | • 어휘를 추가할 수 있음<br>• 의사소통 판(또는 책) 크기가 한정되어 보드 안에 제시되는 어휘가 많아질수록 그림 상징 크기가 작아질 수 있음<br>• 한 페이지에 상징을 담지 못하는 경우 페이지가 증가함 |
| 기기 | • 기기 사용 시 추가 비용이 들 수 있음(데이터 사용)<br>• 하드웨어적 고장문제가 발생할 수 있음 | • 추가 비용이 들지 않음<br>• 고장 나는 경우가 없음<br>• 종이의 경우 오염이나 찢어지는 문제가 발생할 수 있음 |
| 기법 | • 스캐닝 방법을 자동화된 프로그램을 사용하여 AAC 사용자가 독립적으로 사용할 수 있음 | • 스캐닝 사용 시 대화상대자의 도움이 필요함 |
| 운영 체계 | • 컴퓨팅 기반으로 운영되는 체계로, 윈도우, iOS, 안드로이드 등의 다양한 운영체계를 사용함 | • 별도의 운영체계가 없음 |
| 예 | • 구글플레이 또는 앱스토어에서 유료 혹은 무료로 다운받을 수 있는 앱<br>(예: 나의 AAC, 스마트 AAC, 진소리 PLUS)<br>• 단말기 기반으로 판매되는 기기<br>(예: 마이토키 스마트, 위드톡, 키즈보이스, 보이스탭) | • 의사소통 판<br>• 의사소통 책<br>• 의사소통 지갑<br>• 의사소통 수첩<br>• 의사소통 조끼 |

**그림 8-8 AAC 의사소통 판 사용의 예**

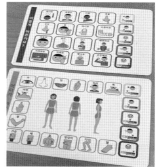

음성출력 스위치와 음성출력 카드는 간단히 음성을 녹음한 후 재생하여 사용할 수 있는 도구다. 하이테크라고 보기 어려워 로테크 또는 미들테크라고 한다. 도구에 따라 녹음 시간은 다르지만, 대부분 저가이며 필요한 곳에 배치하거나 갖고 다니며 사용할 수 있다. 누르면 녹음된 소리가 나오는 버튼식 스위치, 당기거나 터치하거나 쥐었다 놓는 등의 일정한 동작으로 작동되는 스위치 등 종류와 크기, 작동방식이 매우 다양하다.

녹음시간이 길고 메시지를 많이 녹음할 수 있는 기기일수록 고가이다. 학생이 사용할 수 있는 상징을 버튼에 부착하고 해당하는 내용을 녹음하여 쓴다. 칩톡, 테크톡, 빅맥 스위치 등이 많이 사용된다.[25] 각각의 버튼에 1개의 메시지를 저장, 재생할 수 있다. 저장시간은 15초부터 길게는 300초까지 가능한 기기도 있다. 여러 장의 음성출력카드를 이용하여 앨범식으로 저장하여 사용할 수도 있다.

---

25  박은혜 · 표윤희 · 김정연 (2018). 《함께 생각하는 지체장애학생교육》. 학지사.

### 하이테크 AAC 도구

하이테크 AAC는 전용 단말 기반의 AAC 도구(예: 키즈보이스, 마이토키 스마트)와 범용성의 태블릿 PC에서 다운로드할 수 있는 애플리케이션으로 나뉜다. 이러한 소프트웨어 기반의 하이테크 AAC는 많은 그림 상징과 어휘가 탑재되어 있어 사용자 맞춤 설정이 가능하며, 시각적·청각적·촉각적 피드백 설정을 통해 역동적 디스플레이를 제공하는 것이 특징이다.

국내에서 개발된 가장 대표적인 하이테크 AAC 도구인 마이도키 스마트(MyTalkie Smart)는 음성합성과 음성인식 개발연구 업체인 (주)리드스피커에서 개발한 것으로 안드로이드용 단말기에 탑재하여 판매하는 유료 기기이다. [26]

현재 마이토키 스마트는 2022년 정보통신보조기기 보급제품으로 등록되어 있다. [27] 마이토키 이외에도 오케이톡톡 에듀패드〔(주)지니큐브〕, 보이스탭 PRO〔(주)샤크로〕, 키즈보이스스마트〔(주)유비큐〕, 위드톡와이드〔(주)핑키밍키〕의 제품이 등록되어 있다.

---

26   마이토키 웹사이트. http://www.mytalkie.co.kr.
27   정보통신 보조기기 웹사이트. http://www.at4u.or.kr.

## 표 8-4 국내의 AAC 앱 소개

| 로고 | 이름 | 주요 특징 |
|------|------|-----------|
| | 진소리 PLUS (v2.0) | • 안드로이드 운영체계, 무료 다운로드<br>• 글자 기반 AAC<br>• 읽기와 쓰기 가능한 성인에게 적합함<br>• 휴대성의 요구가 큰 대상자에게 적절함<br>• 식당, 쇼핑 외 16개 상황에서 사용할 수 있는 문장 제공 |
| | 오케이 톡톡 | • 안드로이드 운영체계, 무료 다운로드<br>• 그림 상징 기반 AAC<br>• 음성 출력이 성인 남성과 여성의 녹음 음성 제공<br>• 600여 개의 상징 제공 |
| | 나의 AAC | • 안드로이드, iOS, 윈도우 운영체계에서 사용<br>• 무료 다운로드<br>• 나의 AAC 기초, 나의 AAC 아동, 나의 AAC 일반 3가지<br> 유형의 앱이 개발되었고, 사용자의 연령, 장애유형,<br> 언어능력에 따라 앱을 선택하여 사용할 수 있음 |
| | 엔젤톡 | • 안드로이드 운영체계, 무료 다운로드 가능<br>• 엔젤만 신드롬 환자를 위한 AAC<br>• 사진과 그림 상징 기반의 AAC로 다양한 장애유형에게<br> 적용 가능성 높음 |
| | 위톡 | • 안드로이드 운영체계, 무료 다운로드<br>• 그림 상징, 글자 기반 AAC<br>• 인권, 건강, 지역사회 등과 관련한 어휘 탑재 |
| | ALS CHAT | • 안드로이드 운영체계, 무료 다운로드<br>• 사용자가 글자판에서 안구를 움직여 지시하면 안구 방향을<br> 보고 보호자가 표시하는 방식으로, 소통의 부재로 소외감을<br> 느끼는 희귀난치병 환자들에게 적합함<br>• 루게릭, 파킨슨, 구음장애, 뇌성마비 등 운동성 질환 환자 및<br> 가족에게 사용할 수 있음<br>• 기존의 글자판과 달리 자음과 모음을 6가지 방향에<br> 그룹으로 구성하여 제시한 전체판을 선택하면 세부판으로<br> 넘어가 대상자가 글자를 기다리는 과정을 축소하여<br> 소요되는 시간을 크게 감소시켰으며 대상자가 본인의<br> 의사를 쉽게 표현할 수 있도록 설계됨<br>• ALS Chat 웹사이트 https://www.alschat.com 운영 |

## 보완대체의사소통(AAC) 선택기법

다양한 도구를 사용하려면 다양한 신체의 동작이 필요하다. 예를 들어, 전자레인지를 사용하려면 손잡이를 잡고 당기고 닫는 동작, 버튼을 누르거나 돌리는 동작을 수행할 수 있어야 한다.

이와 같이 기기를 작동하기 위한 다양한 신체적 접촉이나 동작을 접근기법이라고 한다. AAC 도구를 사용하려면 사용자의 언어능력, 운동능력, 시청각 능력 등 신체적·인지적 상태에 따라 적합한 접근기법을 선택해야 한다. 태블릿 PC 기반의 애플리케이션을 작동하는 가장 손쉬운 방법은 손가락으로 터치하기, 길게 누르기, 눌러서 끌기 등이다.

그러나 신경계 질환으로 마비가 있거나 미세한 근육 움직임의 조절이 어려운 노인의 경우 스마트 기기의 스크린 터치를 통해 애플리케이션을 사용하기 어려울 수 있다. 단순하고 간단해 보이는 동작도 신체부위의 정교한 움직임이 요구되기 때문이다.

이렇게 운동기능이 제한적인 경우는 선택의 정확도를 높이기 위해 터치펜와 같은 보조기기를 사용하거나 스캐닝(scanning)과 같은 간접선택 방법을 사용할 수 있다. 여기서 중요한 것은 사용자가 가장 쉽게 할 수 있고, 오랫동안 사용해도 피곤해지지 않고, 일관성 있게 할 수 있는 방법을 선택해야 한다는 점이다.

직접선택기법에는 손가락으로 가리키기, 또는 스위치를 누르기, 화면에서 터치하기 등이 있다.

## 손가락으로 가리키기

손가락으로 가리키기 혹은 포인팅(*pointing*)은 AAC 의사소통 판을 손가락 또는 대상자의 가능한 움직임의 범위 내에서 가장 정확하게 움직일 수 있는 신체부위를 사용하여 AAC 의사소통 판에서 자신이 전달하려는 메시지의 상징을 선택하는 기법을 말한다. 보통 로테크 기반의 의사소통 판, 의사소통 책, 의사소통 카드에서 사용할 수 있는 선택기법이다.

환자의 운동능력 중에서 손가락의 운동기능이 가장 좋으나 떨림으로 인해 목표 그림 상징을 정확히 가리키기 어려운 경우 유용한 팁은 의사소통 판에 제시된 그림 상징 크기를 크게 하거나, 배열에서 그림 상징 간의 간격을 넓게 하는 것이다.

## 눈으로 응시하기

눈응시란 대화상대자가 AAC 사용자의 응시 방향을 파악하여 선택된 항목을 확인하기 충분할 만큼 오랫동안 한 항목을 응시하는 것이다. 대표적 도구로 이트란(E-Tran)이 있다. 이트란은 'eye transfer'의 줄임말로 대화하는 상대방과 마주보고 앉아 투명한 글자 기반의 AAC 보드를 가운데 두고 눈응시를 통해 자신이 표현하려는 메시지의 철자를 선택하는 방법이다. 지체장애의 경우에도 눈 움직임은 비교적 정확하게 할 수 있으므로 이 방법을 사용하는 경우가 많다.

## 누르기

누르기(*pressure*)는 사용자가 의사소통 판에서 전달하고 싶은 메시지 상징 또는 아이콘을 활성화하기 위해 손가락이나 발 등 몸의 일부분으로 누르는 동작을 말한다. 컴퓨터 키보드나 전자레인지 버튼의 경우 누르기가 요구되는 대표적 기기이다. 만약에 신체부위를 사용하여 누르기에 낮은 정확도를 보이는 경우 손과 팔에 부착된 보조도구(예: *head-stick*)를 가지고 누르기를 할 수 있다.

스캐닝

스캐닝(*scanning*) 또는 훑기는 운동기능의 마비나 제한으로 인해 AAC 의사소통 판에서 상징을 가리키거나 누르는 등의 방법으로 직접 선택할 수 없는 경우 대화상대자의 도움을 받아 사용할 수 있는 접근방법이다. 스캐닝은 로테크와 하이테크에서 모두 사용할 수 있는 전략이다. 특히 로테크에서는 대화상대자의 역할이 중요하다.

　　AAC 의사소통 판의 상징을 사전에 정한 순서대로(예: 원형, 선형, 집단-항목) 일정 시간 동안 제시하고, AAC 사용자는 이를 잘 보고 있다가 자신이 전달하려는 메시지에 도달했을 때 사전에 정한 방법으로 신호를 보내는 방식으로 스캐닝이 이루어진다. 스캐닝의 시작과 방향에 따라 원형 스캐닝, 선형 스캐닝, 집단-항목 스캐닝 등으로 분류할 수 있다.

## 나오며

지금까지 노인의 의사소통의 특성을 알아보고 그 어려움을 지원할 수 있는 방법으로 보완대체의사소통이 있음을 살펴보았다. 돌봄의 대상이 되고 의사소통이 힘들어진 노인의 경우에도 가능한 한 자신의 의사를 표현할 수 있도록 방법을 찾아내어 지원하고, 느리더라도 스스로 의사소통 반응을 할 수 있도록 충분한 시간을 제공하는 것이 매우 중요하다.

노인이 신체적·인지적·정서적 특성과 상태에 적합한 의사소통을 하며 보완대체의사소통을 통해 중요한 의사표현을 하는 것이 자연스러운 때가 오기를 기대한다.

## 제철웅

한양대 법학전문대학원 교수이다. 서울대에서 법학 박사 학위를 받았다. 한림대, 중앙대 조교수 및 부교수를 역임했으며 현재 한국후견신탁연구센터 센터장이다. 주요 저서로《정신건강과 법》, 주요 역서로《세계의 후견제도》 《*Comparative Perspectives on Adult Guardianship*》 등이 있다.

## 김현철

이화여대 법학전문대학원 교수이다. 서울대에서 법철학 전공으로 법학 박사 학위를 받았다. 현재 법철학, 정의와 인권, 생명윤리법 등을 강의하고 있다. 주요 저서로《법철학: 이론과 쟁점》,《생명윤리와 법》등이 있다.

## 박승호

숙명여대 법과대학 교수이다. 고려대에서 법학 박사 학위를 받았다. 주요 연구분야는 헌법재판, 기본권 등이다. 주요 저서로《헌법재판연구 I》,《헌법주석: 법원, 경제질서 등》(공저),《헌법학개론》등이 있다. 주요 논문으로 "혐오표현의 개념과 규제방법", "형벌규정에 대한 헌법불합치결정" 등이 있다.

## 이정은

서울특별시 서울의료원 변호사이다. 한국의 공공보건의료체계를 보다 낫게 만드는 일에 관심을 가지고 행정법 박사 과정에 재학 중이다. 주요 논문으로 "응급의료에서의 설명·동의 원칙과 응급의료거부죄" 등이 있다.

## 이민홍

동의대 사회복지학과 교수이다. 미국 조지아대에서 사회복지학 박사 학위를 받았다. 주요 연구 분야는 노인돌봄, 인권사회복지실천, 프로그램 개발과 평가, 진단도구 개발 등이다. 주요 저서로 《노인복지론》, 《노인복지상담》, 《사회복지프로그램 개발과 평가》, 《노년학 척도집》 등이 있다.

## 박은혜

이화여대 특수교육과 교수이다. 미국 오리건대에서 특수교육 박사 학위를 받았다. 주요 연구 분야는 장애아동 통합교육, 보완대체의사소통, 지체 및 중복장애학생 교육 등이다. 주요 저서로 《특수아동교육》, 《지체장애학생교육》, 《중도중복장애학생의 이해》 등이 있다.

## 연석정

인하대 교육대학원 교수이다. 이화여대 언어병리학과에서 언어병리학 언어장애전공 박사 학위를 받았다. 주요 연구 분야는 자폐범주성장애, 지적장애, 아동언어장애, 보완대체의사소통, 부모교육 등이다. 주요 논문으로 "증강현실 기반 AAC 애플리케이션의 사용자 경험 평가", "웹기반 AAC 그림 상징 수행능력 평가 시스템 개발" 등이 있다.

# 인권과 사회복지

배화옥(경상대), 심창학(경상대), 김미옥(전북대),
양영자(경남대) 지음

체계적 인권교육을 위한 최초의 강의 교과서
《인권과 사회복지》는 사회복지 분야 대학교의 인권
과목 개설 필요성에 따라 집필된 책이다. 국가인권위
원회 기획으로 인권에 대한 기본적 이해, 인권과 사회
복지의 관련성, 사회복지실천현장에서 인권 관점의
적용 등 인권과 사회복지를 총괄적으로 다뤘다.

신국판 | 432쪽 | 값 20,000원

---

# 아동·청소년과 인권

황옥경(서울신대), 구은미(동의대), 이은주(동국대),
김형욱(국가인권위원회) 지음

아동·청소년 인권의 역사와 법제,
그리고 실제 교육방법의 모든 것

교사, 아동·청소년 관련 기관 종사자, 인권교육자 등
이 인권교육현장에서 실제적으로 활용하는 것을 목표
로 쓰여진 책이다. 아동·청소년에 대한 전반적 지식
을 획득하고 사안에 따라 인권에 대한 전문적 식견을
갖출 수 있도록 각각의 이슈에 대한 협약의 관점과 유
엔아동권리위원회 권고, 국제규정 내용, 그리고 국가
인권위원회의 결정례 및 관련 사례를 제시하였다.

신국판 | 452쪽 | 값 25,000원

나남 nanam www.nanam.net | 031-955-4601